13歳からの考古学

なんで人は青を作ったの？

青色の歴史を探る旅

谷口陽子・髙橋香里

画＝クレメンス・メッツラー

新泉社

ラピスラズリとウルトラマリンブルー

金《きん》1グラムと同《おな》じ価値《かち》があったと言《い》われたウルトラマリンブルーは、ラピスラズリという鉱石《こうせき》から作《つく》られる。独特《どくとく》の深《ふか》い青色《あおいろ》は、中央《ちゅうおう》アジアの仏教絵画《ぶっきょうかいが》や中世《ちゅうせい》ヨーロッパのキリスト教絵画《きょうかいが》に好《この》んで使《つか》われた。

聖母《せいぼ》が被《かぶ》るベールの深《ふか》く濃《こ》い青色《あおいろ》が美《うつく》しい。カルロ・ドルチ《悲《かな》しみの聖母《せいぼ》》／国立西洋美術館／Photo: NMWA/DNPartcom

アフガニスタン、バダフシャーン産《さん》のラピスラズリの原石《げんせき》。鮮《あざ》やかな深《ふか》い青色《あおいろ》が美《うつく》しい（谷口陽子撮影）

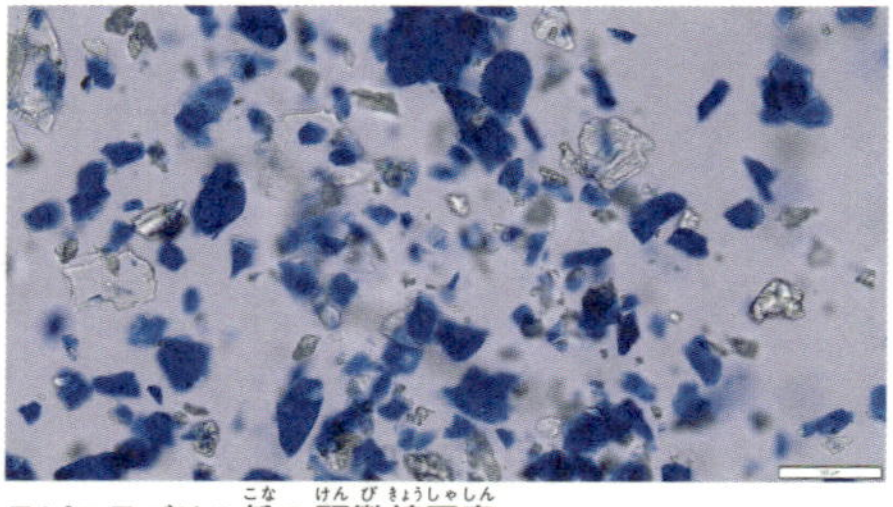

ラピスラズリの粉《こな》の顕微鏡写真《けんびきょうしゃしん》。青《あお》い粒子《りゅうし》のなかに白《しろ》い粒子《りゅうし》が混《ま》じっていることがわかる（谷口陽子撮影）

（左）砕《くだ》いて粉《こな》にしたラピスラズリ。（右）精錬《せいれん》した色鮮《いろあざ》やかなウルトラマリン（谷口陽子撮影）

エジプシャンブルー

人類《じんるい》最古《さいこ》の合成《ごうせい》の青色《あおいろ》がエジプシャンブルーである。フォルスブルーとともに、４５００年前《ねんまえ》の古代《こだい》エジプトで使《つか》われてきた青色《あおいろ》で、サハラ砂漠《さばく》の砂《すな》を使《つか》って作《つく》られていたようだ。

マルチスペクトル・VIL（Visible-induced Infrared Luminescence：可視光誘起赤外線蛍光撮影《かしこうゆうきせきがいせんけいこうさつえい》）。エジプシャンブルーで塗《ぬ》られた箇《か》所《しょ》が白《しろ》く光《ひか》る（髙橋香里撮影）

「ホルス神《しん》の眼《め》を捧持《ほうじ》するヒヒ像《ぞう》」（SK219）（東海大学文明研究所所蔵）

ヴェルディグリ

銅《どう》と酢《す》があれば簡単《かんたん》にできるヴェルディグリ。宝石《ほうせき》のようなきれいな結晶《けっしょう》が特徴《とくちょう》である。

銅板《どうばん》にびっしりとできた深緑《ふかみどり》色《いろ》の結晶《けっしょう》（谷口陽子撮影）

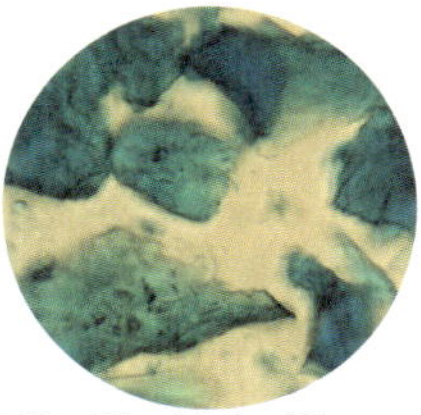

四角《しかく》い形《かたち》の結晶《けっしょう》が美《うつく》しい（谷口陽子撮影）

オドントライト

歯《は》の石《いし》という意味《いみ》のオドントライト。どうやって青《あお》くすることができたのか、まだわかっていないことが多《おお》い。

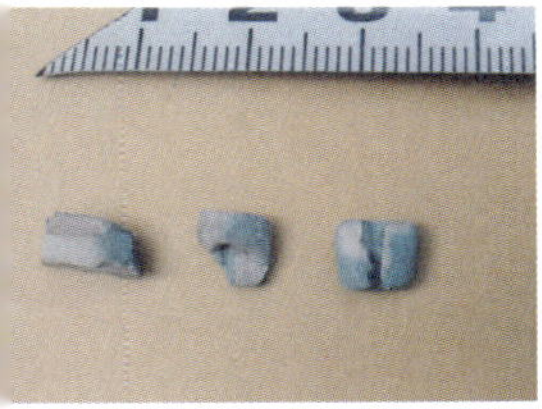

シリア、テル・エル・ケルク遺《い》跡《せき》出土《しゅつど》青色《あおいろ》ビーズ（土器新石器時代中期〈紀元前6500～紀元前6000年ごろ〉）。マンガンによる人類最初《じんるいさいしょ》の人造《じんぞう》の青色《あおいろ》の事《じ》例《れい》である

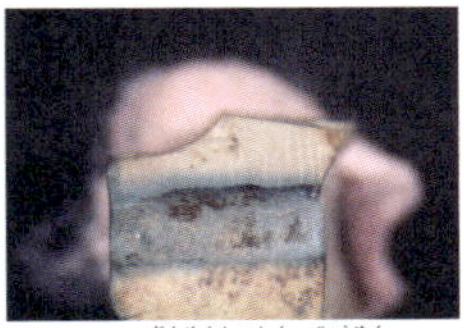

ビーズの断面写真《だんめんしゃしん》。表面《ひょうめん》０．１ミリくらいが青緑色《あおみどりいろ》になっている（谷口陽子撮影）

スマルト

コバルトガラスから作《つく》られるスマルト。この顔料《がんりょう》は16～17世紀《せいき》のヨーロッパで発展《はってん》し、多《おお》くの絵画《かいが》に利用《りよう》された。日本《にっぽん》にも江戸《えど》時代《じだい》には輸入《ゆにゅう》されたが、絵画《かいが》の顔料《がんりょう》としてはあまり流行《はや》らなかったようだ。

右上《みぎうえ》に描《えが》かれた水面《みなも》に、スマルトと藍《あい》が使《つか》われている（奈良絵本『伊勢物語』挿絵より「花の賀」、江戸時代中期〈日比谷孟俊所蔵〉）

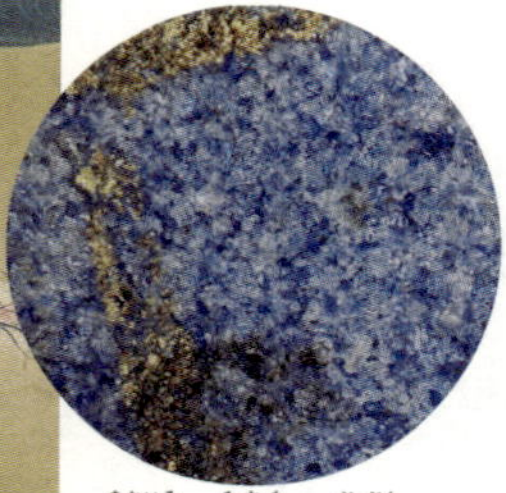

青色《あおいろ》の水面《みなも》の部分《ぶぶん》の拡大《かくだい》画像《がぞう》（寺島海撮影）

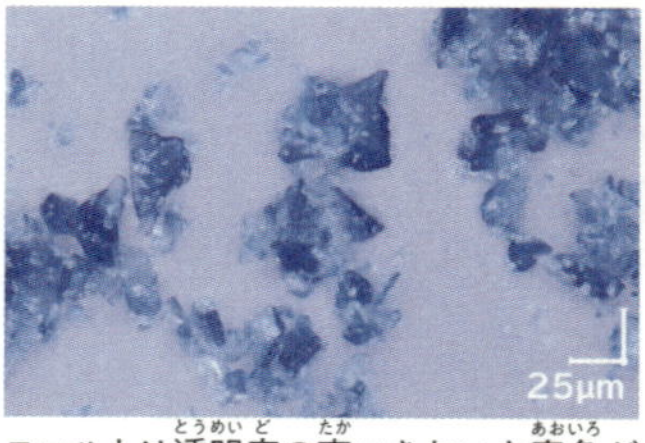

スマルトは透明度《とうめいど》の高《たか》いきれいな青色《あおいろ》が特徴《とくちょう》（寺島海作製・撮影）

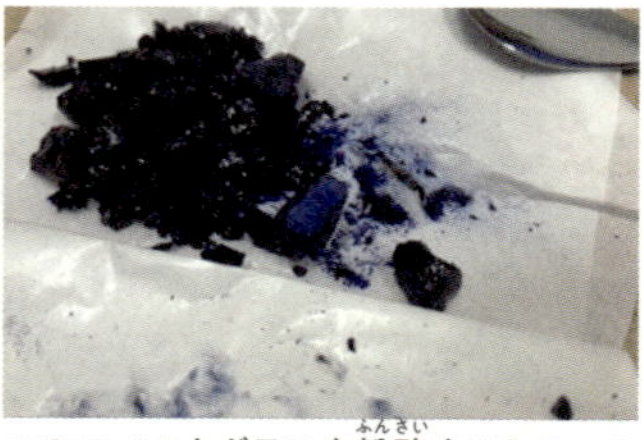

このコバルトガラスを粉砕《ふんさい》するとスマルトができる（寺島海作製・撮影）

フォルスブルー+スマルト

フォルスブルーの上《うえ》にスマルトが塗《ぬ》られた背景《はいけい》の水色《みずいろ》は、大変鮮《たいへんあざ》やかである。ルーマニア、ホレズ修道院病院教会《しゅうどういんびょういんきょうかい》（17世紀末）（谷口陽子撮影）

フォルスブルー

青色《あおいろ》が簡単《かんたん》に手《て》に入《い》れられなかったむかしの人《ひと》たちは、太陽光線《たいようこうせん》が空気中《くうきちゅう》のほこりなどに衝突《しょうとつ》すると光《ひかり》が散乱《さんらん》する現象《げんしょう》を利用《りよう》し、黒《くろ》い粉《こな》を使《つか》って偽《にせ》の青色《あおいろ》を作《つく》り出《だ》していた。

左｜マルタ島《とう》にある聖《せい》アガタ教会《きょうかい》のカタコンベ（墓地）にあるシチリア・ビザンツ様式《ようしき》のフレスコ・セッコ壁画《へきが》、男性聖人《だんせいせいじん》と女性聖人《じょせいせいじん》。青色部分《あおいろぶぶん》はフォルスブルーで描《えが》かれている（St. Agatha historical complex）

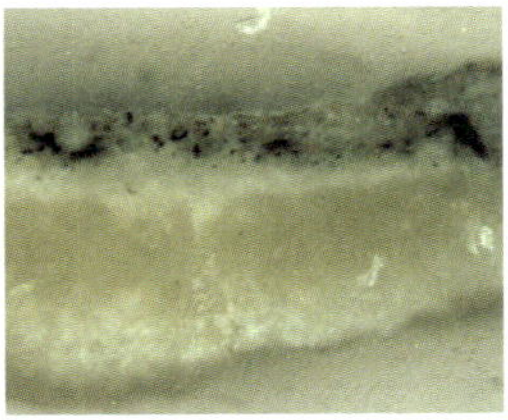

下｜青色部分《あおいろぶぶん》のクロスセクション。木炭黒《もくたんぐろ》の粒子《りゅうし》が石灰《せっかい》に混《ま》ぜられて塗《ぬ》られている（Francesca Muscat 撮影）

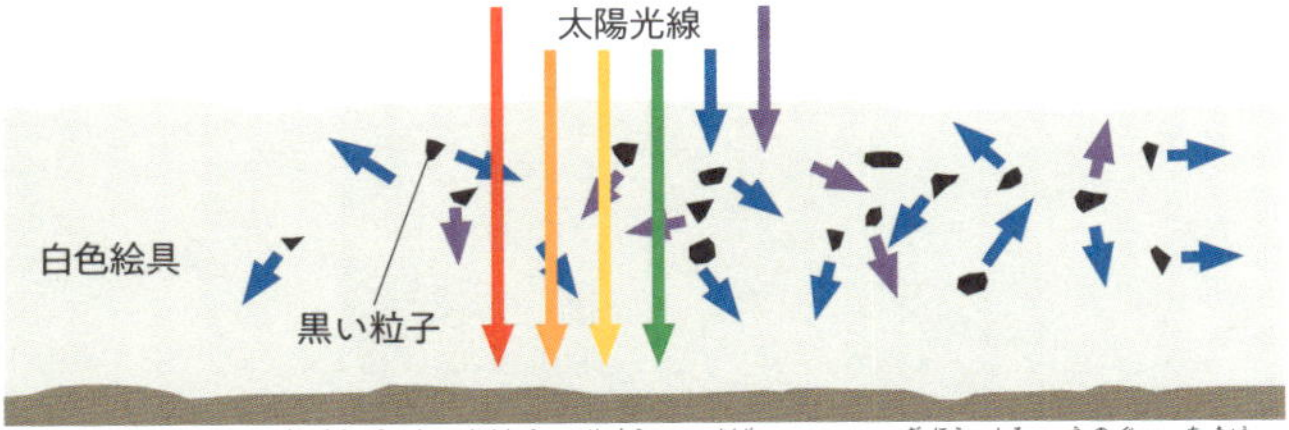

フォルスブルーは太陽光線《たいようこうせん》の特徴《とくちょう》を利用《りよう》して考《かんが》えられた技法《ぎほう》。白《しろ》い絵具《えのぐ》が地球《ちきゅう》を取《と》り巻《ま》く大気《たいき》、黒《くろ》い粒子《りゅうし》が大気中《たいきちゅう》の塵《ちり》と同《おな》じである。青《あお》と紫《むらさき》の短《みじか》い波長《はちょう》が黒《くろ》い粒子《りゅうし》に当《あ》たって白《しろ》い絵具《えのぐ》の表面《ひょうめん》で散乱《さんらん》するため、白《しろ》い絵具《えのぐ》は灰色《はいいろ》がかった青色《あおいろ》に見《み》える

パイプ状《じょう》ベンガラ

青《あお》に比《くら》べてはるかに作《つく》りやすかった赤《あか》。パイプ状《じょう》ベンガラは、沼《ぬま》や湿地帯《しっちたい》に生息《せいそく》する鉄《てつ》バクテリアから作《つく》られた赤《あか》である。

沼地《ぬまち》などで見《み》かける鉄《てつ》バクテリア。パイプ状《じょう》ベンガラの素《もと》になる（茨城県ひたちなか市中根）（谷口陽子撮影）

鉄《てつ》バクテリアの顕微鏡写真《けんびきょうしゃしん》。パイプ状《じょう》の形《かたち》が特徴的《とくちょうてき》（谷口陽子撮影、ジャスコインタナショナル株式会社協力）

プルシアンブルー

18世紀初頭《せいきしょとう》にドイツ・ベルリンで偶然《ぐうぜん》できたプルシアンブルー。安《やす》い材料《ざいりょう》でできたうえに、変色《へんしょく》しないその鮮《あざ》やかな紺色《こんいろ》は大変《たいへん》な人気《にんき》となった。日本《にっぽん》にも輸入《ゆにゅう》され、ベロ藍《あい》と呼《よ》ばれて大流行《だいりゅうこう》した。

上｜江戸時代末期《えどじだいまっき》（安政以降）「恵比寿天申訳之記《えびすてんもうしわけのき》」鯰絵《なまずえ》（筑波大学附属図書館所蔵）。青色部分《あおいろぶぶん》はプルシアンブルー（ベロ藍）が使《つか》われている
下｜鯰《なまず》の青色《あおいろ》の羽織部分《はおりぶぶん》の顕微鏡写真《けんびきょうしゃしん》
右｜再現実験《さいげんじっけん》の翌日《よくじつ》、濾紙《ろし》に取《と》り出《だ》した沈殿物《ちんでんぶつ》が青《あお》く色《いろ》づいた（山根萌々花撮影）

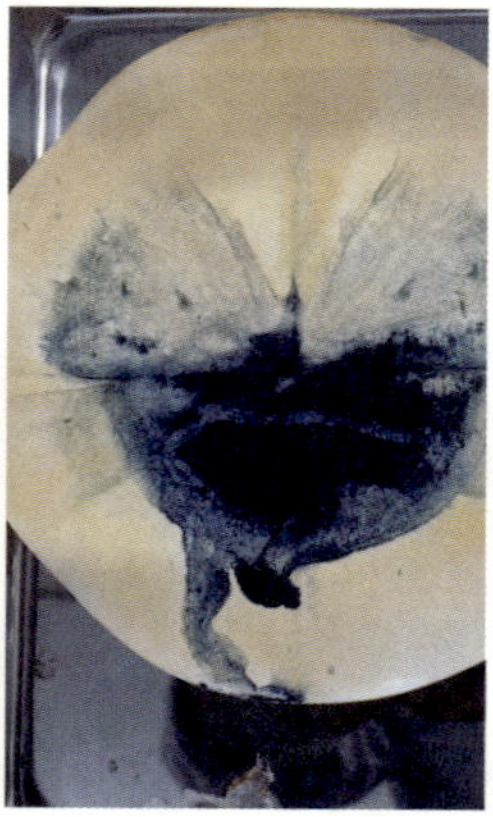

忘《わす》れられた青《あお》

中世《ちゅうせい》ヨーロッパの写本《しゃほん》レシピから再現《さいげん》した青《あお》。材料《ざいりょう》は、銅板《どうばん》、生石灰《せいせっかい》、酢《す》、塩化《えんか》アンモニウム（塩化アンモン石の代わり）。材料《ざいりょう》を入《い》れたガラス瓶《びん》を温《あたた》め、約《やく》2週《しゅう》間で完成《かんせい》。青《あお》い塊《かたまり》は鉱物《こうぶつ》に比《くら》べると、とてももろく軟《やわ》らかく、簡単《かんたん》にすり潰《つぶ》すことができる。塊《かたまり》の状態《じょうたい》だと深《ふか》い青色《あおいろ》だが、すり潰《つぶ》して粉末《ふんまつ》にすると不透明《ふとうめい》な水色《みずいろ》になる（髙橋香里作製・撮影）

埴輪《はにわ》に塗《ぬ》られた「紺色《こんいろ》」

古墳時代《こふんじだい》に作《つく》られた埴輪《はにわ》には、赤《あか》や白《しろ》、灰色《はいいろ》で彩《いろど》られていたものがある。ところが、茨城県《いばらきけん》の久慈川下流域《くじがわかりゅういき》（東海村やひたちなか市など）から出土《しゅつど》した一群《いちぐん》の埴輪《はにわ》は、紺色《こんいろ》で色《いろ》づけられていた。

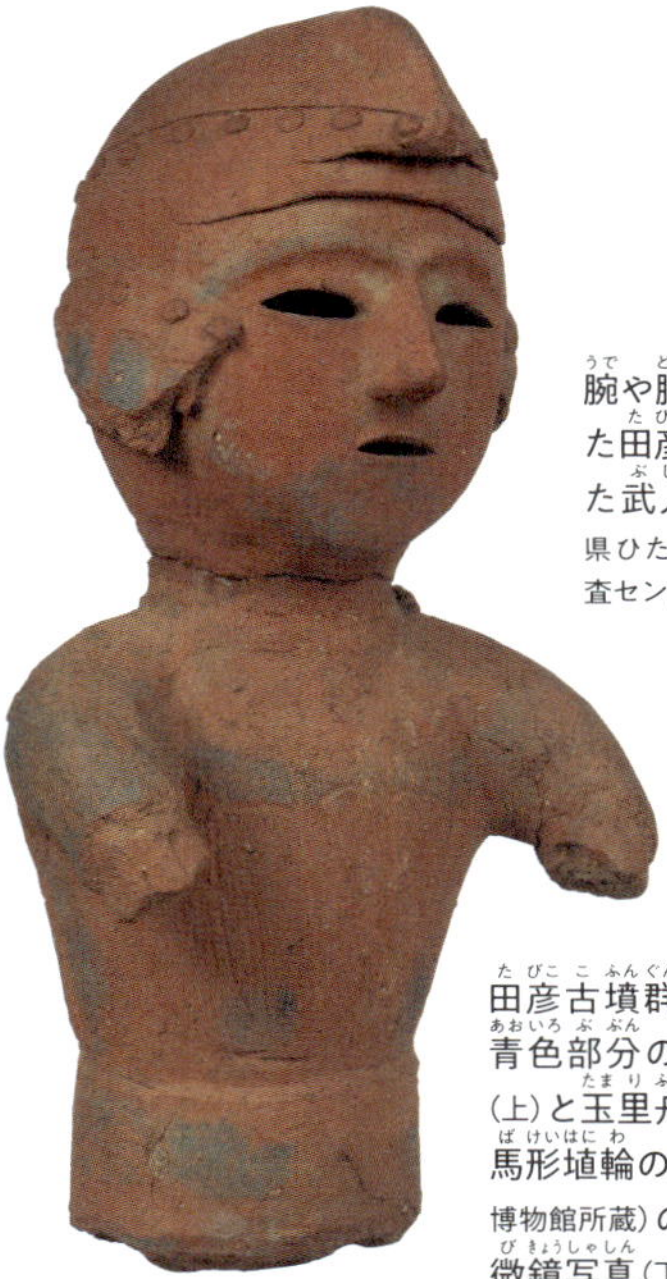

腕《うで》や胴《どう》が紺色《こんいろ》に彩色《さいしき》された田彦古墳群《たびここふんぐん》から出土《しゅつど》した武人埴輪《ぶじんはにわ》。6世紀《せいき》（茨城県ひたちなか市埋蔵文化財調査センター提供）

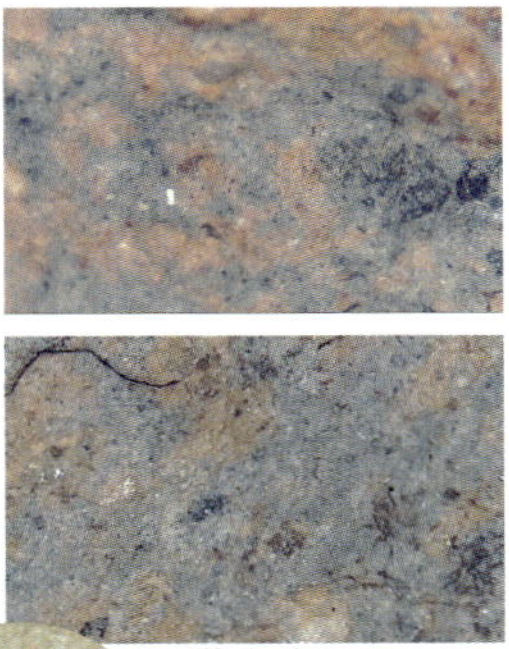

田彦古墳群出土埴輪《たびここふんぐんしゅつどはにわ》の青色部分《あおいろぶぶん》の顕微鏡写真《けんびきょうしゃしん》（上）と玉里舟塚古墳出土《たまりふなづかこふんしゅつど》馬形埴輪《ばけいはにわ》の破片《はへん》（明治大学博物館所蔵）の青色顔料《あおいろがんりょう》顕微鏡写真《けんびきょうしゃしん》（下）（どちらも谷口陽子撮影）。どちらも同《おな》じ顔料《がんりょう》が使《つか》われていると推測《すいそく》される

同埴輪《どうはにわ》の腰部分《こしぶぶん》。より紺《こん》色《いろ》がはっきり残《のこ》っている（谷口陽子撮影）

同破片《どうはへん》（明治大学博物館所蔵）の紺色部分《こんいろぶぶん》の拡大画像《かくだいがぞう》（寺島海撮影）。ほとんどが炭素《たんそ》からなる黒色《こくしょく》の粒子《りゅうし》だがわずかに濃《のう》青色《せいしょく》の粒子《りゅうし》も見《み》つかった

茨城《いばらき》の青緑色《あおみどりいろ》の塊《かたまり》

茨城県常陸大宮市《いばらきけんひたちおおみやし》で採取《さいしゅ》された青緑色《あおみどりいろ》の塊《かたまり》。これが奈良時代《ならじだい》の彩色《さいしき》に使《つか》われていたのかどうかの調査《ちょうさ》はこれからである

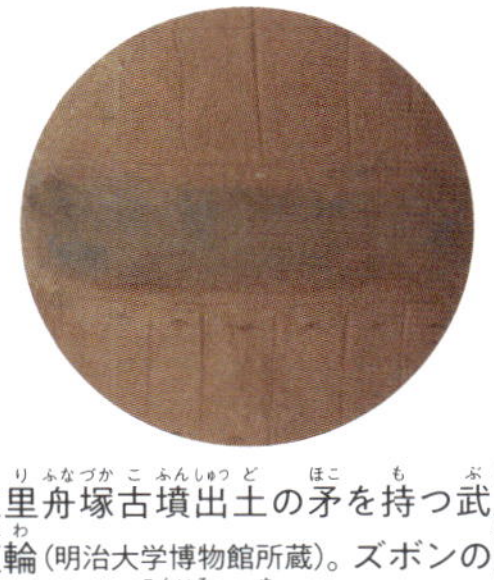

玉里舟塚古墳出土《たまりふなづかこふんしゅつど》の矛《ほこ》を持《も》つ武人《ぶじん》埴輪《はにわ》（明治大学博物館所蔵）。ズボンの膝《ひざ》のあたりが紺色《こんいろ》に塗《ぬ》られている（上）

色《しき》相《そう》環《かん》：補《ほ》色《しょく》の関《かん》係《けい》

色《いろ》には、色相環《しきそうかん》の相対《そうたい》する色《いろ》を足《た》すと黒《くろ》や灰色《はいいろ》になるという補色《ほしょく》の関係《かんけい》がある。この原理《げんり》を利用《りよう》して、顔料《がんりょう》を深《ふか》く濃《こ》い色《いろ》に見《み》せる技法《ぎほう》が古代《こだい》より使《つか》われていた。

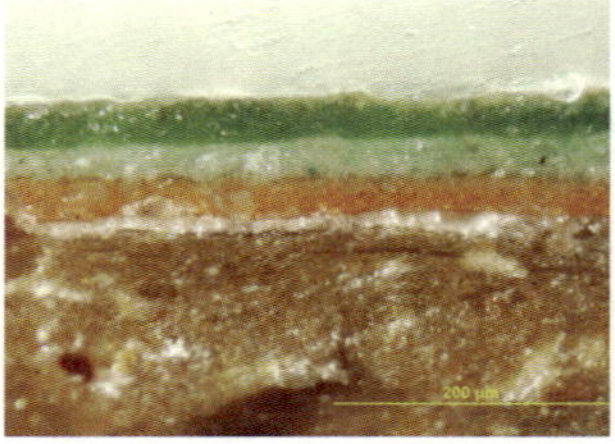

アフガニスタン、バーミヤーン遺跡《いせき》N(a)窟壁画《くつへきが》（7世紀半ば）の緑色部分《みどりいろぶぶん》（上）とクロスセクション像《ぞう》（下・断面写真）。緑《みどり》、橙色《だいだいいろ》を重《かさ》ねることによる補色《ほしょく》効果《こうか》により濃《こ》い緑色《みどりいろ》を作《つく》っている（谷口陽子撮影）

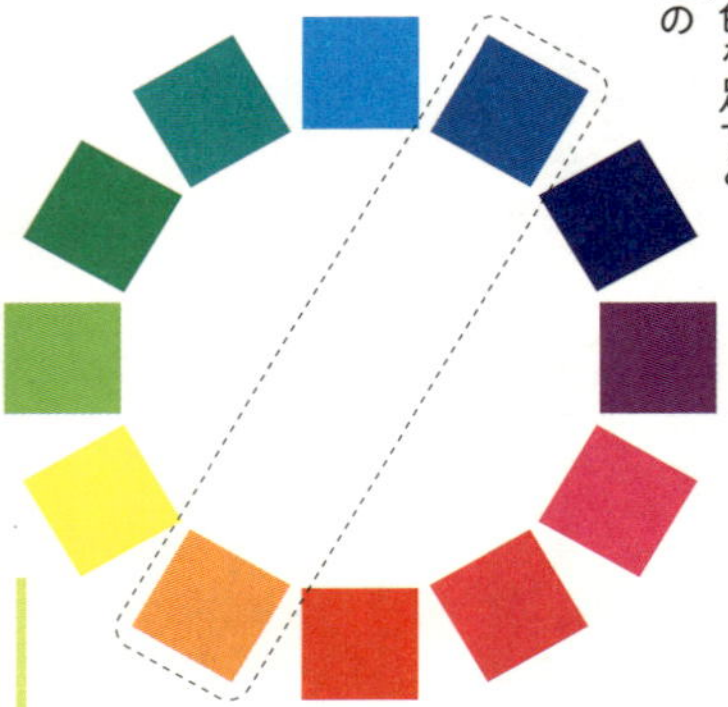

粗《あら》いラピスラズリはこうして青《あお》く見《み》せていた

粗《あら》いラピスラズリの下《した》に赤色《あかいろ》や黒色《くろいろ》を塗《ぬ》ることで、深《ふか》く鮮《あざ》やかな青色《あおいろ》を得《え》られる。この技法《ぎほう》は不純物《ふじゅんぶつ》が多《おお》くても、クオリティの高《たか》いラピスラズリのように「見《み》せる」ために有効《ゆうこう》であった。

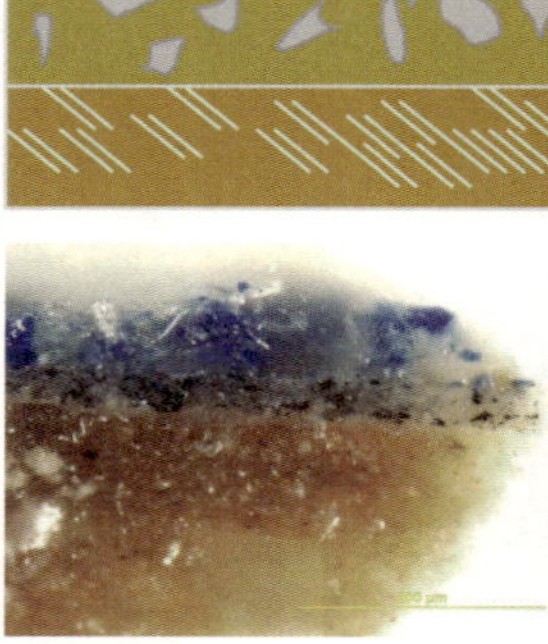

上｜不純物《ふじゅんぶつ》（カルサイト）が多《おお》く、粒子《りゅうし》の粗《あら》いラピスラズリは、光《ひかり》を下《した》まで通《とお》し、下《した》に塗《ぬ》られた黒色層《こくしょくそう》（あるいは赤色層）に吸収《きゅうしゅう》され、濃《こ》い青色《あおいろ》の光《ひかり》となって目《め》に戻《もど》ってくる

下｜バーミヤーン：東崩落《ひがしほうらく》 石窟壁画《せっくつへきが》の青色《あおいろ》（右）。ラピスラズリの粗《あら》い粒子《りゅうし》が、灰色層《はいいろそう》（黒色＋石膏）の上《うえ》に塗布《とふ》されている（左・断面写真）（谷口陽子撮影）

もくじ

デザイン＝三木俊一（文京図案室）

おもな登場人物《とうじょうじんぶつ》

蒼太郎（そうたろう）

理科《りか》と昆虫《こんちゅう》と絵《え》を描《か》くことが好《す》きな中学《ちゅうがく》1年生《ねんせい》。運動《うんどう》は苦手《にがて》。人見知《ひとみし》りで、人《ひと》と話《はな》すのも苦手《にがて》だが、幼《おさな》なじみの律《りつ》とは普通《ふつう》に話《はな》せる。学校《がっこう》の部活《ぶかつ》は生物部《せいぶつぶ》に入《はい》っている。

律（りつ）

運動《うんどう》と国語《こくご》が得意《とくい》な中学《ちゅうがく》1年生《ねんせい》。サッカークラブに所属《しょぞく》していたが、けがをしてサッカーができなくなってしまう。なかなかのイケメンだが、お調子者《ちょうしもの》で軽《かる》いところがある。

森井老人（もりいろうじん）

骨董店《こっとうてん》の店主《てんしゅ》で、科学倶楽部《かがくくらぶ》を主宰《しゅさい》している。元大学教授《もとだいがくきょうじゅ》で化《か》学者《がくしゃ》。蒼太郎《そうたろう》のおかあさんの恩師《おんし》でもある。

近藤さん（こんどうさん）

中央美術館《ちゅうおうびじゅつかん》の研究員《けんきゅういん》。むかしの絵画《かいが》に使《つか》われていた色《いろ》を分析《ぶんせき》する色《いろ》の専門家《せんもんか》。蒼太郎《そうたろう》のおかあさんの大学《だいがく》の同級生《どうきゅうせい》&森井老人《もりいろうじん》の教《おし》え子《ご》である。

コシミズさん

中世《ちゅうせい》ヨーロッパの美術史《びじゅつし》の専門家《せんもんか》。近藤《こんどう》さんのアシスタント。中世《ちゅうせい》ヨーロッパの写本《しゃほん》に記《しる》された錬金術《れんきんじゅつ》のレシピをもとに、色《いろ》の再現《さいげん》をしている。

プロローグ

目《め》が覚《さ》めると、そこにはいつもの見慣《みな》れた自分《じぶん》の部屋《へや》の天井《てんじょう》があった。

そうだ、今日《きょう》から忙《いそが》しくなるんだ。ぼくは気合《きあ》いを入《い》れて起《お》きあがった。

足元《あしもと》で、ミニチュアシュナウザーのタローが眠《ねむ》そうな顔《かお》をしてこちらを見《み》ている。今朝《けさ》は早《はや》めに散歩《さんぽ》に連《つ》れていってやらないとな。

ぼくは中学《ちゅうがく》1年生《ねんせい》。学校《がっこう》は今日《きょう》から夏休《なつやす》みに入《はい》った。

中学生《ちゅうがくせい》になってはじめての夏休《なつやす》み。本当《ほんとう》ならば、ゲームしたり漫画《まんが》を読《よ》んだり、気《き》ままに過《す》ごせるはずだけど、今年《ことし》はゆっくりしてるヒマはない。

ぼくは急《いそ》いでTシャツとハーフパンツに着替《きが》えて、タローの朝《あさ》の散歩《さんぽ》に出《で》かけることにした。

「蒼太郎《そうたろう》、おはよう、早《はや》いね」

近所《きんじょ》に住《す》む律《りつ》と、酒屋《さかや》さんの角《かど》で出会《であ》った。律《りつ》は、トイプードルのクロを連《つ》れている。

「おはよう。律《りつ》だって早《はや》いじゃん。いつも寝坊《ねぼう》ばっかりしてるくせにさ」

「そりゃそうだよ、オレたち、今日《きょう》から森井老人《もりいろうじん》のところに行《い》くんでしょ、緊張《きんちょう》して早起《はやお》きしちゃったよ」

そう言《い》うと、律《りつ》はぺろっと舌《した》を出《だ》した。

律《りつ》は同《おな》じ中学《ちゅうがく》に通《かよ》う幼《おさな》なじみだ。

クラスは隣《となり》だけど、小学校《しょうがっこう》のころからいつもいっしょにつるんでいる。

律《りつ》は、ぼくと違《ちが》って運動神経《うんどうしんけい》がすごくいい。リレーの選手《せんしゅ》に毎年《まいとし》選《えら》ばれるし、野球《やきゅう》だってサッカーだってとても上手《じょうず》だ。それに、運《うん》動《どう》だけじゃなくて国語《こくご》の成績《せいせき》もとてもいい。

そして、ちょっと悔《くや》しいけど、律《りつ》はけっこうなイケメンだと思《おも》う。クラスの女子《じょし》

たちにもかなり人気《にんき》がある。だけど、しゃべるとケーソツで軽《かる》い感《かん》じが出《で》てしまうから、ガッカリされる。女子《じょし》たちからのその評価《ひょうか》は、律《りつ》には内緒《ないしょ》だ。

ぼくは、人見知《ひとみし》りっていうのか、ほかの人《ひと》とつるむのは得意《とくい》じゃなくて、友《とも》だちって呼《よ》べる同級生《どうきゅうせい》も多《おお》くない。

よく話《はな》すのは律《りつ》くらいだけど、律《りつ》は人気《にんき》もあるし、友《とも》だちも多《おお》い陽《よう》キャ。いっぽう、ぼくは運動《うんどう》が得意《とくい》じゃないし、どちらかといえば陰《いん》キャ……。

ぼくは絵《え》を描《か》くのと理科《りか》が好《す》きだ。うまいかどうかはわからないけど、かあさんも森井老人《もりいろうじん》もよくほめてくれる。

ぜんぜん違《ちが》うぼくたちだけど、仲《なか》はいい……と思《おも》う。律《りつ》はケーソツかもしれないけどいいやつで、ぼくは律《りつ》となら普通《ふつう》に話《はなし》ができる。

「蒼太郎《そうたろう》、早《はや》く朝《あさ》ごはん食《た》べて、出《で》かける準備《じゅんび》しない

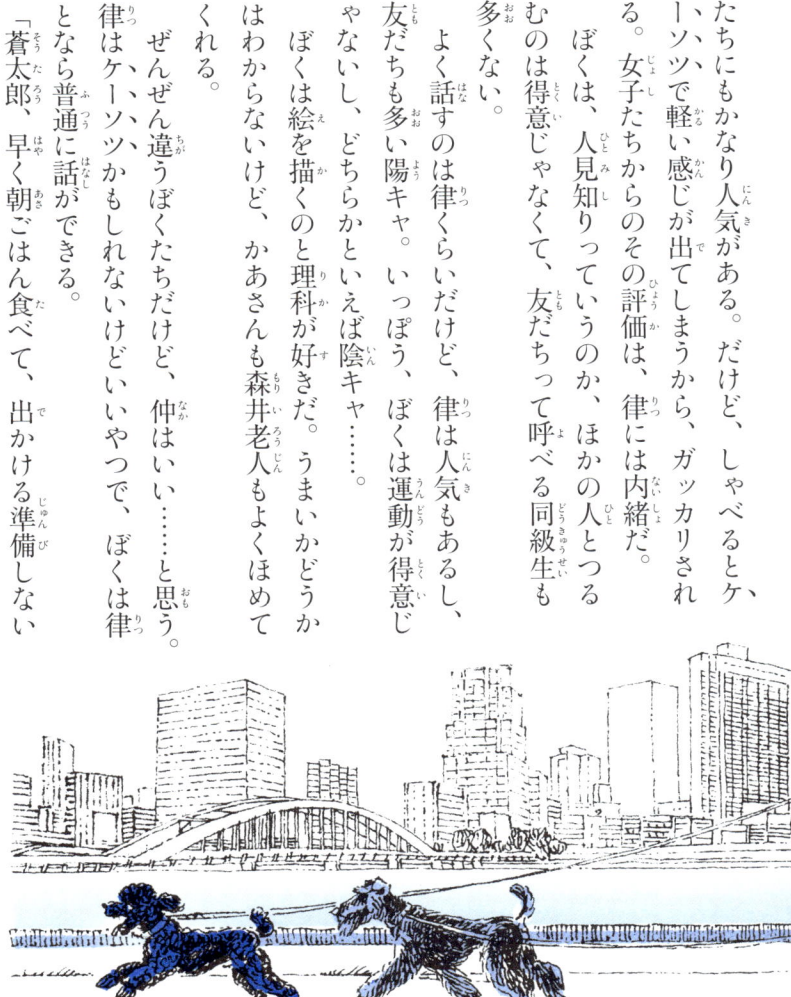

とね」

「そうだね、散歩《さんぽ》はさっと済《す》ませて急《いそ》いで帰《かえ》ろう」

ふたりと2匹《ひき》で、いつもの川沿《かわぞ》いの散歩《さんぽ》コースに向《む》かった。マラソンしている人《ひと》たちに交《ま》じって、今日《きょう》はぼくたちも速足《はやあし》だ。

*

ぼくたちは、上野《うえの》にある科学倶楽部《かがくくらぶ》に所属《しょぞく》している。

科学倶楽部《かがくくらぶ》は毎週土曜日《まいしゅうどようび》に集《あつ》まって、いろんな実験《じっけん》をする理科実験教室《りかじっけんきょうしつ》で、小学生《しょうがくせい》から高校生《こうこうせい》まで20人《にん》くらいが集《あつ》まる。

そこで教《おし》えてくれているのが森井老人《もりいろうじん》だ。

ぼくたちは森井老人《もりいろうじん》から毎回変《まいかいか》わったお題《だい》を出《だ》され、そのお題《だい》にそった実験《じっけん》をする。

たとえば、銅《どう》の板《いた》の上《うえ》にいろんな薬品《やくひん》をのせ、それを電気炉《でんきろ》で焼《や》いて七宝焼《しっぽうやき》を作《つく》ったこともあった。水《みず》ガラスと薬品《やくひん》で、水中庭園《すいちゅうていえん》みたいなキノコが乱立《らんりつ》したものを作《つく》ったこともあった。

七宝焼《しっぽうやき》のときは、最後《さいご》はペンダントとして持《も》ち帰《かえ》ることができたので、女子《じょし》たちには人気《にんき》だった。

ぼくが作《つく》った七宝焼《しっぽうやき》のペンダントは、とくにあげたいと思《おも》う特別《とくべつ》な女子《じょし》もいないから、かあさんにあげた。

かあさんは、「ふーん」と、手《て》のひらにペンダントトップをのせてまじまじとながめ、「ありがとう」と言《い》った。そのあとで、「森井先生《もりいせんせい》、女子《じょし》の好《この》みもわかるようになったのかな」とかぶつぶつ言《い》ってたけど。

律《りつ》は、科学倶楽部《かがくくらぶ》に入会《にゅうかい》したてだ。

もともと、律《りつ》は中学《ちゅうがく》でサッカー部《ぶ》に入《はい》っていた。学校《がっこう》だけでなく、このあたりでけっこう有名《ゆうめい》なサッカークラブにも所属《しょぞく》していて、活躍《かつやく》してたのだけど、股関節《こかんせつ》を痛《いた》めてしまってからは、学校《がっこう》の部活《ぶかつ》もやめてクラブも引退《いんたい》した。だからちょっと落《お》ち込《こ》んでいるみたいだった。

ぼくは、学校《がっこう》の部活《ぶかつ》は生物部《せいぶつぶ》に入《はい》っている。いろんな虫《むし》の標本《ひょうほん》を作《つく》ったり、夏休《なつやす》みには日帰《ひがえ》りで昆虫採集《こんちゅうさいしゅう》に行《い》ったりするらしい。文化祭《ぶんかさい》のときに展示《てんじ》するパネル作《づく》りもするそうだ。

だけど、ぼくの学校《がっこう》は生物部《せいぶつぶ》や化学部《かがくぶ》といった理科系《りかけい》の部活《ぶかつ》は、運動部《うんどうぶ》ほど活《かつ》発《ぱつ》に活動《かつどう》していない。だから、かあさんがぼくに、森井老人《もりいろうじん》の科学倶楽部《かがくくらぶ》を紹介《しょうかい》してくれたんだ。森井老人《もりいろうじん》はかあさんの大学時代《だいがくじだい》の化学《かがく》の先生《せんせい》だったらしい。いわゆる恩師《おんし》ってやつみたい。

律《りつ》も、このあいだ誘《さそ》ったらあっさり入《はい》ってくれた。

それはきっと、けがでサッカー部《ぶ》をやめて落《お》ち込《こ》んでいたってのもあると思《おも》うけど、見学《けんがく》に来《き》たときに、かわいい女子中学生《じょしちゅうがくせい》だけじゃなくて、きれいな女子高《じょしこう》生《せい》もいたからなんじゃないかって、ぼくはかんぐっている。律《りつ》は年上《としうえ》の女子《じょし》に弱《よわ》いみたい。

科学倶楽部《かがくくらぶ》では、律《りつ》は新入《しんい》り、ぼくはセンパイだ。

そうそう、律《りつ》とぼくのあいだでは森井老人《もりいろうじん》って呼《よ》んでるけど、本人《ほんにん》の前《まえ》ではちゃんと森井先生《もりいせんせい》と言《い》っている。

実際《じっさい》、森井老人《もりいろうじん》は何歳《なんさい》なのかよくわからない。白髪《はくはつ》で長《なが》い白《しろ》ひげの化学者《かがくしゃ》で、いつも肘《ひじ》あてのついた茶色《ちゃいろ》のツイードのジャケットを着《き》て茶色《ちゃいろ》の尖《とが》った革靴《かわぐつ》をはいている。

森井老人《もりいろうじん》は大学《だいがく》の教授《きょうじゅ》を退職《たいしょく》したあと、子《こ》ども向《む》けの科学倶楽部《かがくくらぶ》を主宰《しゅさい》しているだけでなく、上野《うえの》の池之端《いけのはた》に小《ちい》さな骨董店《こっとうてん》も開《ひら》いている。

骨董店《こっとうてん》には律《りつ》といっしょに何回《なんかい》か遊《あそ》びに行《い》ったけど、変《へん》なものばかりがあって、飽《あ》きなかった。どこの国《くに》のどの時代《じだい》の何《なん》だかわからないものがゴチャゴチャ飾《かざ》ってあるし、壁《かべ》にはいろんな絵《え》がかかっている。

うっかり質問《しつもん》すると、ひとつひとつの説明《せつめい》をやたらと長々《ながなが》とされる。ぼくたちがまだ中《ちゅう》1だということは、まったく気《き》にしていないようで、難《むずか》しい言葉《ことば》もガンガン出《で》てくる。そのせいかどうかわからないけど、店《みせ》にはお客《きゃく》さんがあまりこない。

店《みせ》のレジの前《まえ》には、こぶしくらいの大《おお》きさの青《あお》いフンコロガシの彫刻《ちょうこく》がふたつあって、ぼくはそれが気《き》になっている。

森井老人《もりいろうじん》によれば、これは古代《こだい》エジプトでは護符《ごふ》というお守《まも》りや装身具《そうしんぐ》として使《つか》われたスカラベをモデルにして作《つく》られた現代《げんだい》の工芸品《こうげいひん》なんだそうだ。

スカラベはフンコロガシのことで、後《うし》ろ足《あし》でフンを丸《まる》めて転《ころ》がすんだけど、その姿《すがた》が、まるで太陽《たいよう》を転《ころ》がしているみたいってことで、古代《こだい》エジプトでは神聖《しんせい》な生《い》き物《もの》として大事《だいじ》にされてきたらしい。

ぼくはその虫《むし》の姿《すがた》もおもしろいと思《おも》ったけど、何《なに》よりその彫刻《ちょうこく》の青《あお》い石《いし》の魅力《みりょく》に取《と》りつかれてしまった。

深《ふか》い青《あお》だけじゃない、ところどころに金色《きんいろ》の粒《つぶ》が入《はい》っていて、白《しろ》い脈《みゃく》も入《はい》っている。とても美《うつく》しい石《いし》だ。

触《ふ》れると表面《ひょうめん》が少《すこ》しざらっとしていて、手《て》のひらにのせるとなんとなく温《あたた》かい気《き》がした。

「これはな、ラピスラズリって石《いし》じゃよ。

むかしはアフガニスタンでしか採掘《さいくつ》されなかった貴重《きちょう》な石《いし》でな。ラピスラズリから採《と》れた1グラムの青色顔料《あおいろがんりょう》と1グラムの金《きん》が交換《こうかん》されたという。顔料《がんりょう》っていうのは、色《いろ》のついた粉《こな》のことで、色《いろ》の粉《こな》と糊《のり》を混《ま》ぜてはじめて絵具《えのぐ》になるんじゃ。蒼太郎《そうたろう》たちも、水彩絵具《すいさいえのぐ》とか、アクリル絵具《えのぐ》とか使《つか》ったことあるじゃろ？　あれは、顔料《がんりょう》に膠着材《こうちゃくざい》という接着剤《せっちゃくざい》を混《ま》ぜてペーストにしたものなんじゃよ。

まあ、ここで大事《だいじ》なのは、このラピスラズリっていう青《あお》い石《いし》は、古代《こだい》エジプト時代《じだい》、アフガニスタンでしか採《と》れなかった貴重《きちょう》な石《いし》だったってことじゃ」

えっ、アフガニスタン？

「アフガニスタンの石《いし》が、なんで古代《こだい》エジプトのスカラベになっているんですか？　だってアフガニスタンとエジプト、遠《とお》いじゃないですか」

「4000キロほど離《はな》れているな。北海道《ほっかいどう》の知床岬《しれとこみさき》から種子島宇宙《たねがしまうちゅう》センターまでの2倍《ばい》くらいの距離《きょり》だ。それだけの距離《きょり》があっても、むかしの人《ひと》は青《あお》い石《いし》が欲《ほ》しかったんじゃろう」

「そんなに貴重《きちょう》だったんですか？」と律《りつ》も興味《きょうみ》を示《しめ》してきた。

「ああ、ものすごく貴重《きちょう》な石《いし》だったと思《おも》う。この石《いし》は、カルシウムやら軽《かる》い元素《げんそ》でできていて、石《いし》としては石灰岩《せっかいがん》に似《に》ている。元素《げんそ》はわかるかな？」

「はい、このあいだ、科学倶楽部《かがくくらぶ》で習《なら》いました。草《くさ》や木《き》や動物《どうぶつ》、海《うみ》、山《やま》、大気《たいき》、宇宙《うちゅう》、そしてぼくたち人間《にんげん》も、この世《よ》の中《なか》にあるすべてのものは元素《げんそ》からできているんですよね」

「そうじゃ。それにこの石《いし》は、ルビーとかサファイアに比《くら》べたら軟《やわ》らかいし、軽《かる》いんじゃが……この色《いろ》がな、先史時代《せんしじだい》、つまり文字《もじ》で残《のこ》された資料《しりょう》のない時代《じだい》から人間《にんげん》を惹《ひ》きつけてきたんじゃよ。

人間《にんげん》が長《なが》らく自由《じゆう》に作《つく》り出《だ》せなかったのが、青色《あおいろ》じゃったからな」

「ふーん。でもいまは、絵具《えのぐ》でもペンでもいろんな青色《あおいろ》があるじゃないですか」

と律《りつ》。

ぼくもそう思《おも》う。なんで青色《あおいろ》を作《つく》るのがそんなに大変《たいへん》だったんだろう。

「それはな、人類《じんるい》がいろんな工夫《くふう》を重《かさ》ねてきた結果《けっか》じゃよ、そうしたら蒼太郎《そうたろう》と律《りつ》、今度《こんど》の夏休《なつやす》みにわしの研究《けんきゅう》を手伝《てつだ》ってくれんか？　頼《たの》まれた仕事《しごと》なんだが、ちょうど手伝《てつだ》いが欲《ほ》しかったんじゃよ。

これは、人類《じんるい》がどうやって『青色《あおいろ》』を手《て》にしたのかを実証《じっしょう》する、壮大《そうだい》な実験《じっけん》なんじゃ」

そう言《い》うと、森井老人《もりいろうじん》は帽子《ぼうし》を脱《ぬ》いで頭《あたま》のてっぺんをボリボリかいた。

頼《たの》まれた仕事《しごと》？　よくわからないけどまあいいか。なんだかおもしろそうだし、もっとこの青《あお》いラピスラズリの秘密《ひみつ》がわかるなら。

ぼくと律《りつ》は、目《め》を合《あ》わせると、うなずき合った。

「青《あお》っていえば、サムライブルーじゃん！　オレの色《いろ》って感《かん》じだなー」

律《りつ》はさっそく張《は》り切《き》っている。

ぼくもやる気《き》がわいてきたんだけど、ぼくは律《りつ》みたいに気持《きも》ちを表《おもて》に出《だ》せない。

律《りつ》のそういう素直《すなお》でわかりやすいところ、うらやましい。

第1章

ヴェルディグリとオドントライト

Esque quemadmodum Rubrica, vna natiua, altera artificiosa: item vnu gentuu, alterum faetitium vt in Aegypto. Genera porro Caerulei tria, Aegyptium Scythicum, terriumque Cyprium: optimu Aegyptiu ad meraciora faturatioraq; trita, vel lomenta: Scythicum ad dilutiora. Ceterum Aegyptium faetitium est: quique regum la literis mandarunt, hoc quoque memoriç produnt, ecquis regum primus Ceruleum arte adulterarit simulatione natiui: muncra quoque cum ab aliis missitata fuisse, tum vero e Phoenice tributum Caerulci partim viui, partim ignem experti. Tradunt qui pigmenta terunt Caeruleum ex se

実験《じっけん》のスタートはヴェルディグリ

今日《きょう》から森井老人《もりいろうじん》のところでのお手伝《てつだ》いがはじまる。実験《じっけん》の手伝《てつだ》いって、いったい何《なに》をするんだろう……と考《かんが》えながら、歯《は》を磨《みが》いていると、かあさんが声《こえ》をかけてきた。

「気《き》をつけて行《い》ってらっしゃい。森井先生《もりいせんせい》に失礼《しつれい》のないようにするのよ」

かあさんはいまから大学《だいがく》に行《い》くみたいだ。大学《だいがく》も夏休《なつやす》みだからもう授業《じゅぎょう》はないはずなのに、先生《せんせい》は仕事《しごと》があるのかな。

「わかってるよ」

ぶっきらぼうに答《こた》えると、かあさんはぼくの頭《あたま》をくしゃくしゃとなでた。

ぼくはかあさんの手《て》を乱暴《らんぼう》にはねのけ、身支度《みじたく》を整《ととの》えると、カバンを襷掛《たすきが》けにして、行《い》ってきますも言《い》わずに外《そと》に出《で》た。律《りつ》はもう外《そと》で待《ま》っていた。「悪《わる》い、待《ま》たせた？」と声《こえ》をかけ、ふたりで歩《ある》きだした。

この夏休《なつやす》みは忙《いそが》しくなりそうだ。何《なに》せ、ぼくたちは青色《あおいろ》の秘密《ひみつ》、世界《せかい》の不思議《ふしぎ》に挑《いど》むんだから。

ぼくたちが科学倶楽部《かがくくらぶ》の実験室《じっけんしつ》に着《つ》いたときにはもう、森井老人《もりいろうじん》は白衣《はくい》を着《き》てホワイトボードの前《まえ》に立《た》っていた。

さっそくぼくたちもカバンのなかから自分《じぶん》たちの白衣《はくい》を出《だ》して準備《じゅんび》をした。律《りつ》の白衣《はくい》はまだ新品《しんぴん》で汚《よご》れてない。律《りつ》がめずらしく緊張《きんちょう》した顔《かお》をしている。

「さて今日《きょう》は、簡単《かんたん》な実験《じっけん》からスタートする」

森井老人《もりいろうじん》はそう言《い》うと、ガラス瓶《びん》と割《わ》り箸《ばし》、たこ糸《いと》、それから、端《はし》っこに穴《あな》のあいた金属《きんぞく》の板《いた》を机《つくえ》の上《うえ》に並《なら》べた。

「今日《きょう》は青《あお》、というよりも青緑《あおみどり》から作《つく》ろうと思《おも》う。ヴェルディグリ、という顔料《がんりょう》じゃよ」

ん？　聞《き》いたこともないし、見《み》たこともない。

「ふたりともぽかんとした顔《かお》じゃな、そりゃそうじゃろう。日本《にほん》ではぜんぜん知《し》られていない顔料《がんりょう》だと思《おも》うぞ。顔料《がんりょう》の秘密《ひみつ》を調《しら》べるための手慣《てな》らしだ。これは水《みず》にも溶《と》けるとても美《うつく》しい顔料《がんりょう》なんじゃ。

この顔料《がんりょう》はな、羊皮紙《ようひし》の写本《しゃほん》とかいろんなところに使《つか》われたみたいなんだ。羊《よう》皮紙《ひし》って知《し》っているか？　羊《ひつじ》の皮《かわ》を紙《かみ》みたいに薄《うす》くしたものじゃ。むかしは紙《かみ》がなかったからな。皮《かわ》で紙《かみ》のようなものを作《つく》る必要《ひつよう》があったんだ。

写本《しゃほん》というのは、その羊皮紙《ようひし》に聖書《せいしょ》とか重要《じゅうよう》な書物《しょもつ》を修道士《しゅうどうし》たちが手書《てが》きで写《うつ》していったものじゃ。むかしは印刷機《いんさつき》もコピー機《き》もなかったからな。

写本《しゃほん》にはカラフルな挿絵《さしえ》を描《えが》くんだが、そのとき使《つか》った色《いろ》のひとつがこのヴェルディグリと言《い》われておる。簡単《かんたん》に作《つく》れる代《か》わりに、簡単《かんたん》に茶色《ちゃいろ》になってしまって、あまり高価《こうか》ではなかったんだな。でも、とても美《うつく》しい色《いろ》なんじゃ」

そう言《い》うと、森井老人《もりいろうじん》は5センチくらいの長《なが》さの金属《きんぞく》の板《いた》を僕《ぼく》たちに手渡《てわた》した。

「これは銅《どう》の板《いた》だ。紐《ひも》を通《とお》すために穴《あな》をあけておいた。これをお酢《す》の蒸気《じょうき》にさらしておくと、きれいな青緑《あおみどり》ができるってわけじゃよ」

ん？　お酢《す》と銅《どう》の板《いた》で青緑《あおみどり》？

「お酢《す》のなかに浸《ひた》せばできるんですか？」とぼくは質問《しつもん》した。

「いやいや、そんな簡単《かんたん》じゃなくてな。きれいに大《おお》きな結晶《けっしょう》を作《つく》るためには、お酢《す》の蒸気《じょうき》と反応《はんのう》させないとならないんだ。だから銅板《どうばん》がお酢《す》につからないように、ひもで吊《つ》るして、密閉《みっぺい》する必要《ひつよう》がある。中世《ちゅうせい》ヨーロッパでは、木《き》の箱《はこ》のなかにお酢《す》と銅《どう》の破片《はへん》を入《い》れて、箱《はこ》の周《まわ》りを馬《うま》のフンでおおって作《つく》ったそうじゃよ」

「ええ！　馬《うま》のフン！　なんで⁉」

ぼくは激《はげ》しく反応《はんのう》してしまった。

「ははは、くさそうじゃろ？　馬《うま》のフンに入《はい》っている食物繊維《しょくもつせんい》が微生物《びせいぶつ》の力《ちから》で発《はっ》酵《こう》すると、熱《ねつ》が出《で》るんじゃよ。つまり天然《てんねん》のカイロで温《あたた》めているようなものだな。ほんのりあったかくして、お酢《す》と銅《どう》の化学反応《かがくはんのう》を早《はや》めていたんじゃろう」

「オレたちもこの瓶《びん》にフンをつけるんですか？」

律《りつ》が不安《ふあん》そうに森井老人《もりいろうじん》にたずねた。

「ははは、きっとその作《つく》り方《かた》は冬《ふゆ》の寒《さむ》い時期《じき》のヨーロッパの話《はなし》なんじゃないか？　いまは夏《なつ》だし、温《あたた》めてやらんでも反応《はんのう》は早《はや》く進《すす》むじゃろ。だから、律《りつ》も蒼太郎《そうたろう》も、馬《うま》のうんこをこねなくてもいいぞ」

森井老人《もりいろうじん》はイタズラっぽい目《め》をしてそう言《い》った。律《りつ》は明《あき》らかにほっとした顔《かお》をしている。

「さて、それでは準備《じゅんび》をしてもらおうか。ここにある材料《ざいりょう》でいい感《かん》じに作《つく》ってくれよ」

森井老人《もりいろうじん》はいつもそうだ。

細《こま》かくやり方《かた》を指導《しどう》してくれるというよりは、ぼくたちに考《かんが》えさせる。かあさんに言《い》わせると、森井老人《もりいろうじん》は大学《だいがく》の先生《せんせい》のころからそんな感《かん》じだったらしい。

「学生《がくせい》たちの『じしゅせい』を大事《だいじ》にしてるんじゃ」と、言《い》ってたそうだけど、かあさんは、「あの人《ひと》、見《み》ての通《とお》り無責任《むせきにん》で、けっこういいかげんだからねー」と笑《わら》っていた。

ぼくも律《りつ》も、そういう「じしゅせい」を大事《だいじ》にしてくれるやり方《かた》が性《しょう》に合《あ》っているというか、森井老人《もりいろうじん》に信頼《しんらい》されているみたいでちょっとうれしい。

ぼくは、まず端《はし》に穴《あな》のあいた銅《どう》の板《いた》を手《て》に取《と》って、そこにたこ糸《いと》を通《とお》した。

「お酢《す》の液体《えきたい》に触《ふ》れないようにぶら下《さ》げるんだから、糸《いと》は短《みじか》めにしたほうがいいよね」

とぼくは、森井老人《もりいろうじん》に聞《き》こえるようにつぶやいた。

瓶《びん》の口《くち》に引《ひ》っかかる程度《ていど》に律《りつ》がいとのこで短《みじか》くした割《わ》り箸《ばし》に、ぼくはたこ糸《いと》をくくりつけた。

「森井先生《もりいせんせい》、瓶《びん》のなかにお酢《す》を入《い》れていいですか？」

「ああ、今回《こんかい》はこれを使《つか》おうか。せっかくだからかっこよく、中世《ちゅうせい》ヨーロッパで作《つく》られていた本物《ほんもの》に近《ちか》いように、穀物酢《こくもつす》ではなく白《しろ》ワインビネガーだぞ。これを、瓶《びん》の底《そこ》に１センチくらい入《い》れてくれ」

ガラス瓶《びん》のなかに金色《きんいろ》のワインビネガーを入《い》れ、その上《うえ》に、そっと銅《どう》の板《いた》を吊《つ》るした。

「液体《えきたい》についてしまうのが心配《しんぱい》なら、銅《どう》の板《いた》を折《お》り曲《ま》げてしまえばいいんじゃ」

あ、そうか。

ぼくは指《ゆび》で銅《どう》の薄《うす》い板《いた》を折《お》り曲《ま》げて、お酢《す》のなかに入《はい》ってしまわないように、かなり高《たか》い位置《いち》に銅《どう》の板《いた》をぶら下《さ》げることに成功《せいこう》した。

次《つぎ》に瓶《びん》の口《くち》をパラフィルムでぐるぐる巻《ま》きに密閉《みっぺい》する。

「何《なに》これ？」

パラフィルムを見《み》て、律《りつ》がめずらしそうにぼくに聞《き》く。

これはパラフィンフィルムのひとつで、科学倶楽部《かがくくらぶ》でよく使《つか》うアイテムだ。手《て》で引《ひ》っ張《ぱ》るとラップのように薄《うす》くなるんだけど、少《すこ》し戻《もど》る力《ちから》もあるから、このフィルムを使《つか》えば、実験中《じっけんちゅう》のビーカーの口《くち》を密閉《みっぺい》したりすることができる便利《べんり》な道具《ぐ》なんだ。

律《りつ》に使《つか》い方《かた》を教《おし》えると、律《りつ》は器用《きよう》にパラフィルムでガラス瓶《びん》の蓋《ふた》を閉《と》じた。

黄金色《こがねいろ》のワインビネガーが入《はい》った透明《とうめい》なガラス瓶《びん》のなかに、ふたつ折《お》りにされた銅《どう》の板《いた》がぶら下《さ》がっている。

「さて、このシールに今日《きょう》の日付《ひづけ》ときみたちの名前《なまえ》と、ヴェルディグリって書《か》いて、瓶《びん》に貼《は》っておくこと」

そう言《い》うと、森井老人《もりいろうじん》はぼくたちに白《しろ》いラベルを手渡《てわた》した。

「本当《ほんとう》は木《き》の箱《はこ》で作《つく》るのが本式《ほんしき》なんじゃが、それではなかが見《み》えんからな。ヴェルディグリができるまで何日《なんにち》もかかるから、よく観察《かんさつ》できるように透明《とうめい》のガラス瓶《びん》にしたんじゃよ」

「ええ！　明日《あした》くらいにできるものじゃないんですか？　何日《なんにち》も先《さき》なんて！」

「そんなせっかちなことでは絵具《えのぐ》は作《つく》れんのじゃよ。まったく同《おな》じ方法《ほうほう》で、銅《どう》の板《いた》の代《か》わりに鉛《なまり》の板《いた》を入《い》れれば、鉛白《えんぱく》という真《ま》っ白《しろ》な顔料《がんりょう》もできる。鉛白《えんぱく》というのは、ヨーロッパですごく流行《りゅうこう》した白《しろ》い絵具《えのぐ》だが、日本《にほん》でも奈良時代《ならじだい》や平安時代《へいあんじだい》によく使《つか》われたんだ」

「へーそうなんだ！　それも自分《じぶん》たちで作《つく》ったんですか」と律《りつ》が興味《きょうみ》を示《しめ》した。

「いやいや、きっと中国《ちゅうごく》から輸入《ゆにゅう》したもんじゃろ。中国《ちゅうごく》は当時《とうじ》、いろんな技術《ぎじゅつ》の先端《せんたん》をいっていたからな。

今日《きょう》は初日《しょにち》だからここまでにしておこうか。これからはもっともっと難《むずか》しいことをやるから、覚悟《かくご》しておくようにな」

今日《きょう》の作業《さぎょう》は、ぜんぜん大《たい》したことなかったな。こんな簡単《かんたん》に顔料《がんりょう》が作《つく》れるな

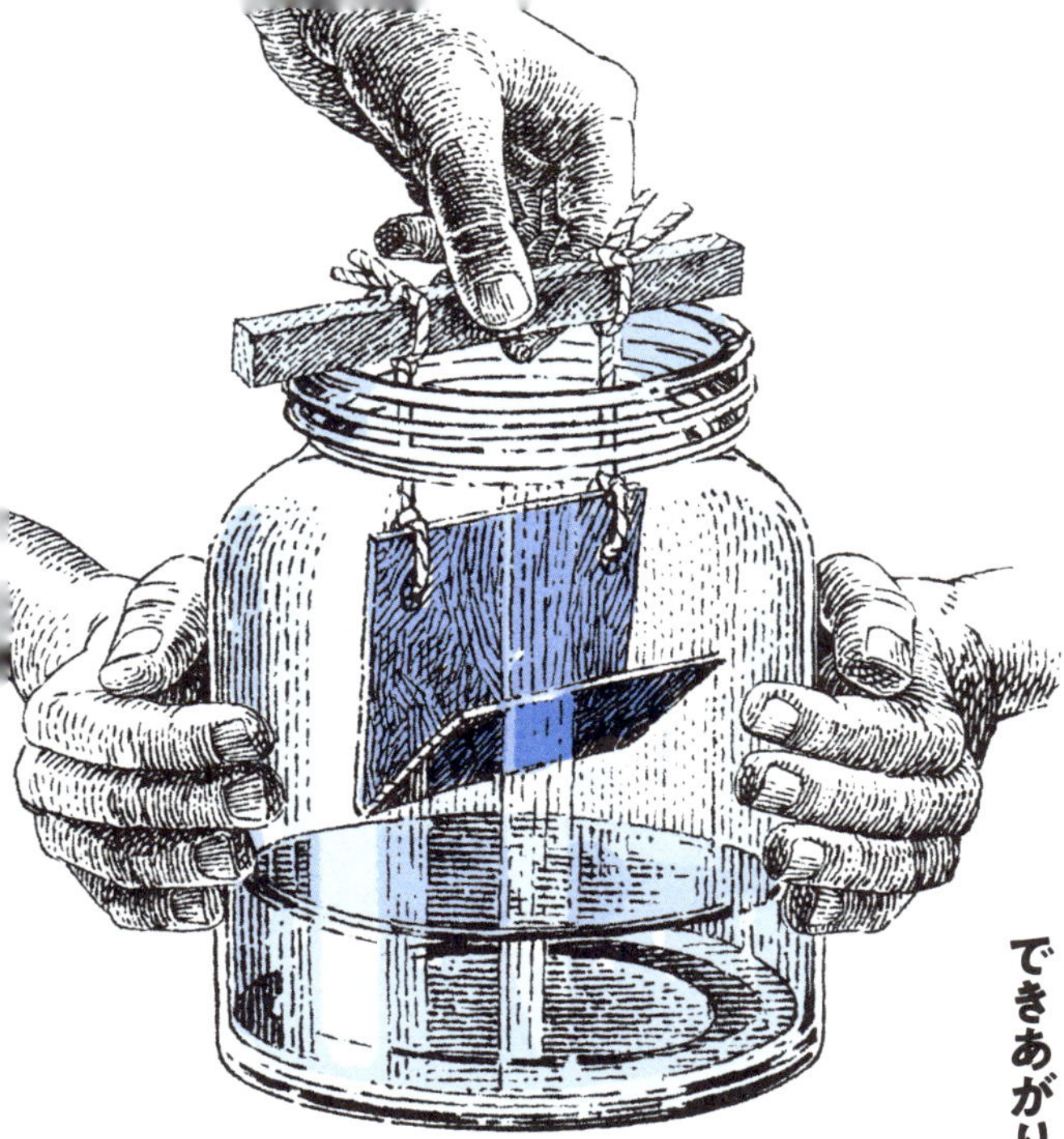

ら、この夏休《なつやす》みの研究《けんきゅう》は楽勝《らくしょう》なんじゃないだろうか。
実験《じっけん》が早《はや》く終《お》わったので、ぼくたちは寄《よ》り道《みち》して、アイスクリームを食《た》べて帰《かえ》ることにした。

できあがりは茶色《ちゃいろ》になる？

その日《ひ》の夜《よる》、かあさんに森井老人《もりいろうじん》のところでやった実験《じっけん》の話《はなし》を簡単《かんたん》に報告《ほうこく》した。

「へえ、初日《しょにち》にヴェルディグリを作《つく》ったのか……、簡単《かんたん》だからね、そこから入《はい》ったんだ、ふーん」

そう言《い》うと、かあさんは自分《じぶん》の書斎《しょさい》に行《い》って一冊《いっさつ》の画集《がしゅう》を手《て》に取《と》って戻《もど》ってきた。ぱらぱらとめくりながら一枚《いちまい》の絵《え》のページで手《て》を止《と》めると、僕《ぼく》に差《さ》し出《だ》した。

「これは15世紀《せいき》のイタリアのジョヴァンニ・ベリーニが描《か》いた絵画《かいが》なんだけど、今日蒼太郎《きょうそうたろう》たちが作《つく》った、ヴェルディグリが使《つか》われている。これ、ほらこのあたり」

「ぼくたちが作《つく》ったのは青緑《あおみどり》の顔料《がんりょう》だよ、茶色《ちゃいろ》じゃないって」

かあさんはおもしろそうに笑《わら》うと、

「そう、ヴェルディグリって、ギリシアの緑《みどり》、という意味《いみ》の古《ふる》いフランス語《ご》なんだけど、残念《ざんねん》ながら、不安定《ふあんてい》な化合物《かごうぶつ》でできているから、比較的早《ひかくてきはや》くに変色《へんしょく》して茶色《ちゃいろ》になっちゃうことが知《し》られてたんだよね。レオナルド・ダ・ヴィンチでさえ、変色《へんしょく》するのはわかっていたけどこの緑《みどり》を使《つか》いたがったらしい」

と教《おし》えてくれた。

そういえば、森井老人《もりいろうじん》も「簡単《かんたん》に作《つく》れる代《か》わりに、簡単《かんたん》に茶色《ちゃいろ》になってしまって、あまり高価《こうか》ではなかった」って言《い》っていたっけ。

「このヴェルディグリの作《つく》り方《かた》と、鉛白《えんぱく》の作《つく》り方《かた》って似《に》てるんだってさ」

「そう、お酢《す》で反応《はんのう》させて酢酸銅《さくさんどう》にするか、酢酸鉛《さくさんなまり》にするか、という違《ちが》いだけだもの。ただね、鉛白《えんぱく》の場合《ばあい》は、酢酸鉛《さくさんなまり》が空気中《くうきちゅう》の二酸化炭素《にさんかたんそ》と結合《けつごう》して炭酸鉛《たんさんなまり》になるって過程《かてい》も必要《ひつよう》だから、厳密《げんみつ》に言《い》えば同《おな》じとは言《い》えないかもしれない」

うわ、いきなり難《むずか》しくなった！

「その辺《へん》の反応《はんのう》のことは、高校生《こうこうせい》になってからちゃんと化学《かがく》で勉強《べんきょう》したらいいよ。興味《きょうみ》があるなら、本《ほん》を貸《か》すけど？」

「え！　まだいいよ！」

あわててぼくは断《ことわ》った。

「鉛白《えんぱく》って、とても優秀《ゆうしゅう》な白粉《おしろい》だったから、むかしの日本《にほん》の貴族《きぞく》たちはこぞって使《つか》いたがったと言《い》われているんだよ」

「優秀《ゆうしゅう》って、きれいってこと？」

「うん、それもあるけど、鉛白《えんぱく》って隠蔽力《いんぺいりょく》がとても高《たか》くてね。つまり、下《した》の色《いろ》や模様《もよう》をおおい隠《かく》す能力《のうりょく》が高《たか》いってこと。たとえば、お化粧《けしょう》するとき、顔《かお》にシミがあったら隠《かく》したいじゃない？　隠蔽力《いんぺいりょく》の高《たか》い白粉《おしろい》なら、そういうシミをかくして真《ま》っ白《しろ》にしてくれるの」

「じゃあ、かあさんは、隠蔽力《いんぺいりょく》の高いお化粧品《けしょうひん》じゃなきゃだめだね！」

かあさんはぼくに軽《かる》くチョップをくらわせると、笑《わら》って言《い》った。

「たしかに鉛白《えんぱく》ならシミもそばかすもきれいに消《け》してくれただろうけど、あまりに真《ま》っ白《しろ》になるから、お化《ば》けみたいだったんじゃない？　まあ、鉛《なまり》でできた白粉《おしろい》なんて使《つか》ってたら、身体《からだ》に毒《どく》だから、肌《はだ》はボロボロになるし、使《つか》い続《つづ》けて命《いのち》を落《お》とした人《ひと》もいたでしょうね。それに、こんな高《たか》い白粉《おしろい》を買《か》えたのは、きっとお金《かね》も権力《けんりょく》もあるような王族《おうぞく》や貴族《きぞく》たちだけだったと思《おも》うな」

ボロボロの肌《はだ》をまた白粉《おしろい》でかくしてたのかな。お金《かね》のある貴族《きぞく》たちのほうがボロボロの肌《はだ》だったなんておかしいや。きれいになるために使《つか》ってるのに、肌《はだ》はボロボロで、最悪《さいあく》、死《し》んでしまうこともあるなんて、化学《かがく》の知識《ちしき》がないってけっこう怖《こわ》い。

「次《つぎ》は何作《なにつく》るって森井先生《もりいせんせい》言《い》ってた？」

「ううん、何《なに》も言《い》ってなかった。難《むずか》しいぞ、とは言《い》ってたけど」

「森井先生《もりいせんせい》、むかしから中央美術館《ちゅうおうびじゅつかん》に勤《つと》めてる近藤《こんどう》といっしょに研究《けんきゅう》してるから、蒼太郎《そうたろう》たちも近藤《こんどう》のラボに行《い》くこともあるかもしれないね」

え、近藤《こんどう》さんってだれ？

「近藤《こんどう》はわたしの同級生《どうきゅうせい》で、森井先生《もりいせんせい》の教《おし》え子《ご》のひとり。わたしと同《おな》じだね。美《び》術館《じゅつかん》で、中世《ちゅうせい》や近世《きんせい》の絵具《えのぐ》の分析《ぶんせき》をしているよ」

ふーん、おもしろそうな仕事《しごと》をしてる人《ひと》もいるんだなあ。森井老人《もりいろうじん》、ぼくたちのこと、連《つ》れていってくれるかな。

「ねえ、かあさん。そういえば、どうしてぼくの名前《なまえ》は蒼太郎《そうたろう》なの？　なんで蒼《あお》って漢字《かんじ》が入《はい》ってるの？」

ぼくはずっと聞《き》いてみたかったことをたずねてみた。

「うーん、そうだな。何《なん》か名前《なまえ》のなかに色《いろ》に関係《かんけい》する文字《もじ》を入《い》れたかったってこともあるんだけど。わたしたちが研究《けんきゅう》してる分野《ぶんや》では、青《あお》って特別《とくべつ》の色《いろ》でね。人《じん》類《るい》がずっと欲《ほ》しかった色《いろ》なんだよ。

その辺《へん》のことは、いずれ森井先生《もりいせんせい》が教《おし》えてくれると思《おも》うけど、青色《あおいろ》は、天然《てんねん》の世界《せかい》にもほとんど存在《そんざい》してないから、人類《じんるい》がよけいに欲《ほ》しがったんだろうね。

それに、蒼《あお》って色《いろ》は単純《たんじゅん》な青《あお》というよりは、草《くさ》が茂《しげ》っている青色《あおいろ》のことなんだよね。緑《みどり》がかった青緑《あおみどり》に近《ちか》い色《いろ》かな。それは日本《にほん》では縄文時代《じょうもんじだい》からずっと欲《ほ》しがられていた色《いろ》だと思《おも》う。

蒼太郎《そうたろう》の好《す》きな昆虫《こんちゅう》の世界《せかい》でも、青色《あおいろ》ってモルフォ蝶《ちょう》みたいに特別《とくべつ》のものにしかないでしょ？　だから、蒼太郎《そうたろう》には、そういう特別《とくべつ》だという思《おも》いを込《こ》めて、蒼《あお》の文字《もじ》を入《い》れたんだよ」

ふうん、はじめて自分《じぶん》の名前《なまえ》の由来《ゆらい》を聞《き》いた。かあさんの、特別《とくべつ》な思《おも》いがつまった名前《なまえ》だったのか。

ちょっとくすぐったいような気持《きも》ちになった。

最古《さいこ》の人工青色《じんこうあおいろ》？　オドントライト

翌朝《よくあさ》も、律《りつ》といっしょに科学倶楽部《かがくくらぶ》にやってきた。

実験室《じっけんしつ》のドアを開《あ》けると、白衣《はくい》を着《き》た森井老人《もりいろうじん》がマグネティックスターラーという磁石《じしゃく》の力《ちから》を使《つか》って自動《じどう》でぐるぐるかき混《ま》ぜる台《だい》の上《うえ》に、湯気《ゆげ》の立《た》ちのぼる紅《こう》茶《ちゃ》が入《はい》ったビーカーを置《お》いて、砂糖《さとう》とミルクを加《くわ》えているところだった。

「森井先生《もりいせんせい》、おはようございます」

「やあ、おはよう。きみたちはこんなことまねしちゃいかんよ」

そう言《い》うと、ビーカーに入《はい》った紅茶《こうちゃ》をおいしそうにひと口《くち》飲《の》んだ。

「今日《きょう》はかなり難《むずか》しいことをやってもらいたいんじゃ」

森井老人《もりいろうじん》は紅茶《こうちゃ》の入《はい》ったビーカーを机《つくえ》の上《うえ》に置《お》き、それから鞄《かばん》のなかから大事《だいじ》そうに小《ちい》さなプラスティックケースを取《と》り出《だ》して、中身《なかみ》を黒《くろ》い布《ぬの》の上《うえ》にそっと移《うつ》した。

それは一粒《ひとつぶ》の、水色《みずいろ》というか、青緑色《あおみどりいろ》の平《ひら》たい破片《はへん》だった。真《ま》ん中《なか》に小《ちい》さい穴《あな》があいていたんだろう、穴《あな》を半分《はんぶん》にするようなかたちで、縦《たて》に割《わ》れていた。割《わ》れた断面《だんめん》を見《み》ると、内側《うちがわ》が真《ま》っ白《しろ》で外側《そとがわ》だけが青《あお》い。

「ほれ、触《さわ》ってみろ。これは、大《おお》むかしのビーズのかけらでな」

ぼくは指《ゆび》でその破片《はへん》をつまみ上《あ》げた。思《おも》ったより重《おも》さがあって、青色《あおいろ》の表面《ひょうめん》はツルッとしていて光沢《こうたく》がある。

よく見《み》ると、表面《ひょうめん》の0・1ミリくらいがトルコ石《いし》みたいな青緑色《あおみどりいろ》で、それ以外《いがい》のなかの部分《ぶぶん》は、うっすら黄色《きいろ》がかった白《しろ》だ。

白《しろ》い石《いし》の表面《ひょうめん》を青《あお》く染《そ》めて作《つく》ったのかな？

「これが、人間《にんげん》が作《つく》った最古《さいこ》の青色《あおいろ》と言《い》われているものだ。紀元前《きげんぜん》6000年《ねん》ほどの装飾品《そうしょくひん》で、シリアの墓《はか》のなかで見《み》つかったんじゃ」

森井老人《もりいろうじん》は、実験室《じっけんしつ》のホワイトボードの脇《わき》に置《お》いてある地球儀《ちきゅうぎ》をぐるっと回《まわ》して、シリアを指《ゆび》さした。アフリカの右上《みぎうえ》あたりだ。

紀元前《きげんぜん》6000年《ねん》……ってことはいまから8000年前《ねんまえ》？　原始人《げんしじん》？

「えーそんなに古《ふる》いんですか？　これは何《なん》ですか？」

「墓《はか》から見《み》つかっているから、きっと、亡《な》くなった人《ひと》につける首飾《くびかざ》りだったんだろうな。そのころの人々《ひとびと》は、狩猟採集《しゅりょうさいしゅう》、つまり、獣《けもの》を捕《つか》まえたり木《き》の実《み》を採《と》ったりして生活《せいかつ》していたと言われておる」

「なんで外側《そとがわ》だけ青《あお》いんですか？　はじめから、青《あお》い石《いし》を使《つか》えばよかったのにどうして白《しろ》い石《いし》を青《あお》くしたんですか？」

律《りつ》が矢《や》つぎ早《ばや》に質問《しつもん》する。

「青《あお》い石《いし》が手《て》に入《はい》らなかったんだろう。律《りつ》、わしの店《みせ》で見《み》たラピスラズリの産地《さんち》、覚《おぼ》えておるか？」

「アフガニスタン」

「そうじゃ。ラピスラズリはアフガニスタンのなかでも、タジキスタンとの国境《こっきょう》に近《ちか》いコクチャ川《がわ》のそばの険《けわ》しい山《やま》のなかで採《と》れるらしい。そのあたりはバタフシャーンと呼《よ》ばれておる。

この石《いし》が見《み》つかったシリアと、ラピスラズリの産地《さんち》アフガニスタンは、2600キロ近《ちか》くも離《はな》れているんじゃや。だから、8000年前《ねんまえ》に、遠《とお》く離《はな》れたシリアで青《あお》い石《いし》であるラピスラズリを手《て》に入《い》れるのは難《むずか》しかっただろう。北海道《ほっかいどう》の宗谷岬《そうやみさき》から沖縄《おきなわ》の那覇《なは》までの直線距離《ちょくせんきょり》より遠《とお》いくらいの距離《きょり》だからな」

「それは遠《とお》すぎですね。じゃあ、どうやってこの白《しろ》い石《いし》を青緑色《あおみどりいろ》にしたんだろう？　ぼくには、なんだかトルコ石《いし》みたいな色《いろ》に見《み》えます」

ぼくは、律《りつ》がバッグにぶら下《さ》げているトルコ石《いし》のついたキーホルダーを指《ゆび》さした。

「以前《いぜん》、中央《ちゅうおう》美術館《びじゅつかん》のラボに勤《つと》めている近藤《こんどう》に、このビーズを科学分析《かがくぶんせき》してもらったんだよ。そうしたらなんと、この白《しろ》い石《いし》はアパタイトという石《いし》だった。つまり、歯《は》とか骨《ほね》みたいな素材《そざい》、ということじゃ。でな、このなかにはマンガンという元素《げんそ》が入《はい》っていることがわかったんだ」

マンガンって……小学校《しょうがっこう》の授業《じゅぎょう》で聞《き》いたことがあるかも。二酸化《にさんか》マンガンとか出《で》てきたよね。あれかな？　でもあの粉《こな》はたしか真《ま》っ黒《くろ》だったような……。ぼくが考《かんが》えていたら、

「えーこれって歯《は》なんですか？」と律《りつ》もびっくりしている。

「ツルッとしているところなんかも歯《は》みたいだろう。そうじゃな、歯《は》というか、なにか大型動物《おおがたどうぶつ》の牙《きば》なんだろうな」

「そっか、牙《きば》ならきっと大《おお》きいですね……」

「しかしだ、どうやってこのビーズを青《あお》くしたかっていうのは、とてもとても難《むずか》しい。わしも、これが答《こた》えだ、と思《おも》うものにたどり着《つ》くまで何年《なんねん》もかかったくら

いじゃ」

「青《あお》いインクで染《そ》めたんじゃないですか」

「律《りつ》、わしたちもはじめそう思《おも》ったんじゃ。ジーンズと同《おな》じように藍《あい》で染《そ》めることもできるしな」

「でもこれ、ジーンズの色《いろ》というより青緑《あおみどり》のトルコ石《いし》みたいな色《いろ》ですよね。銅《どう》だったら青緑色《あおみどりいろ》になる気《き》がするんだけど……」

ぼくは、前《まえ》に科学倶楽部《かがくくらぶ》でやった、金属《きんぞく》を熱《ねっ》したとき金属《きんぞく》の種類《しゅるい》によって炎《ほのお》の色《いろ》が変化《へんか》する「炎色反応《えんしょくはんのう》」の実験《じっけん》を思《おも》い出《だ》していた。

「うむ、いい線《せん》いってるぞ、蒼太郎《そうたろう》。鉄《てつ》や銅《どう》、鉛《なまり》などの金属《きんぞく》を化学反応《かがくはんのう》させることで、いろんな酸化物《さんかぶつ》や結合物《けつごうぶつ》を人工的《じんこうてき》に作《つく》れるって科学倶楽部《かがくくらぶ》で話《はな》したことがあったな。

たとえば、コバルトからは青色《あおいろ》、チタンからは白《しろ》、鉛《なまり》からは白《しろ》や黄色《きいろ》のものができるんじゃが、これらはおもに、産業革命以降《さんぎょうかくめいいこう》の18世紀《せいき》から20世紀初頭《せいきしょとう》にかけてつぎつぎに発見《はっけん》されて、使《つか》われるようになってきたんじゃ」

「金属《きんぞく》によって色《いろ》が変《か》わるんですか?」

ぼくはさらに質問《しつもん》した。

「そうだ。すごく簡単《かんたん》に言《い》えば、銅《どう》や鉄《てつ》のような金属《きんぞく》イオンは色《いろ》を作《つく》りやすいってことじゃ。けれど、この石《いし》の青《あお》の由来《ゆらい》は銅《どう》でも鉄《てつ》でもない。マンガンが入《はい》ってるところが不思議《ふしぎ》なんじゃ。マンガンだったら、赤《あか》とか紫《むらさき》、黒《くろ》に発色《はっしょく》するのが普《ふ》通《つう》なのに、なぜ青《あお》なのか？　そしてそのマンガンを、どうやって8000年前《ねんまえ》に牙《きば》にしみ込《こ》ませられたのか？」

「その牙《きば》ってマンモスみたいな動物《どうぶつ》から採《と》ったんですか？」

という律《りつ》の質問《しつもん》に、森井老人《もりいろうじん》が細《ほそ》い目《め》をもっと細《ほそ》くして答《こた》えた。

「いいぞ、律《りつ》。大《おお》きな牙《きば》は、マンモスとかゾウじゃないと採《と》れない。だがこれは、ゾウの祖先《そせん》のマストドンの牙《きば》だと考《かんが》えられているんじゃ」

「でも、マストドンって1万年前《まんねんまえ》には絶滅《ぜつめつ》しちゃいましたよね？」

「さすが、律《りつ》は恐竜《きょうりゅう》とか古生物《こせいぶつ》に詳《くわ》しいのう、その通《とお》り。だからこの牙《きば》は、化石《かせき》を使《つか》ったものだとわしたちは考《かんが》えているんだ」

「えー！　すごい、大《おお》むかしの人《ひと》が化石《かせき》を使《つか》ってビーズを作《つく》ったなんて！」

ぼくは、紀元前《きげんぜん》6000年《ねん》の人《ひと》たちが、化石《かせき》のマストドンを掘《ほ》り出《だ》している姿《すがた》を想像《そうぞう》してみた。

「わしたちはこの青《あお》くなった牙《きば》を再現《さいげん》するために、いろんな実験《じっけん》をしてみたんだが、ぜんぜんうまくいかなかった。どんな方法《ほうほう》で試《ため》してもマンガンがアパタイトのなかにしみ込《こ》んでくれなかったんじゃよ。

そしたら近藤《こんどう》が、『もしかして、マンガンは後《あと》から塗《ぬ》ったんじゃなくって元《もと》から化石《かせき》にしみ込《こ》んだものじゃないのか』って思《おも》いついたんじゃ」

さっきまで細《ほそ》かった目《め》を大《おお》きく見開《みひら》いて、森井老人《もりいろうじん》はぼくを見《み》る。

「わしが何年《なんねん》も悩《なや》んでいたことを近藤《こんどう》が思《おも》いついてくれたんじゃよ。あ、近藤《こんどう》っていうのはわしの教《おし》え子《ご》のひとりでな。中央美術館《ちゅうおうびじゅつかん》で働《はたら》いておることはさっき言《い》ったな。今度《こんど》、きみたちにもそこに行《い》ってもらうことになるぞ。そうそう、その近藤《こんどう》が、ヒントをくれたんじゃ」

森井老人《もりいろうじん》はひげをなでた。

「結論《けつろん》としては、人工的《じんこうてき》にマンガンを牙《きば》にしみ込《こ》ませることは、簡単《かんたん》なことではなかった。人工的《じんこうてき》にはなかなかマンガンは牙《きば》にしみ込《こ》まないんじゃ。なぜなら、マンガンの原子《げんし》の直径《ちょっけい》はけっこう大《おお》きいから、簡単《かんたん》にはアパタイトの結晶格子《けっしょうこうし》のなかに入《はい》ってくれんのだよ。

だからいまは、特別濃度《とくべつのうど》が高《たか》いマンガンがある場所《ばしょ》の地中《ちちゅう》に、マストドンの牙《きば》が長《なが》い長《なが》い年月《ねんげつ》埋《う》まっていて、マンガンとリンがゆっくり置換《ちかん》、置《お》き換《か》わったものだろうと考《かんが》えておる」

そう言《い》うと、森井老人《もりいろうじん》は英語《えいご》で書《か》かれた論文《ろんぶん》のコピーを取《と》り出《だ》した。

「この牙《きば》についてはそう考《かんが》えておるんだが、実《じつ》はな、わしたちより先《さき》にマンガンから青《あお》を作《つく》る実験《じっけん》に成功《せいこう》した人《ひと》たちがおる。これはその実験《じっけん》に成功《せいこう》したアメリカのオレゴン州立大学《しゅうりつだいがく》の研究《けんきゅう》グループの論文《ろんぶん》じゃよ」

「すごい、本当《ほんとう》にきれいな青緑色《あおみどりいろ》ですね！　これ作《つく》ってみたい」

「ははは、蒼太郎《そうたろう》、それが今日《きょう》のきみたちのミッションなんじゃよ。彼《かれ》らが成功《せいこう》した方法《ほうほう》を使《つか》って、マンガンから青色《あおいろ》を作《つく》ってほしい。

　さすがにこの化石《かせき》のビーズの再現《さいげん》は難《むずか》しいから、ちょっとズルをして、牙《きば》の化《か》石《せき》の代《か》わりにリン酸《さん》カルシウムの粉《こな》を使《つか》い、そこに、バリウムを足《た》して実験《じっけん》しようと思《おも》う。

　それではさっそく、炭酸《たんさん》バリウム、二酸化《にさんか》マンガン、酸化《さんか》バナジウム、塩化《えんか》バリウムとリン酸水素二《さんすいそに》アンモニウムを使《つか》ってやってみよう」

え！　何《なに》!?　いきなりすごく難《むずか》しいんですけど！　そんなのできるわけないじやん！　難《むずか》しすぎて、律《りつ》も目《め》をパチパチしている。

緊張《きんちょう》の連続《れんぞく》の実験《じっけん》

びっくりしているぼくたちにおかまいなしに、森井老人《もりいろうじん》は話《はな》し続《つづ》ける。

「これを坩堝《るつぼ》に入《い》れて800度《ど》で12時間焼《じかんや》いてから、取《と》り出《だ》してそれを乳鉢《にゅうばち》で細《こま》かく砕《くだ》く。それをさらに850度《ど》で12時間焼《じかんや》くんじゃ」

さすがにいきなり全部説明《ぜんぶせつめい》されても理解《りかい》できない。ぼくは、

「森井先生《もりいせんせい》、もう少《すこ》しゆっくり説明《せつめい》してほしいです。ぼくたちついていけません」と訴《うった》えた。

森井老人《もりいろうじん》は、仕方《しかた》がないな、という顔《かお》をして、ホワイトボードに薬品《やくひん》の名前《なまえ》を書《か》いていった。それから、手順《てじゅん》を追《お》って、ぼくたちに説明《せつめい》しはじめた。

まず、ふたりで手分《てわ》けして試薬《しやく》を秤《はかり》ではかるように指示《しじ》された。

ぼくと律《りつ》はニトリル手袋《てぶくろ》とマスクをつけて慎重《しんちょう》に作業《さぎょう》をはじめた。

ニトリル手袋《てぶくろ》というのは、実験《じっけん》に欠《か》かせないゴムの手袋《てぶくろ》だ。薬品《やくひん》が手《て》につかないようにするための安全装備《あんぜんそうび》のひとつなんだ。

初心者《しょしんしゃ》の律《りつ》には秤《はかり》の使《つか》い方《かた》から教《おし》えたので最初《さいしょ》は時間《じかん》がかかったけど、律《りつ》はの

み込《こ》みが早《はや》くて、すぐに試薬《しやく》をはかり終《お》えた。こいつはなんでも器用《きよう》にこなすよな。

はかり取《と》った薬品《やくひん》の粉《こな》は、白《しろ》とか黄色《きいろ》、黒《くろ》の粉《こな》で、ほんと、こんな粉《こな》からトルコ石《いし》の色《いろ》ができるの？って感《かん》じだ。

「全部《ぜんぶ》はかり終《お》えたかな？　そうしたら今日《きょう》はそれを焼《や》いて、朝《あさ》まで冷《さ》ましておく。粉《こな》にする作業《さぎょう》は、明日《あした》の朝《あさ》からするとしよう」

「森井先生《もりいせんせい》、わかりました」

そう返事《へんじ》をして、すべての粉《こな》を坩堝《るつぼ》という耐熱容器《たいねつようき》に入《い》れた。この容器《ようき》で粉《こな》を焼《や》くそうだ。ぼくは坩堝《るつぼ》に入《い》れた粉《こな》の全体《ぜんたい》をよく混《ま》ぜて、電気炉《でんきろ》に入《い》れた。温度《おんど》や時間《じかん》のプログラムを森井老人《もりいろうじん》に教《おし》えてもらいながら設定《せってい》して、今日《きょう》の作《さ》業《ぎょう》は完了《かんりょう》だ。緊張《きんちょう》して汗《あせ》まみれになってしまった。

「マストドンの牙《きば》を青《あお》くしたこのトルコ石《いし》のような青色《あおいろ》の石《いし》は、オドントライト、と呼《よ》ばれておるんじゃ。歯《は》の石《いし》、というギリシア語《ご》からきた名前《なまえ》だな。オドントは『歯《は》の』という意味《いみ》じゃ」

聞《き》いたことのない名前《なまえ》だ。

お昼《ひる》の時間《じかん》を大幅《おおはば》に超《こ》えてしまったけど、ぼくたちはあんまりお腹《なか》がすいていなかった。それほど緊張《きんちょう》していたのかもしれない。さすがに律《りつ》とぼくはぐったりしていた。また明日《あした》の朝会《あさあ》う約束《やくそく》をして、それぞれ家《いえ》に帰《かえ》った。

うちに帰《かえ》ると、かあさんがいた。大学《だいがく》が夏休《なつやす》みに入《はい》ったからだ。

「森井先生《もりいせんせい》のところの実験《じっけん》、楽《たの》しかった？」

「うん、すごく難《むずか》しいことやらせてもらった」

「あの人《ひと》、教《おし》えるの上手《じょうず》だから大丈夫《だいじょうぶ》じゃない？」

かあさんは実験《じっけん》の内容《ないよう》を聞《き》きもせず無責任《むせきにん》に大丈夫《だいじょうぶ》って言《い》った。かあさんと森《もり》井老人《いろうじん》のあいだには、きっとぼくたちにはわからない信頼関係《しんらいかんけい》というか、師弟関《していかん》係《けい》みたいなのがあるのかもしれないな。

「あ、そうだ、こんど中央美術館《ちゅうおうびじゅつかん》の近藤《こんどう》さんのところに行《い》くかもしれない」

ぼくがそう言《い》うと、かあさんは昼食《ちゅうしょく》のホットサンドを作《つく》る手《て》を止《と》めて、ぼくを見《み》た。

「近藤《こんどう》のところなら間違《まちが》いないね。おもしろいもの見《み》せてくれるはず」

そうだ。かあさんと近藤《こんどう》さんは大学時代《だいがくじだい》の同級生《どうきゅうせい》なんだった。ライバル、なのかもしれないけど。

＊

次《つぎ》の日《ひ》、ぼくと律《りつ》はまた科学倶楽部《かがくくらぶ》の実験室《じっけんしつ》に行《い》って、炉《ろ》のなかの坩堝《るつぼ》から中《なか》身《み》を取《と》り出《だ》して、乳鉢《にゅうばち》で粉《こな》を細《こま》かく砕《くだ》く作業《さぎょう》をした。

昨夜《さくや》は電気炉《でんきろ》を動《うご》かしていたので、森井老人《もりいろうじん》は科学倶楽部《かがくくらぶ》に泊《と》まっていた。ソファで寝《ね》たらしい。

冷《さ》めた坩堝《るつぼ》を見《み》てみると、中身《なかみ》の粉《こな》は青黒《あおぐろ》く変《か》わっていて驚《おどろ》いた。

ところが、この粉《こな》、なかなか細《こま》かくならない。半日《はんにち》かけて、ようやく粉《こな》は細《こま》かくなった。

それから、その粉《こな》を坩堝《るつぼ》に戻《もど》して、ふたたび電気炉《でんきろ》に入《い》れて焼《や》く。電気炉《でんきろ》の加《か》熱時間《ねつじかん》と温度《おんど》を、８５０度《ど》、12時間《じかん》に設定《せってい》し、この日《ひ》の作業《さぎょう》は終了《しゅうりょう》した。

翌朝《よくあさ》、ぼくたちはどきどきしながら科学倶楽部《かがくくらぶ》の実験室《じっけんしつ》に向《む》かった。

「この実験《じっけん》はマジでたいへんだったね。オレ、実験《じっけん》がこんなに大変《たいへん》だとは思《おも》わなかったよ」

律《りつ》はちょっとウンザリしているみたいだ。

実験室《じっけんしつ》のドアを開《あ》けると、二晩連続《ふたばんれんぞく》で科学倶楽部《かがくくらぶ》に泊《と》まった森井老人《もりいろうじん》は、ぼくたちの到着《とうちゃく》を待《ま》ちかねていた。

「おはよう。今日《きょう》はオドントライトの再現実験《さいげんじっけん》の結果《けっか》が出《で》るぞ。たいへんな実験《じっけん》だったんじゃから、炉《ろ》の扉《とびら》はきみたちが開《あ》けたまえ」

森井老人《もりいろうじん》にうながされ、ぼくたちはふたりでだいたい冷《さ》めた電気炉《でんきろ》の扉《とびら》を開《あ》け、坩堝《るつぼ》を取《と》り出《だ》した。なかを見《み》ると、できあがった粉末《ふんまつ》は、青緑《あおみどり》のトルコ石《いし》の粉《こな》みたいだった。

「律《りつ》、ぼくたち、やったんじゃない?」

「ほんとだよ、成功《せいこう》したの? けっこう簡単《かんたん》だったたね」

あれ? さっきは大変《たいへん》だったって言《い》ってなかったっけ? やっぱり律《りつ》はケーソ、ツだ。

森井老人《もりいろうじん》ができあがった粉《こな》を指《ゆび》でつまみながら言《い》った。

「よし、できとる! いや、これはとても難《むずか》しい実験《じっけん》で、ちょっとした条件《じょうけん》の違《ちが》いで色《いろ》が変《か》わってしまうんじゃよ。だから、一回《いっかい》で成功《せいこう》なんて、すごい幸運《こううん》だと思《おも》うぞ」

ぼくたちは、すごくうれしかった。

「わしたちは、よく考《かんが》えんといかんのじゃ。そもそもこの色《いろ》がシリアやトルコで作《つく》られた紀元前《きげんぜん》6000年《ねん》の時代《じだい》には、人間《にんげん》は金属素材《きんぞくそざい》を利用《りよう》するなんてことができなかった生活《せいかつ》をしていたわけじゃからな。

今回《こんかい》、きみたちが成功《せいこう》できたのは、こんな電気炉《でんきろ》や薬品《やくひん》を使《つか》ったからじゃろ？　じゃあ、どうしてそんな大《おお》むかしの人《ひと》たちがこれを作《つく》れたのか、実《じつ》はまだまだわかってないことが多《おお》いんだ。たまたまマンガンが多《おお》く含《ふく》まれたマストドンの牙《きば》の化石《かせき》を使《つか》っただけかもしれんし……。これは、またいつか、取《と》り組《く》んでいかんとならないテーマじゃな」

「色《いろ》を作《つく》るって難《むずか》しいことなんですね」

「律《りつ》、そうなんじゃ。簡単《かんたん》じゃない。いまの科学《かがく》なら全部《ぜんぶ》わかると思《おも》うかもしれんが、まだまだわかってないこともある」

「そうなんだ、科学《かがく》ってなんでもわかると思《おも》ってました」

「そんなわけないじゃろう？　わしは化学者《かがくしゃ》だが、自分《じぶん》たちの限界《げんかい》はよく知《し》っておるぞ。だから、歴史《れきし》や芸術《げいじゅつ》の研究者《けんきゅうしゃ》たちともいっしょに相談《そうだん》しながら考《かんが》えることが大事《だいじ》なんだ。自分《じぶん》では思《おも》いつかないヒントがたくさんあるからな」

「ふーん」

律《りつ》は、わかったようなわかってないような、あいまいな返事《へんじ》をした。

ぼくもよくわからないけど、科学《かがく》だけでは解決《かいけつ》できないことがいっぱいある、ということだよね。

「とくにな、青《あお》はとても難《むずか》しい。だからいろんな工夫《くふう》をして人類《じんるい》は青《あお》を作《つく》ってきたんじゃよ。

明日《あした》は、ラピスラズリの石《いし》から青《あお》い絵具《えのぐ》を作《つく》る実験《じっけん》をしてみよう。その前《まえ》に、近藤《こんどう》の実験室《じっけんしつ》でおもしろいものを見《み》せてもらってからにしようかのう」

森井老人《もりいろうじん》はそう言《い》うと、右手《みぎて》でひげをなでつけた。

ラピスラズリとウルトラマリンブルー

第2章

Esque quemadmodum Rubrica, vna natiua, altera artificiosa: item vnu gentuu, alterum faetitium vt in Aegypto. Genera porro Caerulei tria, Aegyptium Scythicum, tertiumque Cyprium: optimu Aegyptiu ad meraciora saturatioraq; trita, vel lomenta: Scythicum ad dilutiora. Ceterum Aegyptium faetitium est: quique regum la literis mandarunt, hoc quoque memoriç produnt, ecquis regum primus Ceruleum arte adulterarit simulatione natiui: muncra quoque cum ab aliis missitata fuisse, tum vero e Phoenice tributum Caerulci partim viui, partim ignem experti. Tradunt qui pigmenta terunt Caeruleum ex se

中央美術館《ちゅうおうびじゅつかん》でウルトラマリンブルーとであう

森井老人《もりいろうじん》との約束《やくそく》で、次《つぎ》の日《ひ》の朝《あさ》、上野《うえの》の中央美術館《ちゅうおうびじゅつかん》に律《りつ》といっしょにやってきた。

ぼくはときどきかあさんと来《く》ることがあるけど、律《りつ》は今日《きょう》がはじめてらしい。

ここで、森井老人《もりいろうじん》の教《おし》え子《ご》だった近藤《こんどう》さんに会《あ》う約束《やくそく》になっている。かあさんの同級生《どうきゅうせい》だ。

受付《うけつけ》で律《りつ》と名前《なまえ》を書《か》いていると、だれかに肩《かた》をたたかれた。

「おはよう、どっちが蒼太郎《そうたろう》くん？」

振《ふ》り向《む》くと、白衣《はくい》を着《き》た女性《じょせい》がいた。髪《かみ》の毛《け》をポニーテールにして、スニーカーをはいている。その隣《となり》には小柄《こがら》な女性《じょせい》が立《た》っていた。おかっぱで黒《くろ》いワンピースを着《き》ている。

「あ、ぼくです。こっちは友《とも》だちの律《りつ》。いっしょに森井先生《もりいせんせい》の科学倶楽部《かがくくらぶ》に入《はい》ってます」

「あ、よろしくね。私《わたし》はここで働《はたら》いている近藤《こんどう》です。むかし、森井先生《もりいせんせい》の学生《がくせい》だったの。蒼太郎《そうたろう》くんのお母《かあ》さんとは大学《だいがく》のクラスメイトだったのよ」

「聞《き》いてます。母《はは》からよろしくと伝言《でんごん》です」

「しっかりしてるわねえ。あいつの息子《むすこ》とは思《おも》えないなあ」

近藤《こんどう》さんはそう言《い》うと、ぼくの頭《あたま》をくしゃっとなでた。

隣《となり》にいた女性《じょせい》は小《ちい》さい声《こえ》で、

「コシミズといいます。近藤《こんどう》さんのもとでアシスタントをしています」

と言《い》った。

中学生《ちゅうがくせい》のぼくたちにもていねいな言葉遣《ことばづか》いをするんだな。コシミズさんは、フランクな近藤《こんどう》さんとは違《ちが》うタイプの人《ひと》なのかも。

「おお、みんなそろったか」

後《うし》ろにいつの間《ま》にか森井老人《もりいろうじん》が立《た》っていた。

「今日《きょう》はお前《まえ》さんに頼《たの》まれてた仕事《しごと》をしに来《き》たんじゃ。作業《さぎょう》してくれるのはこのふたりの頼《たの》もしい少年《しょうねん》たちだよ」

森井老人《もりいろうじん》はそう言《い》うと、シワだらけの手《て》でぼくたちを指《ゆび》さした。

「森井先生《もりいせんせい》、ありがとうございます。仕事《しごと》のお願《ねが》いをする前《まえ》に、まず、見《み》てもらいたい絵《え》があるんです」

近藤《こんどう》さんはぼくたちをギャラリーの一室《いっしつ》に案内《あんない》してくれた。

「これは、16世紀《せいき》に描《か》かれた聖母子像《せいぼしぞう》の油絵《あぶらえ》なの。イタリアのティツィアーノという画家《がか》の作品《さくひん》よ。ティツィアーノ、というのはヴェネツィアの人《ひと》で、ルネサンスのころのとても大事《だいじ》な画家《がか》のひとりなの。

聖母子像《せいぼしぞう》は聖母《せいぼ》マリアと生《う》まれたばかりの赤《あか》ちゃんの姿《すがた》のイエス・キリストを描《えが》いているものよ。この時期《じき》とても流行《りゅうこう》して、たくさんの聖母子《せいぼし》の絵画《かいが》が作《つく》られたの」

圧倒的《あっとうてき》な青《あお》の鮮《あざ》やかさに、ぼくと律《りつ》はただ絵画《かいが》を見《み》つめていた。絵《え》の歴史《れきし》のことはわからないけど、聖母《せいぼ》がまとうマントの青色《あおいろ》の鮮《あざ》やかさと赤《あか》ちゃんを膝《ひざ》にのせた聖母《せいぼ》の優《やさ》しそうな表情《ひょうじょう》に、何《なに》も言葉《ことば》が出《で》なかった。

「いい油絵《あぶらえ》じゃろう? 光《ひかり》の感《かん》じがすごく神々《こうごう》しく見《み》えんかな」

森井老人《もりいろうじん》は目《め》を細《ほそ》くして油絵《あぶらえ》を見《み》つめた。

「みなさんにお願《ねが》いしたい仕事《しごと》というのは、この青色《あおいろ》を作《つく》ってほしいってことなの。このころの画家《がか》たちのなかには、アフガニスタン産《さん》のラピスラズリを使《つか》って作《つく》ったウルトラマリンブルーの青色《あおいろ》を潤沢《じゅんたく》に使《つか》えた人《ひと》たちもいたの。なぜなら、絵《え》の依頼主《いらいぬし》である貴族《きぞく》たちがパトロンになっていたと言《い》われてるから。当時《とうじ》は、パトロンと呼《よ》ばれる貴族《きぞく》やお金持《かねも》ちが上手《じょうず》な画家《がか》を雇《やと》って、彼《かれ》らに絵具《えのぐ》を買《か》い与《あた》え、いろんな絵《え》を描《か》かせていたのよ。パトロンというのは、アーティストなどを支援《しえん》する人のことね。

16世紀《せいき》、青色《あおいろ》の絵具《えのぐ》はとても貴重《きちょう》だったから、実際《じっさい》にどうやってラピスラズリの岩石《がんせき》からウルトラマリンブルーの青色顔料《あおいろがんりょう》を作《つく》っていたのか、それを再現《さいげん》してここで展示《てんじ》をしたいの。だから、展示《てんじ》に使《つか》うための青色《あおいろ》の絵具《えのぐ》を作《つく》ってほしい、これが森井先生《もりいせんせい》にお願《ねが》いしたことです。森井先生《もりいせんせい》ならきっと作《つく》ってくれるって思《おも》ったので」

そのとき、近藤《こんどう》さんの横《よこ》にいたコシミズさんが左手《ひだりて》に持《も》っていた紙袋《かみぶくろ》から、真《ま》っ青《さお》なラピスラズリのかけらをいくつか取《と》り出《だ》してぼくたちに差《さ》し出《だ》した。

「それはね、日本《にほん》に住《す》んでる知《し》り合《あ》いのアフガニスタン人《じん》が輸入《ゆにゅう》しているラピスラズリの端材《はざい》なの。ラピスラズリのアクセサリーとか工芸品《こうげいひん》を作《つく》ったときのあまりってことね。大《おお》きなラピスラズリの塊《かたまり》はとても高《たか》いから、この端材《はざい》を使《つか》ってふたりにはきれいなウルトラマリンブルーを作《つく》ってほしいのよ」

近藤《こんどう》さんが説明《せつめい》してくれた。

ぼくと律《りつ》はひとつずつラピスラズリのかけらを手《て》に取《と》った。

「やったことないけど、森井先生《もりいせんせい》に教《おし》えてもらってやってみます」

とぼくは答《こた》えたものの、そもそも、ラピスラズリを砕《くだ》いて作《つく》った青《あお》い顔料《がんりょう》がウルトラマリンブルーって名前《なまえ》になるのも、今日《きょう》はじめて知《し》った。

「ラピスラズリってそもそも、ラテン語《ご》で『青《あお》い石《いし》』って意味《いみ》なんですよ。ウルトラマリンっていうのは、『海《うみ》を越《こ》えてくる』という意味《いみ》だから、アフガニスタンから海《うみ》を渡《わた》って手《て》に入《い》れた青《あお》、なんでしょうね」

コシミズさんがそっと教《おし》えてくれた。

きれいな青《あお》ができた！

コシミズさんから受《う》け取《と》ったラピスラズリの入《はい》った紙袋《かみぶくろ》を抱《かか》えて、ぼくたちは科学倶楽部《かがくくらぶ》に戻《もど》ってきた。今日《きょう》はこのあと、ここで作業《さぎょう》をすることになっていた。

「まず、ラピスラズリを粗《あら》く割《わ》っていこうか。比較的軟《ひかくてきやわ》らかい鉱物《こうぶつ》とはいえ、はじめから乳鉢《にゅうばち》で細《こま》かくするのは現実的《げんじつてき》でないからの」

森井老人《もりいろうじん》はそう言《い》うと、金《かな》づちを出《だ》してきた。

「石《いし》を粉砕《ふんさい》するミルはあるんだが、それを使《つか》うとミルの刃《は》が鋼鉄《こうてつ》じゃから、ラピスラズリの粉《こな》のなかに鉄《てつ》が混《ま》じってしまってややこしいことになるんじゃ。だから、まずはこれで粗割《あらわ》りしてくれ」

布袋《ぬのぶくろ》に入《い》れたラピスラズリを「かなとこ」の上《うえ》に置《お》いて、ぼくたちは袋《ふくろ》を代《か》わるがわる叩《たた》いて、ラピスラズリを細《こま》かくしていった。

簡単《かんたん》に見《み》えて、けっこう、これが骨《ほね》の折《お》れる作業《さぎょう》だ。ふと見《み》ると、森井老人《もりいろうじん》は窓際《まどぎわ》で紅茶《こうちゃ》を飲《の》んでいる。なんだ！　ぼくたちに大変《たいへん》な作業《さぎょう》をやらせて、自分《じぶん》は休憩《きゅうけい》してるじゃないか！

「わしは休《やす》んでるんじゃないぞ。次《つぎ》の手順《てじゅん》を考《かんが》えておったんじゃ」

ぼくの視線《しせん》を感《かん》じたのか、見《み》えすいた言《い》い訳《わけ》をして、森井老人《もりいろうじん》はバツの悪《わる》そうな顔《かお》をした。

石《いし》を割《わ》るだけなのに、ぼくも律《りつ》も汗《あせ》びっしょりになった。

次《つぎ》に砕《くだ》いた石《いし》のかけらのなかからきれいな深《ふか》い青色《あおいろ》のかけらだけを選《えら》び、その破片《はへん》を少《すこ》しずつ乳鉢《にゅうばち》に入《い》れて乳棒《にゅうぼう》という小さなすりこぎみたいな粉《こな》にする道具《どうぐ》でゴリゴリ細《こま》かくしていく。

これも骨《ほね》の折《お》れる作業《さぎょう》だった。2時間以上《じかんいじょう》はかかったと思《おも》う。途中《とちゅう》で、ぼくと律《りつ》は交代《こうたい》で休憩《きゅうけい》して、森井老人《もりいろうじん》が差《さ》し入《い》れてくれたジュースを飲《の》んだ。

「ラピスラズリのなかには、青《あお》いラズライトという鉱物《こうぶつ》と、白《しろ》いカルサイト、金《きん》色《いろ》のパイライトという鉱物《こうぶつ》が含《ふく》まれておる。もしその3つのうち、青《あお》のラズライトだけ重《おも》いとか軽《かる》いとか、比重《ひじゅう》に差《さ》があったなら簡単《かんたん》なんじゃ。水《みず》のなかで簡単《かんたん》に選別《せんべつ》できるからの」

ぼくは料理《りょうり》の手伝《てつだ》いでカレーを作《つく》っていたときに、鍋《なべ》のなかでジャガイモやニンジンは沈《しず》むのに、ナスが浮《う》いてきてしまったことを思《おも》い出《だ》した。ジャガイモはナスより比重《ひじゅう》が大《おお》きかった、ということか。

「しかし、ややこしいことに、ラピスラズリに含《ふく》まれるこの3つの鉱物《こうぶつ》は、比重《ひじゅう》が似《に》ているから、分離《ぶんり》するためには特殊《とくしゅ》な方法《ほうほう》を使《つか》わないとならん。いまは、重《じゅう》液《えき》という特殊《とくしゅ》な液体《えきたい》を使《つか》えば、簡単《かんたん》に似《に》た比重《ひじゅう》の粒子同士《りゅうしどうし》を分《わ》けることができるんじゃが……」

「粒子《りゅうし》って何《なん》ですか？」

「律《りつ》、粒子《りゅうし》というのは、ここでは、細《こま》かいつぶつぶの物体《ぶったい》、という意味《いみ》じゃ」

「ティツィアーノがウルトラマリンブルーを手《て》に入《い》れた時代《じだい》に、細《こま》かいつぶつぶの物体《ぶったい》を分《わ》ける、そんな特殊《とくしゅ》な液体《えきたい》はあったんですか？」

と律《りつ》は首《くび》を傾《かし》げた。

「そう、ないんじゃ。その時代《じだい》に重液《じゅうえき》が使《つか》われたとは考《かんが》えにくい。近藤《こんどう》は、あえて、歴史的《れきしてき》な方法《ほうほう》で再現《さいげん》してくれってことだったからな。今回《こんかい》は別《べつ》の方法《ほうほう》を使《つか》うぞ」

そう言《い》うと、森井老人《もりいろうじん》はホワイトボードに手順《てじゅん》を書《か》き出《だ》した。

その手順《てじゅん》は、溶《と》かした蠟《ろう》、松脂《まつやに》、油《あぶら》とラピスラズリの粉《こな》をよく混《ま》ぜ合《あ》わせ、できた塊《かたまり》を布《ぬの》に包《つつ》み、その布袋《ぬのぶくろ》をうすい灰汁《あく》のなかで揉《も》み出《だ》す、というものだった。

そこでぼくたちは、まずホーローの鍋《なべ》に蠟《ろう》、松脂《まつやに》、油《あぶら》を入《い》れて、ホットプレートで温《あたた》め溶《と》かした。次《つぎ》に、その鍋《なべ》にラピスラズリの粉《こな》を加《くわ》えて、よく混《ま》ぜる。もちろん、ホットプレートで火傷《やけど》しないように気《き》をつけた。

そのあいだに森井老人《もりいろうじん》は、灰《はい》を混《ま》ぜたぬるま湯《ゆ》のボウルを3つ用意《ようい》した。

ぼくたちは、よく混《ま》ざって粘土《ねんど》の塊《かたまり》のようになったラピスラズリをガーゼに包《つつ》んだ。そしてニトリル手袋《てぶくろ》をして、順《じゅん》にボウルのなかでガーゼを揉《も》み出《だ》していった。ニトリル手袋《てぶくろ》をつけるのは、灰《はい》を混《ま》ぜた液体《えきたい》がアルカリ性《せい》で手《て》が荒《あ》れてしまうからだと、森井老人《もりいろうじん》が教《おし》えてくれた。

1つ目《め》のボウルの底《そこ》にきれいな青色《あおいろ》の粒子《りゅうし》が沈《しず》んだのを見《み》て、森井老人《もりいろうじん》は、「よし、となりのボウルで同《おな》じことを」と言《い》った。

次《つぎ》のボウルでも青《あお》い粉《こな》が沈《しず》んできたけど、１つ目《め》の青《あお》より鮮《あざ》やかではない気《き》がした。

「はい、次《つぎ》」

３つ目《め》のボウルでも同《おな》じことをした。

今度《こんど》はもっと灰色《はいいろ》っぽいものが沈《しず》んできた。

「よし、これで終《お》わりにしよう。各工程《かくこうてい》で底《そこ》に沈《しず》んだものをちゃんと乾《かわ》かして、後《あと》でラベルを書《か》いておくようにな」

「はい」

ぼくたちは、ボウルの上澄《うわず》みの水《みず》を捨《す》てて、底《そこ》に沈《しず》んだ青《あお》い粉《こな》を平皿《ひらざら》の上《うえ》に移《うつ》す作業《さぎょう》をした。

「森井先生《もりいせんせい》、なんで、灰《はい》を水《みず》に溶《と》かしたんですか？」

律《りつ》が聞《き》くと、森井老人《もりいろうじん》は、

「それは、液体《えきたい》をアルカリ性《せい》にするためじゃよ。樹脂《じゅし》とか油《あぶら》でおおわれた粒子《りゅうし》を、油《あぶら》から切《き》り離《はな》してやるためには、アルカリがいるからな」

とホワイトボードに図《ず》を描《か》きながら説明《せつめい》してくれた。

「いまきみたちがやった青《あお》を分離《ぶんり》する方法《ほうほう》は、14～15世紀《せいき》のイタリア、トスカーナ地方《ちほう》の画家《がか》だったチェンニーニという男《おとこ》が書《か》き記《しる》したものなんじゃよ」

森井老人《もりいろうじん》は本棚《ほんだな》から『絵画術《かいがじゅつ》の書《しょ》』と書《か》かれた本《ほん》を手《て》に取《と》って、ぼくに手渡《てわた》した。

「イタリア語《ご》の本《ほん》もあるが、きみたちにはこっちでいいだろう」

そう言《い》って笑《わら》った。

「こんなふうに取《と》り出《だ》した青《あお》はウルトラマリンブルーと呼《よ》ばれる顔料《がんりょう》になったわ

けだが、しかしな、チェンニーニが書《か》き記《しる》すより700~800年《ねん》も前《まえ》の中国《ちゅうごく》やアフガニスタンで、こんなきれいなウルトラマリンブルーがすでに使《つか》われていたことがわかっておるからな。つまり、チェンニーニの時代《じだい》よりずっと前《まえ》から、このような方法《ほうほう》はあったのじゃろうな」

「そうなんだ！　そんなむかしからこんな大変《たいへん》な手間《てま》をかけて、ようやくきれいな青《あお》って採《と》れたんですね」

律《りつ》はできたばかりの青《あお》い粉《こな》を見《み》つめた。

「あとはな、きれいな青《あお》を採《と》るためには、質《しつ》のよい濃紺《のうこん》のラピスラズリの原石《げんせき》を使《つか》わなきゃならんというコツもあるぞ。ラピスラズリだからってなんでもいいわけじゃないんじゃや」

「そうなのか、だからこの青色《あおいろ》ってすごく高価《こうか》だったんだ……」

とぼくはつぶやいた。

「前《まえ》にも言《い》ったように、この最上級《さいじょうきゅう》の青《あお》1グラムと金《きん》1グラムが等価《とうか》で取引《とりひき》されてたと言《い》われてるんだ。と言《い》ってもピンとこないか。1グラムの金《きん》は、いまの相《そう》場《ば》でだいたい1万円《まんえん》くらいじゃ。そう言《い》えばわかるじゃろ」

え！　そしたらぼくたちが作《つく》った青色《あおいろ》って何十万円《なんじゅうまんえん》!?

「ぼくたちが作《つく》ったやつもそうなんですか？」

「そうじゃな、きみたちが作《つく》ったものも金《きん》と同《おな》じくらいの価値《かち》があるじゃろうな。しかし、1番目《ばんめ》のボウルで採《と》れた青《あお》と、3番目《ばんめ》で採《と》れた青《あお》はクオリティ、つまり質《しつ》が違《ちが》うじゃろ？　当然《とうぜん》、1番目《ばんめ》の濃《こ》い青《あお》は高《たか》いし、3番目《ばんめ》の鈍《にぶ》い青《あお》は安《やす》いだろうな」

「すごいじゃん、オレたち！　大金持《おおがねも》ちだ！」

律《りつ》が興奮《こうふん》している。

「そっか、そうしたら、青色《あおいろ》のクオリティを調《しら》べたら、その絵具《えのぐ》が何十万円《なんじゅうまんえん》だったかわかるってことですか？」

くくく、と森井老人《もりいろうじん》は小《ちい》さく笑《わら》うと、

「そうじゃな、蒼太郎《そうたろう》。その絵《え》のパトロンがお金持《かねも》ちなら、高《たか》い青《あお》もたくさん好《す》きなだけ買《か》えたじゃろう。でもな」

と言《い》いながら、棚《たな》の引《ひ》き出《だ》しを開《あ》けて、何枚《なんまい》かの色紙《いろがみ》と筆《ふで》を出《だ》してきた。

色紙《いろがみ》の色《いろ》は白《しろ》、赤《あか》、黒《くろ》。森井老人《もりいろうじん》はさっき作《つく》った3番目《ばんめ》の青灰色《せいかいしょく》の顔料《がんりょう》を水《みず》に溶《と》かして、筆《ふで》を使《つか》ってそれぞれの色紙《いろがみ》に塗《ぬ》りつけた。

「ほれ、見《み》てみろ」

白《しろ》の上《うえ》に塗《ぬ》った顔料《がんりょう》は灰色《はいいろ》っぽかった。

一方《いっぽう》で、赤《あか》、黒《くろ》の上《うえ》の顔料《がんりょう》は、気《き》のせいか青《あお》が深《ふか》いように見《み》える。

「下《した》に置《お》いた色《いろ》によって、見《み》える色《いろ》は変《か》わるんじゃよ。むかしの画家《がか》たちも、安《やす》い青絵具《あおえのぐ》をきれいに見《み》せようとして、下《した》に黒《くろ》を塗《ぬ》ったり、赤《あか》を塗《ぬ》ったりしたんだ」

「下《した》に黒《くろ》を入《い》れると濃《こ》く見《み》えるのはわかるけど、なんで赤《あか》なんですか？」

律《りつ》の質問《しつもん》を聞《き》くと、森井老人《もりいろうじん》は書棚《しょだな》から図鑑《ずかん》を取《と》り出《だ》して、「色相環《しきそうかん》」のページに出《で》てくる図《ず》を指《ゆび》さした。そして青《あお》とオレンジのあいだを指《ゆび》で繋《つな》いだ。

「補色《ほしょく》、という原理《げんり》だよ。青《あお》の反対《はんたい》はオレンジっぽい赤《あか》なんじゃ。この2色《しょく》を足《た》すと黒《くろ》というか、灰色《はいいろ》になる。だから、補色《ほしょく》を使《つか》うことによって、安《やす》いラピスラズリでも、濃《こ》い青色《あおいろ》に見《み》えるという仕組《しく》みなんじゃ」

律《りつ》はふーん……と、わかったようなわかんないような顔《かお》をしてうなっている。

「さて、今日《きょう》作《つく》った絵具《えのぐ》は明日《あした》までここで乾《かわ》かしておいて、明日《あした》、ちゃんと瓶《びん》に入《い》れてから、近藤《こんどう》に渡《わた》すとするか」

そう言《い》って、森井老人《もりいろうじん》はぐりぐりと首《くび》を回《まわ》した。

日本《にほん》にウルトラマリンブルーはなかった？

翌日《よくじつ》、4本《ほん》の小瓶《こびん》に3種類《しゅるい》のウルトラマリンブルーの顔料《がんりょう》と、砕《くだ》いて細《こま》かくしただけのラピスラズリの粉《こな》を入《い》れて、中央美術館《ちゅうおうびじゅつかん》に持《も》っていった。今日《きょう》は直接《ちょくせつ》、近藤《こんどう》さんのラボに案内《あんない》された。

「こんなすぐに作《つく》ってくれたんだ。ふたりともありがとう。これできっといい展示《てんじ》ができるわ」

近藤《こんどう》さんがうれしそうにウルトラマリンブルーの入《はい》った小瓶《こびん》を揺《ゆ》らした。

「展示《てんじ》にはこの1番目《ばんめ》の濃《こ》い青色《あおいろ》を使《つか》うんだけど、実《じつ》は、それ以外《いがい》の灰色《はいいろ》っぽいラピスラズリの粉《こな》こそ、作《つく》ってほしかったの」

「え、こんなにくすんだ灰色《はいいろ》っぽいやつが必要《ひつよう》だったんですか？」

ぼくが驚《おどろ》いてそう言《い》うと、

「どの画家《がか》も最高級《さいこうきゅう》のウルトラマリンブルーを使《つか》えたわけじゃないのよ。いいもの見せてあげる」

近藤《こんどう》さんはそう言《い》うと、ぼくと律《りつ》を手招《てまね》きしてラボの一角《いっかく》へ連《つ》れていった。

近藤《こんどう》さんが顕微鏡《けんびきょう》の電源《でんげん》を入《い》れると、コシミズさんが小《ちい》さいプラスティックの塊《かたまり》を近藤《こんどう》さんに手渡《てわた》した。

「これはね、クロスセクションというの。とても小《ちい》さな絵画《かいが》の破片《はへん》をこのプラスティックのなかに埋《う》め込《こ》んで片面《かためん》を削《けず》っていくのよ。そうすると、絵画《かいが》の断面《だんめん》が見《み》えるの」

透明《とうめい》なプラスティックの真《ま》ん中《なか》に、ゴマ粒《つぶ》くらいのサンプルが見《み》えた。

それを近藤《こんどう》さんは顕微鏡《けんびきょう》にセットすると、手慣《てな》れたようにピントを合《あ》わせた。隣《となり》のモニターに、サンドイッチの断面《だんめん》のような画像《がぞう》が現《あらわ》れた。

「これはね、イタリアのシエナにある14世紀《せいき》のフレスコ画《が》のクロスセクション。シモーネ・マルティーニって画家《がか》が描《か》いたものなの。見《み》て、青《あお》の層《そう》のなかに、青《あお》や白《しろ》の粒子《りゅうし》が見《み》えるでしょう？　これは精錬《せいれん》してなくて、砕《くだ》いただけのラピスラズリの粉《こな》、つまりカルサイトなどの不純物《ふじゅんぶつ》が多《おお》いラピスラズリの青《あお》ってこと。そしてここを見《み》て。青色《あおいろ》の下《した》に黒《くろ》い層《そう》があるでしょう？　こうすることで、上《うえ》に塗《ぬ》っているラピスラズリの層《そう》の質《しつ》が多少悪《たしょうわる》くても、濃《こ》い青色《あおいろ》に見《み》えるって仕組《しく》みなのよ」

「これ、昨日《きのう》、森井先生《もりいせんせい》が黒《くろ》い紙《かみ》の上《うえ》に質《しつ》の悪《わる》いウルトラマリンブルーを塗《ぬ》って見《み》せてくれました！　すごい、ほんとにこうやって黒《くろ》を下《した》に塗《ぬ》ってたんだ！」

実物《じつぶつ》を顕微鏡《けんびきょう》で観察《かんさつ》させてもらって、ぼくはすごく感動《かんどう》した。

律《りつ》も感激《かんげき》しているようで、「すげ〜」と言《い》いながらモニターから目《め》を離《はな》さない。

そうか、ほんとにこうやってむかしの画家《がか》たちは、工夫《くふう》して鮮《あざ》やかな青色《あおいろ》を作《つく》ってたんだな。

「本物《ほんもの》を見《み》せてもらうとぜんぜん違《ちが》いますね。よくわかりました」

ぼくがそう言《い》うと、近藤《こんどう》さんが笑《わら》って言《い》った。

「これが私《わたし》の仕事《しごと》だから。いろんな科学的《かがくてき》な方法《ほうほう》を使《つか》って、むかしの絵画《かいが》のなかにかくされている秘密《ひみつ》を明《あき》らかにするのよ」

「いつもひとりでそんなすごい仕事《しごと》をしているんですか？」

「ううん、ひとりじゃないよ。コシミズさんも手伝《てつだ》ってくれるし、森井先生《もりいせんせい》も、蒼太郎《そうたろう》くんのおかあさんだっていろんなアドバイスをくれるわよ。ほかにも、タンパク質《しつ》の専門家《せんもんか》とか、木材《もくざい》の専門家《せんもんか》とか。年代測定《ねんだいそくてい》の専門家《せんもんか》もいるわね。いろんな人《ひと》たちと協力《きょうりょく》しないとこんな難《むずか》しい研究《けんきゅう》はできないわ」

「タンパク質《しつ》の専門家《せんもんか》がどうして絵画《かいが》の調査《ちょうさ》に参加《さんか》するんですか？」

近藤《こんどう》さんが、人差《ひとさ》し指《ゆび》を唇《くちびる》にあててちょっと首《くび》を傾《かし》げて答《こた》えた。

「顔料《がんりょう》を紙《かみ》とかキャンバスに塗《ぬ》りつけて動《うご》かないようにするためには、膠着材《こうちゃくざい》っていう接着剤《せっちゃくざい》がいるのね。それは、何《なに》かの糊《のり》ってことなんだけど……。たとえば、卵《たまご》とか、樹液《じゅえき》とか、油《あぶら》とかいろんな有機物《ゆうきぶつ》が使《つか》われる。動物《どうぶつ》の皮《かわ》とか骨《ほね》を煮《に》て作《つく》る膠《にかわ》って材料《ざいりょう》もよく使《つか》うのよ。膠《にかわ》はいわゆるゼラチンね。ゼリーの素《もと》よ。膠《にかわ》は動物《どうぶつ》のタンパク質《しつ》が溶《と》け出《だ》してできているものだから、絵具《えのぐ》を分析《ぶんせき》すればそれが、たとえばウシのタンパク質《しつ》なのか、ウサギのタンパク質《しつ》なのか、シカのタンパク質《しつ》なのか、チョウザメのタンパク質《しつ》なのかわかるの。だから、タンパク質《しつ》の研究者《けんきゅうしゃ》が手伝《てつだ》ってくれたら、絵具《えのぐ》の膠着材《こうちゃくざい》の種類《しゅるい》がわかるかもってことよ。木材《もくざい》の専門家《せんもんか》が仲間《なかま》になってくれたら、板絵《いたえ》の板《いた》がポプラの木《き》から作《つく》られたのか、ニレの木《き》から作《つく》られたのかもわかるでしょ？　種類《しゅるい》を細《こま》かく調《しら》べたら、どの地域《ちいき》で育《そだ》つ木《き》なのかもわかるから、その画家《がか》がどこの木材《もくざい》を買《か》っていたのかということもわかったりするわね。

それだけでなく、コシミズさんのような美術史《びじゅつし》の専門家《せんもんか》にも助《たす》けてもらっているのよ」

あまり表情《ひょうじょう》を変《か》えないコシミズさんがちょっと笑《わら》った。

「私《わたし》はみなさんと違《ちが》って化学者《かがくしゃ》じゃありませんから、あまりお役《やく》に立《た》ってないかもしれません」

「何言《なにい》ってるのよ。コシミズさんがむかしの文献《ぶんけん》を読《よ》んで、いつもヒントをくれるじゃない。歴史《れきし》や文献《ぶんけん》の専門家《せんもんか》がいないと、私《わたし》たちの研究《けんきゅう》はひとつのものとして成立《せいりつ》しないのよ。だから、コシミズさんの知識《ちしき》はとても大事《だいじ》なの」

近藤《こんどう》さんがラボの椅子《いす》に座《すわ》ってくるくる回《まわ》りながら答《こた》えた。

「美術史《びじゅつし》って、歴史《れきし》の研究分野《けんきゅうぶんや》のひとつで、絵画《かいが》とか彫刻《ちょうこく》とか建築《けんちく》を対象《たいしょう》にした学問分野《がくもんぶんや》なのよ」

近藤《こんどう》さんはそう補足《ほそく》してくれた。

モニターから目《め》を離《はな》した律《りつ》がとなりから質問《しつもん》した。

「近藤《こんどう》さん、これってイタリアの絵画《かいが》なんですよね？　日本《にほん》ではどうなんですか？　ラピスラズリから作《つく》ったウルトラマリンブルーっていつごろ使《つか》われたんですか？」

近藤《こんどう》さんはくるくる回《まわ》っていた椅子《いす》を止《と》めて答《こた》えた。

「律《りつ》くん。残念《ざんねん》ながら、日本《にほん》では、天然《てんねん》のウルトラマリンブルーは使《つか》われたことはないの」

「ええっ！」

ぼくと律《りつ》は口《くち》をそろえて驚《おどろ》いた。

気《き》の毒《どく》なものを見《み》るような目《め》をして近藤《こんどう》さんが説明《せつめい》をはじめた。

「律《りつ》くん。科学的《かがくてき》にもなんだけど、いまわかっているのは、古代《こだい》の日本《にほん》で使《つか》われた青色《あおいろ》は、銅《どう》の鉱物《こうぶつ》である群青《ぐんじょう》を粉《こな》にした顔料《がんりょう》だったってこと。

ほかにも、古墳時代《こふんじだい》になると熊本《くまもと》に残《のこ》っている壁画《へきが》みたいに青灰色《せいかいしょく》や緑《みどり》っぽい粘土《ねんど》が使《つか》われた事例《じれい》とか、正倉院《しょうそういん》の資料《しりょう》みたいにヴィヴィアナイトっていう藍鉄《らんてつ》鉱《こう》を使《つか》ってる事例《じれい》が少《すこ》しはあるけどね。だけど、いまのところ、ちゃんと科学的《かがくてき》にラピスラズリだっていう青色《あおいろ》は見《み》つかっていないわ。

考古学的《こうこがくてき》にも、美術史的《びじゅつしてき》にも、そもそも、朝鮮半島《ちょうせんはんとう》でもラピスラズリから作《つく》ったウルトラマリンブルーが使《つか》われていなかったのに、日本《にほん》で使《つか》われたって考《かんが》えるのは難《むずか》しいでしょう?

いままでに知《し》られている、ラピスラズリの青色顔料《あおいろがんりょう》が使《つか》われた一番東方《いちばんとうほう》の事例《じれい》のひとつは、中国《ちゅうごく》の山東省《さんとうしょう》にある青州龍興寺《せいしゅうりゅうこうじ》の仏像《ぶつぞう》の彩色《さいしき》って言われてる。6世《せい》紀《き》ごろだから1500年前《ねんまえ》くらいかな。同《おな》じく中国河南省《ちゅうごくかなんしょう》・洛陽《らくよう》の龍門石窟《りゅうもんせっくつ》や山《さん》西省《せいしょう》の雲崗石窟《うんこうせっくつ》にも、ラピスラズリの彩色《さいしき》が見《み》つかっているそうだけどね。でも、これらが日本《にほん》に直接的《ちょくせつてき》に繋《つな》がっているとは考《かんが》えにくいんじゃないかしら」

それまで黙《だま》って聞《き》いていたコシミズさんが地球儀《ちきゅうぎ》を回《まわ》して、人差《ひとさ》し指《ゆび》で場所《ばしょ》をさし示《しめ》しながらつけ加《くわ》えた。

「すごくおもしろいんですけど、1500年前《ねんまえ》のインドの壁画《へきが》には、ラピスラズリの青《あお》と、藍《あい》の青《あお》が両方使《りょうほうつか》われています。藍《あい》というのはインディゴという染料《せんりょう》から作《つく》った青色《あおいろ》ですね。インドや中国《ちゅうごく》では使《つか》われていたようです。同様《どうよう》に1300年前《ねんまえ》の中央《ちゅうおう》アジアのクチャの壁画《へきが》には、ラピスラズリと群青《ぐんじょう》の青《あお》が両方使《りょうほうつか》われています。あ、でも混《ま》ぜて使《つか》ったりはしてないですよ。ちゃんと別々《べつべつ》に使《つか》ってます。そうそう、2000年前《ねんまえ》の中国《ちゅうごく》の東《ひがし》のほうの壁画《へきが》では、群青《ぐんじょう》の青《あお》が使《つか》われてましたね。同《おな》じユーラシア大陸《たいりく》でも、東《ひがし》のほうでは群青《ぐんじょう》が多《おお》いって言えるんですよ。西《にし》のほうはラピスラズリ。だから、ユーラシア大陸《たいりく》より東《ひがし》にある日本列島《にほんれっとう》でも群青《ぐんじょう》が使《つか》われたというのは自然《しぜん》なことかもしれませんよね。

あ、でも、ラピスラズリの宝石《ほうせき》そのものは、日本《にほん》にも入《はい》ってきてます。正倉院《しょうそういん》に伝《つた》わっている紺玉帯《こんぎょくのおび》には、丸《まる》や四角《しかく》に加工《かこう》したラピスラズリがいくつもつけられています。ほかにも平螺鈿背鏡《へいらでんはいきょう》など、いくつかの装飾品《そうしょくひん》に使《つか》われていますね」

森井老人《もりいろうじん》が口《くち》を挟《はさ》んだ。

「そうそう、宝石《ほうせき》としてのラピスラズリは奈良時代《ならじだい》には日本《にほん》に渡《わた》ってきていたんじゃな。顔料《がんりょう》としてのウルトラマリンは使《つか》われておらんかったが。まあ、研究者《けんきゅうしゃ》の基本《きほん》は、なんでも疑《うたが》ってかかることだよ。そして自分《じぶん》で考《かんが》える、確《たし》かめるくせをつけることだな。ちゃんとデータを自分《じぶん》で見《み》て納得《なっとく》するまで、簡《かん》単《たん》に信《しん》じてはいかんよ」

「はい、昨日《きのう》の森井先生《もりいせんせい》の青《あお》と黒《くろ》の説明《せつめい》もわかりやすかったですけど、いま、近《こん》藤《どう》さんに実物《じつぶつ》のクロスセクション見《み》せてもらって、ちゃんと納得《なっとく》しました」

「そうそう、蒼太郎《そうたろう》、その調子《ちょうし》じゃ。さらに今日《きょう》は、ラピスラズリから作《つく》ったウルトラマリンブルーは、日本《にほん》へは〈海《うみ》を越《こ》えて〉来《こ》られなかったってこともわかったな」

そう言《い》って森井老人《もりいろうじん》は笑《わら》った。

「そしたら今日《きょう》はこのくらいでお暇《いとま》しようか。明日《あした》はコバルトを使《つか》った青《あお》を作《つく》るぞ」

第3章

スマルトとフォルスブルー

Esque quemadmodum Rubrica, vna natiua, altera artificiosa: item vnu gentum, alterum faetitium vt in Aegypto. Genera porro Caerulei tria, Aegyptium Scythicum, terriumque Cyprium: optimu Aegyptiu ad meraciora faturatioraq; trita, vel lomenta: Scythicum ad dilutiora. Ceterum Aegyptium faetitium est: quique regum la literis mandarunt, hoc quoque memoriç produnt, ecquis regum primus Ceruleum arte adulterarit simulatione natiui: munera quoque cum ab aliis missitata fuisse, tum vero e Phoenice tributum Caerulci partim viui, partim ignem experti. Tradunt qui pigmenta terunt Caeruleum ex se

コバルトからスマルトを作《つく》る

翌朝《よくあさ》、タローとクロの散歩《さんぽ》を終《お》えて、ぼくたちはまた上野《うえの》の科学倶楽部《かがくくらぶ》に向《む》かった。今日《きょう》も時間《じかん》がかかりそうなので、かあさんにお弁当《べんとう》を作《つく》ってもらった。

「森井先生《もりいせんせい》、おはようございます」

森井老人《もりいろうじん》はこの暑《あつ》いのにツイードのジャケットを着《き》てきたんだろうか。実験室《じっけんしつ》の入《い》り口《ぐち》のコート掛《か》けには、いつものようにジャケットがかけられている。だけど、先生《せんせい》は汗《あせ》もかいてない。ぼくたちがこんなに汗《あせ》びっしょりだっていうのに。

すでにホワイトボードには、二酸化《にさんか》ケイ素《そ》とか、酸化《さんか》コバルトとかいろんな薬品名《やくひんめい》、化学式《かがくしき》が書《か》いてある。

「おはよう、早《はや》かったのう、ふたりとも」

そう言《い》うと、森井老人《もりいろうじん》は机《つくえ》の上《うえ》に置《お》いてあった風呂敷包《ふろしきづつ》みを開《ひら》いて、灰色《はいいろ》の厚紙《あつがみ》に挟《はさ》んだ「何《なに》か」を取《と》り出《だ》した。

「これはな、あるところからお借《か》りしている江戸時代中期《えどじだいちゅうき》の絵画《かいが》なんじゃ。奈良《なら》絵本《えほん》『伊勢物語《いせものがたり》』の挿絵《さしえ》でな、ほら、この水面《みなも》のところにスマルトという顔料《がんりょう》が使《つか》われておる。藍《あい》とスマルトが塗《ぬ》られているとのことじゃ」

それは少し《すこ》灰色《はいいろ》がかった青色《あおいろ》で、昨日《きのう》見《み》た3番目《ばんめ》のウルトラマリンブルーにちょっと似《に》てるような気《き》もした。

森井老人《もりいろうじん》は、実験室《じっけんしつ》にあるデジタルマイクロスコープという、物《もの》を2500倍《ばい》まで拡大《かくだい》して見《み》ることができるという。超高性能《ちょうこうせいのう》のかっこいい顕微鏡《けんびきょう》の下《した》にその絵《え》を置《お》いて電源《でんげん》を入《い》れた。そしてマイクロスコープを200倍《ばい》に設定《せってい》した。

隣《となり》のモニターに、思《おも》ったより鮮《あざ》やかな色《いろ》の粒《つぶ》が映《うつ》し出《だ》された。青《あお》くて透明《とうめい》で、大《おお》きさはまちまち、角《かど》がギザギザした粒《つぶ》だ。昨日《きのう》見《み》たラピスラズリの粒《つぶ》とは違《ちが》うな。あ、この粒《つぶ》は粒子《りゅうし》というんだったな。

「この水面《みなも》を描《えが》いたところの青色《あおいろ》はスマルトと呼《よ》ばれている顔料《がんりょう》で、コバルトを使《つか》って青《あお》くしたガラスでできているんじゃよ。深《ふか》い藍色《あいいろ》のガラスを細《こま》かく砕《くだ》いて顔料《がんりょう》にしたもので、昨日《きのう》見《み》たラピスラズリなんかに比《くら》べたら、とってもお安《やす》く青《あお》色《いろ》を作《つく》れたってわけじゃ。これは16、17世紀《せいき》のヨーロッパで流行《りゅうこう》した顔料《がんりょう》で、日《に》本《ほん》にも、江戸時代《えどじだい》に輸入《ゆにゅう》されてきたんじゃ」

「このスマルトっていうのはいまでも使《つか》われてるんですか?」

森井老人《もりいろうじん》がニヤッと笑《わら》った。

「律《りつ》、それがな、使《つか》われておらんのじゃよ。色《いろ》がとてもきれいだし、安《やす》くてすばらしいって、当時《とうじ》は人気《にんき》だったんじゃが……。実《じつ》はこの顔料《がんりょう》は、油《あぶら》と混《ま》ぜると茶《ちゃ》色《いろ》くなってしまうという欠点《けってん》があってな。油絵《あぶらえ》に使《つか》うと、この青色《あおいろ》は長持《ながも》ちしなかったんじゃよ。だから、もっとずっと安定《あんてい》したよい青色顔料《あおいろがんりょう》に取《と》って代《か》わられてしまったんじゃ。スマルトのあとに流行《りゅうこう》した青色《あおいろ》は、それはまた今度《こんど》、みんなで作《つく》ってみよう。けっこう大変《たいへん》じゃからな」

そう言《い》うと、森井老人《もりいろうじん》は楽《たの》しそうに大口《おおぐち》を開《あ》けて笑《わら》った。

あ、歯《は》があんまりないな。

余計《よけい》なことに気《き》がついてしまった。甘《あま》いもの食《た》べすぎなのかな。

実験台《じっけんだい》の上《うえ》には、もうすでに、いくつもの薬品《やくひん》の瓶《びん》やビーカーが並《なら》んでいる。

「簡単《かんたん》に言《い》うとじゃ、コバルトで濃《こ》い青色《あおいろ》のカリガラスを作《つく》ればいいってことだ。

カリガラスというのは、ガラスの種類《しゅるい》の名前《なまえ》じゃな。

ガラスを溶《と》かすときには、溶《と》ける温度《おんど》を下《さ》げるためにアルカリを足《た》さないとならないのじゃが、アルカリのひとつであるカリウムを使《つか》ったガラスのことをカリガラスというんじゃ。草《くさ》とか木《き》を燃《も》やした灰《はい》には炭酸《たんさん》カリウムが多《おお》く含《ふく》まれておるから、かつてはそういった灰《はい》を混《ま》ぜてガラスを作《つく》ったんじゃろうな。

コバルトガラスというのは、その灰《はい》に酸化《さんか》コバルトを足《た》して作《つく》ったもののことじゃ。そんなに難《むずか》しくないぞ。ただ、焼《や》くのに時間《じかん》がかかる」

森井老人《もりいろうじん》の説明《せつめい》は、いつものようによくわからなかったけれど、作《つく》るのに時間《じかん》がかかるみたいだし、とにかく実験《じっけん》をはじめることにした。

ぼくたちは、いつものようにニトリル手袋《てぶくろ》をして、手分《てわ》けして必要《ひつよう》な薬品《やくひん》の粉《こな》をはかり取《と》ってビーカーに入《い》れた。

「この、二酸化《にさんか》ケイ素《そ》と書《か》いてある白《しろ》い粉《こな》が、ガラスの素《もと》じゃな」

「この袋《ふくろ》に入《はい》った灰色《はいいろ》の粉《こな》は何《なん》ですか？」

「それは、植物灰《しょくぶつはい》じゃよ。これは藁《わら》を燃《も》やして作《つく》った灰《はい》だが、いま言《い》ったように、カリウムとかカルシウムが豊富《ほうふ》に含《ふく》まれておっての。よく、農家《のうか》の人《ひと》が肥料《ひりょう》に使《つか》ったりするんじゃよ。この粉《こな》はすごくアルカリ性《せい》が強《つよ》いから、触《さわ》るときには気《き》をつけてな」

「はーい。これ、昨日《きのう》もやったやつですよね。灰《はい》はアルカリ性《せい》ってやつ」

「そうじゃ、その通《とお》り。律《りつ》はのみ込《こ》みが早《はや》いな」

藁《わら》を燃《も》やして灰《はい》を作《つく》ったなんて、むかしの人《ひと》は、いろんなものを工夫《くふう》して使《つか》ったんだな。

さっそく手分《てわ》けして、二酸化《にさんか》ケイ素《そ》、酸化《さんか》コバルト、植物灰《しょくぶつはい》をはかり取《と》ったら、その粉《こな》を混《ま》ぜ、さらに乳鉢《にゅうばち》に移《うつ》して細《こま》かくしながらよく混《ま》ぜた。律《りつ》は黙《だま》って作業《さぎょう》をしている。手《て》つきもかなりいい。森井老人《もりいろうじん》が言《い》うように、こいつはのみ込《こ》みが早《はや》くて、なんでも器用《きよう》にこなせるんだ。なんか悔《くや》しくてもやもやする。

「よしよし、そうしたらそれをこの坩堝《るつぼ》に入《い》れて、電気炉《でんきろ》で焼《や》こうか。ちょっと長《なが》めの時間《じかん》にせんといかん。1200度《ど》で6時間《じかん》じゃが、炉《ろ》の温度《おんど》が上《あ》がるまで時間《じかん》がかかるから、焼《や》き終《お》わるのは夕方《ゆうがた》になるな」

電気炉《でんきろ》の使《つか》い方《かた》はこの前教《まえおそ》わったので、もうぼくたちだけで炉《ろ》を設定《せってい》することができた。

偽物《にせもの》の青色《あおいろ》を作《つく》る

電気炉《でんきろ》でコバルトガラスを焼《や》いているあいだに、森井老人《もりいろうじん》が茶色《ちゃいろ》の革《かわ》かばんから小《ちい》さな包《つつ》みを取《と》り出《だ》した。

「このなかには、木炭《もくたん》がひとかけら入《はい》っておる。これを使《つか》って、フォルスブルーも作《つく》ってもらいたい」

「それってどういうものですか？」

「フォルス、つまり、〈偽《にせ》〉の青《あお》、というものじゃ。大《おお》むかし、少《すく》なくともエジプト古王国時代《こおうこくじだい》、紀元前《きげんぜん》2500年《ねん》ごろには使《つか》われていた青色《あおいろ》なんだが、黒《くろ》い墨《すみ》の粉《こな》を使《つか》って青《あお》く見《み》せていた、というものでな」

「なんで黒《くろ》い炭《すみ》で、青色《あおいろ》ができるんですか？」

ふふふ、と森井老人《もりいろうじん》は笑《わら》うと、「当然《とうぜん》の質問《しつもん》だな、律《りつ》。その説明《せつめい》のためには光《ひかり》のことがわからないとならんのだ」。

そう言《い》うと、森井老人《もりいろうじん》はホワイトボードに図《ず》を描《か》きはじめた。

「人間《にんげん》の目《め》に見《み》える光《ひかり》にはな、波長《はちょう》の短《みじか》いものから長《なが》いものがある。短《みじか》いほうから紫《むらさき》、藍《あい》、青《あお》、緑《みどり》、黄《き》、橙《だいだい》、赤《あか》となっておる。虹色《にじいろ》を思《おも》い出《だ》してもらえばいい。波長《はちょう》の特徴《とくちょう》として、長《なが》い波長《はちょう》の光線《こうせん》はまっすぐ進《すす》むし、短《みじか》いものは散乱《さんらん》されやすいんじゃよ。たとえば、太陽《たいよう》が沈《しず》むときの夕日《ゆうひ》は赤《あか》いじゃろ」

と、さらに丸《まる》い地球《ちきゅう》と太陽《たいよう》の絵《え》を描《か》いた。

「空気中《くうきちゅう》の水蒸気《すいじょうき》とか塵《ちり》に邪魔《じゃま》されない長《なが》い波長《はちょう》の光《ひかり》、つまり、赤《あか》い光《ひかり》だけが人《にん》間《げん》の目《め》に届《とど》いている、というわけじゃ」

うんうん、と言《い》いながらぼくたちは聞《き》いていた。初日《しょにち》に、かあさんがぼくと律《りつ》に実験《じっけん》ノートをくれたので、ホワイトボードの図《ず》をそれに描き写《かうつ》した。かあさんの大学《だいがく》の購買《こうばい》で買《か》ってきてくれたものらしい。

「逆《ぎゃく》を言《い》えば、波長《はちょう》の短《みじか》い青《あお》っぽい光線《こうせん》は、水蒸気《すいじょうき》や塵《ちり》で散乱《さんらん》されてしまう」

と、散乱《さんらん》されている図《ず》を描《か》きながら、森井老人《もりいろうじん》が続《つづ》ける。

「昼間《ひるま》の空《そら》が青《あお》く見《み》えるのも、それを反射《はんしゃ》して海《うみ》の水《みず》が青《あお》く見《み》えるのも、同《おな》じ原理《げんり》なんじゃよ。空気中《くうきちゅう》にある塵《ちり》や埃《ほこり》に太陽光《たいようこう》がぶつかって、短《みじか》い波長《はちょう》の光線《こうせん》が散《さん》乱《らん》されるので、わしたちの目《め》に、青《あお》い光《ひかり》が入《はい》ってきてるってわけなんじゃ。この大《おお》むかしのフォルスブルーもな、白《しろ》い絵具《えのぐ》のなかに、塵《ちり》の代《か》わりに炭《すみ》の粉《こな》を散《ち》らしてできてる。つまり、フォルスブルーは、青空《あおぞら》を見《み》ているのと同《おな》じ原理《げんり》で青《あお》く見《み》えるってわけじゃ」

そう言《い》うと、ホワイトボードにさらに図《ず》を描《か》いて、埃《ほこり》の粒々《つぶつぶ》に光《ひかり》の矢印《やじるし》がぶつかって散乱《さんらん》しているさまを示《しめ》して説明《せつめい》してくれた。

「律《りつ》。そしたらきみはこの木炭《もくたん》を乳鉢《にゅうばち》で細《こま》かく粉《こな》にしてくれたまえ。蒼太郎《そうたろう》にはそれを混《ま》ぜるための白《しろ》いペーストを作《つく》ってもらおう。これはボローニャ石膏《せっこう》とウシ膠《にかわ》じゃよ。ボローニャ石膏《せっこう》を固《かた》めるためにウシ膠《にかわ》を使《つか》う。膠着材《こうちゃくざい》の説明《せつめい》はラピスラズリからウルトラマリンブルーを作《つく》るときにしたな。つまり、粒子同士《りゅうしどうし》や粒《りゅう》子《し》と紙《かみ》とをくっつける接着剤《せっちゃくざい》だな」

ボローニャ石膏《せっこう》というのは、前《まえ》に科学倶楽部《かがくくらぶ》で型《かた》を作《つく》る実験《じっけん》で使《つか》った石膏《せっこう》とは違《ちが》うらしい。実験《じっけん》で使《つか》った石膏《せっこう》はたしか半水和物《はんすいわぶつ》という水《みず》の分子《ぶんし》を半分持《はんぶんも》つ物質《ぶっしつ》だったけど、森井老人《もりいろうじん》の話《はなし》だとボローニャ石膏《せっこう》は二水和物《にすいわぶつ》という水分子《みずぶんし》を多《おお》く含《ふく》む物質《ぶっしつ》みたいだ。半水和物《はんすいわぶつ》の石膏《せっこう》と違《ちが》って、水《みず》があれば固《かた》まるわけではないから、接着剤《せっちゃくざい》が必要《ひつよう》なんだそうだ。この辺《へん》は、高校生《こうこうせい》になったら勉強《べんきょう》するって森井老人《もりいろうじん》は言《い》っている。

森井老人《もりいろうじん》に言《い》われたように、水《みず》につけてふやかしておいた〈膠《にかわ》〉を水《みず》といっしょにボウルに入《い》れた。それを、火《ひ》にかけた鍋《なべ》で湯煎《ゆせん》して軟《やわ》らかくした。そこにボローニャ石膏《せっこう》を混《ま》ぜ込《こ》みながら、白《しろ》いペーストを作《つく》った。

そのなかに、ほんのごくわずか、律《りつ》が作《つく》った木炭《もくたん》の粉《こな》を足《た》して、薄《うす》い灰色《はいいろ》のペーストを作《つく》った。

それを白《しろ》いボードの上《うえ》に筆《ふで》で塗《ぬ》りつけてみたけど、青《あお》っていうか灰色《はいいろ》だよなあ。

「よくできた、いい感《かん》じじゃないか。乾《かわ》いたら少《すこ》し青《あお》っぽく見《み》えてくると思《おも》うぞ」

森井老人《もりいろうじん》は目《め》を細《ほそ》くしてほめてくれた。

「これは、背景《はいけい》とか面積《めんせき》の大《おお》きなところに使《つか》うことが多《おお》かった青色《あおいろ》でな。本当《ほんとう》の青《あお》が高《たか》くて使《つか》えなかったときに塗《ぬ》られてたんだ。まあ、かなり安上《やすあ》がりな青《あお》の代用品《だいようひん》といったところじゃな。

古代《こだい》エジプトは、日本《にほん》で言《い》えば縄文時代《じょうもんじだい》にあたる。そのころから、光《ひかり》の原理《げんり》にのっとった偽《にせ》の青色《あおいろ》を使《つか》ってたなんて、驚《おどろ》きじゃないか？

わしは、高級《こうきゅう》な青色《あおいろ》も好《す》きじゃが、こんなふうに工夫《くふう》してまで青《あお》っぽいものを手《て》に入《い》れようとした古代人《こだいじん》のことも尊敬《そんけい》しておるよ」

きれいなコバルトガラスができあがる

夕方《ゆうがた》、やっとガラスが焼《や》き上《あ》がった。

森井老人《もりいろうじん》が炉《ろ》の扉《とびら》を開《あ》けて、真《ま》っ赤《か》になった坩堝《るつぼ》の中身《なかみ》をチラッとのぞき込《こ》んでニヤッと笑《わら》った。

「ちゃんと溶《と》けたんじゃないか？　このあと、扉《とびら》を少《すこ》し開《あ》けて1時間《じかん》くらい冷《さ》まさないとならん。ある程度《ていど》まで冷《さ》めたら、坩堝《るつぼ》ごと水《みず》に入《い》れて急冷《きゅうれい》する」

「なんでですか？」

律《りつ》が質問《しつもん》する。

「ガラスをバリバリに砕《くだ》くためじゃよ。顔料《がんりょう》にするためにはいずれ細《こま》かい粉《こな》にせんといかんからな。硬《かた》い塊《かたまり》のままだと不便《ふべん》なんじゃ。つまり、きれいに固《かた》まったガラスはとても硬《かた》くて、簡単《かんたん》に割《わ》ることはできんから、わざと割《わ》れやすくするってことだ。

熱《あつ》いガラスの塊《かたまり》は、急《きゅう》に冷《ひ》えることで亀裂《きれつ》が入《はい》るんじゃが、冷《ひ》やすときにガラスが飛《と》び散《ち》ったりして危険《きけん》だからな。防護《ぼうご》メガネをして用心《ようじん》してやるんだぞ」

坩堝《るつぼ》を少《すこ》し冷《さ》ますあいだ、ぼくたちは協力《きょうりょく》してブリキのバケツに水《みず》を入《い》れて、床《ゆか》の上《うえ》に置《お》き、防護《ぼうご》メガネをした。それから、まだ熱《ねつ》で赤《あか》い坩堝《るつぼ》を長《なが》いトングで摑《つか》んで、水《みず》のなかにポトンと落《お》とした。

ジュワーッと、すごい音《おと》がして水蒸気《すいじょうき》が立《た》ち上《のぼ》った。ぼくも律《りつ》もびっくりして尻《しり》もちをついてしまった。

「ははは、気《き》をつけんといかんぞ、大丈夫《だいじょうぶ》か？」

森井老人《もりいろうじん》はぼくたちを助《たす》け起《お》こしてくれた。

自分《じぶん》も尻《しり》もちをついたくせに、運動神経《うんどうしんけい》がいい律《りつ》は先《さき》に立《た》ち上《あ》がって、ぼくに右手《みぎて》を差《さ》し出《だ》した。ぼくは、森井老人《もりいろうじん》と律《りつ》に片手《かたて》ずつ引《ひ》っ張《ぱ》られて、よろよろ立《た》ち上《あ》がった。

バケツのなかには、粉々《こなごな》になった真《ま》っ青《さお》というよりは黒《くろ》っぽい紺色《こんいろ》のガラスができあがっていた。スマルトの顔料《がんりょう》にするには、これを砕《くだ》いて粉《こな》にするんだけれど、もう夜《よる》の7時《じ》を過《す》ぎてしまったので、その日《ひ》は一度《いちど》解散《かいさん》して、明日《あした》、また集合《しゅうごう》することになった。

昨日《きのう》遅《おそ》くまで実験《じっけん》をしたので、今日《きょう》は午後《ごご》からの集合《しゅうごう》になった。

ぼくたちが科学倶楽部《かがくくらぶ》に到着《とうちゃく》したときには、紙《かみ》タオルの上《うえ》にのせられたいろんな大《おお》きさに割《わ》れたコバルトガラスのかけら、布袋《ぬのぶくろ》と軍手《ぐんて》、防護《ぼうご》メガネ、金《かな》づち、乳鉢《にゅうばち》と乳棒《にゅうぼう》が実験台《じっけんだい》の上《うえ》に置《お》いてあった。

「昨日《きのう》はごくろうじゃったな。きれいなスマルトガラスができあがっているぞ」

森井老人《もりいろうじん》は、軍手《ぐんて》をした手《て》でコバルトガラスのかけらをつまんでぼく

たちに見《み》せた。

「おお！　なんか青《あお》っていうより黒《くろ》いね、これ。ほんとに青色《あおいろ》になるのかな」

律《りつ》はガラスに手《て》を触《ふ》れようとした。

「律《りつ》、触《さわ》るときは軍手《ぐんて》をしなさい。ガラスだから手《て》を切《き》るぞ」

めずらしく森井老人《もりいろうじん》が強《つよ》い口調《くちょう》で注意《ちゅうい》した。

「今日《きょう》はガラスを扱《あつか》うから、まず軍手《ぐんて》と防護《ぼうご》メガネをつけるんじゃぞ」

ぼくと律《りつ》は、軍手《ぐんて》をして防護《ぼうご》メガネをかけて、森井老人《もりいろうじん》の指示《しじ》を待《ま》った。

「よし、それでは布袋《ぬのぶくろ》にこのガラスを入《い》れてヒモでしっかり口《くち》をしばり、ラピスラズリのときのように袋《ふくろ》の上《うえ》から金《かな》づちで叩《たた》いてガラスを細《こま》かく砕《くだ》くんじゃ」

コバルトガラスは、金《かな》づちで叩《たた》いてもなかなか割《わ》れなかっ

た。ぼくたちは代《か》わりばんこに叩《たた》いて、いっしょうけんめいガラスを細《こま》かくしていった。

「もうそれくらいでいいじゃろ。次《つぎ》に乳鉢《にゅうばち》に取《と》って、細《こま》かく粉《こな》にしてくれ」

布袋《ぬのぶくろ》から薬《やく》さじを使《つか》って細《こま》かくなったガラスを乳鉢《にゅうばち》に取《と》り分《わ》けた。軍手《ぐんて》をしているので、ぼくは少《すこ》しやりにくかったけど、相変《あいか》わらず律《りつ》は上手《じょうず》に乳鉢《にゅうばち》にガラスの破片《はへん》を取り分けている。ぼくたちは細心《さいしん》の注意《ちゅうい》を払《はら》い、ゆっくり時間《じかん》をかけて乳鉢《にゅうばち》でガラスの破片《はへん》を粉《こな》にした。ガラスの破片《はへん》が粉《こな》になってくるにつれ、色《いろ》が変《か》わってきた。

「お、青《あお》っぽくなってきた！　この青《あお》、本当《ほんとう》にきれいだな～」

この日《ひ》、律《りつ》は何度《なんど》もそう言《い》いながら作業《さぎょう》していた。

＊

「森井先生《もりいせんせい》のところ、楽《たの》しい？」

夕食《ゆうしょく》のとき、かあさんに聞《き》かれた。

コバルトガラスを粉《こな》にする作業《さぎょう》が思《おも》ったより大変《たいへん》で、疲《つか》れていたぼくはあんまりおしゃべりする気分《きぶん》じゃなかったけど、ここは話《はな》さないとかあさんの機嫌《きげん》が悪《わる》くなるだろうから、ちゃんと答《こた》えないと。

「うん、森井老人《もりいろうじん》の説明《せつめい》はわかりやすいし、危険《きけん》なこともいろいろやらせてくれるよ。このあいだは、ウルトラマリンブルーを作《つく》ったし、昨日《きのう》と今日《きょう》で、スマルトとフォルスブルーも作《つく》った」

「え？　そんな難《むずか》しいもの、短期間《たんきかん》でよく作《つく》れたね。ラピスラズリは砕《くだ》くだけでも大変《たいへん》なのに」

「え？　かあさんもやったことあるの？」

「うん、ずっとむかし、学生《がくせい》のころに森井先生《もりいせんせい》に教《おそ》わって作《つく》ったことがあるよ」

なんだ、そうなのか。

「でもね。そのときは、ラピスラズリの原石《げんせき》をけちって、白《しろ》っぽいもの使《つか》ったから、うまくきれいなものが採《と》れなかった」

かあさんは当時《とうじ》のことを思《おも》い出《だ》しているのか、ちょっと笑《わら》って答《こた》えた。

「ふーん、森井老人《もりいろうじん》も失敗《しっぱい》することあるんだ」

「そうね。あの先生《せんせい》はときどき抜《ぬ》けてるからね。よく、サポートしてあげてよ」

そうか、ぼくたちでも何《なに》か手助《てだす》けになることがあるのかもしれないな。

「あ、そうだ。今日《きょう》、作《つく》ったコバルトガラスのかけらをお土産《みやげ》にもらったよ」

そう言《い》って、小《ちい》さいガラス瓶《びん》に入《はい》った紺色《こんいろ》のコバルトガラスのかけらをかあさんに見《み》せた。

「わあ、すごいきれいなのができたじゃない？　蒼太郎《そうたろう》も律《りつ》くんもなかなかやるね。角《かど》が鋭《するど》いから、手《て》を切《き》らないように瓶《びん》に入《い》れたままにしておくのよ」

「わかってるってば。律《りつ》はさ、これを科学倶楽部《かがくくらぶ》の女子《じょし》たちに見《み》せびらかすって言《い》ってたよ。あいつはさ、すごくケーソツなんだよ」

「このコバルトガラスの魅力《みりょく》に気《き》づいてくれる女子《じょし》なら、見《み》どころあるんじゃない？　律《りつ》くん、モテるといいね」

かあさんは、そう言《い》うと、ナスのお漬物《つけもの》をひとつつまんだ。

「あとね、それを言《い》うなら、ケーソツ、じゃなくて、ケイハクよね。蒼太郎《そうたろう》は、国語《こくご》もう少《すこ》し勉強《べんきょう》しないとだめだな」

ただでさえ、国語《こくご》が得意《とくい》じゃないって引《ひ》け目《め》があるのに、かあさんの一言《ひとこと》でなんだかグサッときた。さらに傷《きず》をえぐられたような気持《きも》ちだ。

夕食後《ゆうしょくご》、ぼくはコバルトガラスの入《はい》った小瓶《こびん》をタローの目《め》の前《まえ》で振《ふ》ってみせた。

タローは何《なん》の関心《かんしん》も示《しめ》さず、目《め》も上《あ》げてくれなかった。

第4章

エジプシャンブルー

Esque quemadmodum Rubrica, vna natiua, altera artificiofa: item vnu gentuu, alterum faetitium vt in Aegypto. Genera porro Caerulei tria, Aegyptium Scythicum, terriumque Cyprium: optimu Aegyptiu ad meraciora faturatioraq; trita, vel lomenta: Scythicum ad dilutiora. Cęterum Aegyptium faetitium est: quique regum la literis mandarunt, hoc quoque memorię produnt, ecquis regum primus Ceruleum arte adulterarit fimulatione natiui: muncra quoque cum ab aliis misfitata fuiffe, tum vero e Phoenice tributum Caerulci partim viui, partim ignem experti. Tradunt qui pigmenta terunt Caeruleum ex se

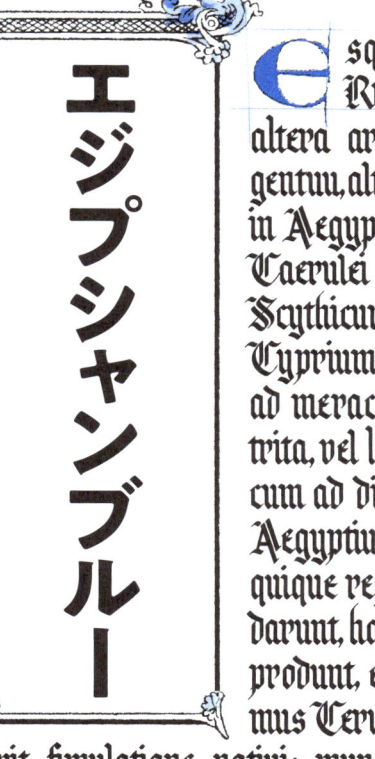

人類《じんるい》がはじめて作《つく》り出《だ》した合成《ごうせい》の青《あお》

「今日《きょう》は、エジプシャンブルーという人類最古《じんるいさいこ》の合成《ごうせい》の青色《あおいろ》を作《つく》ってみよう」

森井老人《もりいろうじん》は今日《きょう》も絶好調《ぜっこうちょう》だ。

ぼくたちはさすがに連日《れんじつ》の実験《じっけん》でヘトヘトになっているのだけど、森井老人《もりいろうじん》はなんだかいつもより元気《げんき》そうだ。

「これもフォルスブルーと同《おな》じく、古《ふる》くから古代《こだい》エジプトで使《つか》われてきた青《あお》でな。いまから4500年《ねん》くらい前《まえ》、古王国時代《こおうこくじだい》の壁画《へきが》で使《つか》われていたことがわかっているんじゃよ。古代《こだい》エジプトとは全部《ぜんぶ》で3000年《ねん》くらい続《つづ》いた王朝時代《おうちょうじだい》をさすことが多《おお》いんじゃが、初期王朝時代《しょきおうちょうじだい》、古王国時代《こおうこくじだい》、第一中間期《だいいちちゅうかんき》、中王国時代《ちゅうおうこくじだい》、第《だい》二中間期《にちゅうかんき》、新王国時代《しんおうこくじだい》、第三中間期《だいさんちゅうかんき》、末期王朝時代《まっきおうちょうじだい》、プトレマイオス朝時代《ちょうじだい》というように、そのときの政権《せいけん》やどれくらい国《くに》が統一《とういつ》されているかによっていろんな時期《じき》に分《わ》けられておる。ま、そのころの日本《にほん》は、ほぼずっと縄文時代《じょうもんじだい》だったわけじゃが」

「王様《おうさま》ごとに時代《じだい》が違《ちが》うってことですか？」

律《りつ》が質問《しつもん》する。

「それももちろんそうなんじゃが、すごく難《むずか》しいから、簡単《かんたん》に言《い》うとだな……。

バラバラの村《むら》や町《まち》が国《くに》としてひとりの王様《おうさま》のもとで統一《とういつ》されていったのが初期《しょき》王朝時代《おうちょうじだい》。国《くに》が統一《とういつ》されて太陽神《たいようしん》の化身《けしん》としてファラオが君臨《くんりん》してピラミッドを造《つく》ったのが古王国時代《こおうこくじだい》だな。ギザの三大《さんだい》ピラミッドもそのころじゃ。

古王国時代《こおうこくじだい》の終《お》わりごろから穀物《こくもつ》の不作《ふさく》で飢饉《ききん》などが起《お》こりはじめ、国《くに》が分裂《ぶんれつ》したり混乱《こんらん》したりしたのが第一中間期《だいいちちゅうかんき》で、飢饉《ききん》をなんとかするために灌漑《かんがい》したり農地《のうち》を拡大《かくだい》したりしてバラバラになった国《くに》をもう一度《いちど》安定化《あんていか》させるための政治《せいじ》を行《おこ》なったりしたのが中王国時代《ちゅうおうこくじだい》。このころオシリス信仰《しんこう》というのが広《ひろ》がって、民《みん》衆《しゅう》にも信《しん》じられていたと言《い》われておる。オシリスというのは身体《からだ》が緑色《みどりいろ》や黒色《くろいろ》の男性《だんせい》の神《かみ》でな、植物《しょくぶつ》とか冥界《めいかい》の神《かみ》と言《い》われておって、生《せい》や死《し》、豊穣《ほうじょう》を司《つかさど》ったというんで民衆《みんしゅう》にも人気《にんき》があったらしい。ミイラを作《つく》って来世《らいせ》で再生復活《さいせいふっかつ》すると考《かんが》えていた古代《こだい》エジプトの人々《ひとびと》にとっては欠《か》かせない神《かみ》じゃったろうな。

第二中間期《だいにちゅうかんき》になると、ナイル川《がわ》の河口《かこう》あたりのデルタ地帯《ちたい》、つまり三角州《さんかくす》のところにヒクソスという、おそらくシリアやパレスチナなど北《きた》のほうから来《き》た異民《いみん》族《ぞく》が侵攻《しんこう》して、エジプトはまた不安定《ふあんてい》になるんじゃよ。しかし、そのあと有名《ゆうめい》なツタンカーメンが出《で》てくるような新王国時代《しんおうこくじだい》になる。

この時代《じだい》はエジプトの南《みなみ》、アフリカの真《ま》ん中《なか》の右側《みぎがわ》にあるヌビアや、東地中海《ひがしちちゅうかい》の沿岸地域《えんがんちいき》もエジプトが支配《しはい》するようになって、たくさんの金《きん》や象牙《ぞうげ》、奴隷《どれい》たちを手《て》に入《い》れるわけじゃ。金属《きんぞく》とかいろんな資源《しげん》を手《て》に入《い》れるために遠征《えんせい》して戦争《せんそう》したり、ほかの国《くに》と政略結婚《せいりゃくけっこん》して同盟《どうめい》を結《むす》んだり、まあ、日本《にほん》で言うところの戦《せん》国時代《ごくじだい》みたいなもんじゃったろうな。

その後《ご》は、エジプトの内部《ないぶ》で争《あらそ》いが起《お》きたり、分裂《ぶんれつ》が起《お》きたりする3度目《どめ》の不《ふ》安定《あんてい》な時期《じき》がやってくる。3度目《どめ》じゃから……」

「第三中間期《だいさんちゅうかんき》？」

「そうじゃ、蒼太郎《そうたろう》、ご名答《めいとう》！　結局《けっきょく》、国《くに》はエジプト出身《しゅっしん》の王《おう》のもとではなかなかまとまらず、エジプトは外国《がいこく》に侵略《しんりゃく》され、外国出身《がいこくしゅっしん》の王《おう》によって支配《しはい》される時《じ》代《だい》が続《つづ》く。それが末期王朝時代《まっきおうちょうじだい》じゃ。とくに、いまのイランあたりにあったペルシア帝国《ていこく》の支配《しはい》が長《なが》く続《つづ》いたのだが、この時代《じだい》を終《お》わらせたのが、かの有名《ゆうめい》なアレキサンダー大王《だいおう》というわけじゃ。

そして、古代《こだい》エジプトの最後《さいご》は、クレオパトラで有名《ゆうめい》なプトレマイオス朝時代《ちょうじだい》になるわけだが、そのころには、周《まわ》りの国《くに》からの干渉《かんしょう》を受《う》けたり、そのあとにはローマ帝国《ていこく》に組《く》み込《こ》まれたりして、ドラマチックな政治《せいじ》の駆《か》け引《ひ》きがたくさん生《う》まれていたようじゃ。エジプトの最後《さいご》のころの時代《じだい》については、『クレオパトラ』とか『アレキサンダー』といった映画《えいが》になっているから、興味《きょうみ》があるなら観《み》てみたらいいんじゃないか？」

うへえ、難《むずか》しい！　今度《こんど》、律《りつ》と配信《はいしん》サービスでその映画《えいが》を観《み》てみるか。

そして森井老人《もりいろうじん》は、棚《たな》から持《も》ってきた木箱《きばこ》のなかから、水色《みずいろ》の顔料《がんりょう》のついた土《ど》器《き》の破片《はへん》を取《と》り出《だ》した。

「まさにこれは、いまから3500年《ねん》くらい前《まえ》、エジプト新王国時代《しんおうこくじだい》の土器《どき》の破《は》片《へん》なんじゃが、ここについている水色《みずいろ》、これがエジプシャンブルーだ」

「へえ、いままで作《つく》ってきた青色《あおいろ》と違《ちが》ってだいぶ水色《みずいろ》っぽいですね」

森井老人《もりいろうじん》の説明《せつめい》にすっかり飽《あ》きていた律《りつ》が、土器《どき》を見《み》て目《め》をかがやかせた。

「ああ、このエジプシャンブルーの正式名《せいしきめい》はカルシウム銅《どう》ケイ酸塩《さんえん》という。古代《こだい》にはカエルレウムと呼《よ》ばれていたそうじゃよ」

また聞《き》いたことない名前《なまえ》だ！

「そのカエルレウムは、どうやって作《つく》られたんですか？」

ぼくはその作《つく》り方《かた》が知《し》りたくなったので、間違《まちが》えないようにゆっくりと名前《なまえ》を言《い》った。

「カエルレウムは、エジプトだけでなく、ギリシアやイタリアなどの地中海地域《ちちゅうかいちいき》でいろいろ作《つく》られてたらしいからな、作《つく》り方《かた》はひとつだけではないと思《おも》うし、それに古代《こだい》エジプトからの数千年《すうせんねん》の歴史《れきし》のなかで少《すこ》しずつ材料《ざいりょう》の分量《ぶんりょう》も変《か》わっているらしいんじゃ。きれいな細《こま》かいエジプシャンブルーを作《つく》るためには2度焼成《どしょうせい》した、つまり高温《こうおん》で焼《や》いたという研究《けんきゅう》もあるしな。きっといろいろなやり方《かた》があったんじゃろう。

しかし、基本《きほん》は、サハラ砂漠《さばく》の砂《すな》、青銅器《せいどうき》や銅《どう》のくずとか錆《さ》び、砂漠《さばく》で採《と》れるナトロンと呼《よ》ばれるエン（塩《えん》）を混《ま》ぜて焼《や》いて作《つく》ったと言《い》われておる。あ、エンというのは塩《しお》のようなもののことじゃよ。今日《きょう》わしたちは、ちょっとズルをして、日本《にほん》で買《か》える薬品《やくひん》を使《つか》って作《つく》ろうと思《おも》う」

「サハラ砂漠《さばく》の砂《すな》を使《つか》ったなんて、ロマンがありますね！　ぼく、それでやってみたいな」

森井老人《もりいろうじん》は目《め》を細《ほそ》くして、

「そうじゃな。蒼太郎《そうたろう》が大人《おとな》になったら、サハラ砂漠《さばく》の砂《すな》を使《つか》って実験《じっけん》したらいいんじゃないか？　きっと本物《ほんもの》とそっくりなきれいな青《あお》ができるじゃろう」

と言《い》ってくれた。

作《つく》るのはガラスじゃない?

森井老人《もりいろうじん》はホワイトボードに向《む》かうと、

二酸化《にさんか》ケイ素《そ》(珪砂《けいさ》)
石灰《せっかい》
炭酸《たんさん》ナトリウム十水和物《じゅうすいわぶつ》(合成《ごうせい》ナトロン)
塩基性炭酸銅《えんきせいたんさんどう》

と材料《ざいりょう》を書《か》いてから、

「コバルトガラスのときと本質的《ほんしつてき》に大《おお》きな違《ちが》いがあるんじゃ」

ともったいつけて話《はな》しだした。

「スマルトを作《つく》ったとき、君《きみ》たちはガラスを作《つく》ったわけだ。しかし、今回《こんかい》はそうではなくって、ガラスの手前《てまえ》の物質《ぶっしつ》を作《つく》らなきゃいかん」

「え！　どういう意味《いみ》ですか？」

「つまり、コバルトガラスのときは、二酸化《にさんか》ケイ素《そ》がガラスの素《もと》になったわけじゃが、今回《こんかい》は、結晶構造《けっしょうこうぞう》を残《のこ》したままにせんといかん」

「へ？」

ぼくも律《りつ》も、まったく意味《いみ》がわからなくて、混乱《こんらん》してポカンとした。

森井老人《もりいろうじん》はそんなぼくらの様子《ようす》を気《き》にせず続《つづ》けた。

「二酸化《にさんか》ケイ素《そ》がガラスになってしまったら、もう結晶《けっしょう》ではなくなる。わかるかな」

「ええと……、たしかガラスは非晶質《ひしょうしつ》なので結晶《けっしょう》ではない、ですよね」

ぼくは前《まえ》に科学倶楽部《かがくくらぶ》で習《なら》った知識《ちしき》を引《ひ》っ張《ぱ》り出《だ》してなんとか答《こた》えた。

律《りつ》はちんぷんかんぷん、の顔《かお》をしている。

「そうそう、ガラスは結晶《けっしょう》ではないな。そういう物質《ぶっしつ》を非晶質《ひしょうしつ》、と呼《よ》ぶ。このエジプシャンブルーは、焼結《しょうけつ》、というもので、ガラスになる一歩手前《いっぽてまえ》みたいな状態《じょうたい》のものなんじゃよ。だから、結晶《けっしょう》になっておる。難《むずか》しいことを言《い》えばキュプロリバイト、という鉱物《こうぶつ》と同《おな》じ状態《じょうたい》になっているんじゃ。

色《いろ》の素《もと》になっている銅《どう》も、銅《どう》の鉱物《こうぶつ》であるマラカイトを入《い》れているものもあれば、青銅器《せいどうき》の削《けず》ったくずを混《ま》ぜていることもあるみたいじゃよ」

「うーん……、つまりガラスでなくて鉱物《こうぶつ》みたいなものなんですか……」

「まあ、そういうことだ」

「森井先生《もりいせんせい》、オレはぜんぜんわかんないです」と律《りつ》がふくれた。

「律《りつ》よ、いまはまだわからなくても大丈夫《だいじょうぶ》じゃよ。ただ、きみたちが作《つく》る物質《ぶっしつ》は、ガラスになる手前《てまえ》のもので、鉱物《こうぶつ》みたいな性質《せいしつ》を持《も》つもの、ということだけわかればいい。鉱物《こうぶつ》はわかるな？　蒼太郎《そうたろう》」

「ええと、自然《しぜん》にできた石《いし》みたいな塊《かたまり》……、ですか？」

「半分正解《はんぶんせいかい》。自然《しぜん》にできた固体《こたい》で、結晶状態《けっしょうじょうたい》、つまり、原子《げんし》が決《き》まった順《じゅん》で並《なら》んでおって、特定《とくてい》の化学組成《かがくそせい》を持《も》っていることにより、その成分《せいぶん》を化学式《かがくしき》で表《あらわ》せる固体《こたい》のことじゃ。今日《きょう》作《つく》るものは、結晶《けっしょう》である必要《ひつよう》がある。わかるか？」

「は……い。なんとなく……」

ぼくは自信《じしん》なげに答《こた》えた。

「いまのところはそれでいい。じゃ、古代《こだい》エジプトの話《はなし》を続《つづ》けるぞ」

え！　まだ続《つづ》くの？　律《りつ》を見《み》たら、うんざりして心《こころ》ここにあらずという感《かん》じだ。

そんなぼくらのことなどおかまいなしに、森井老人《もりいろうじん》は話《はな》し続《つづ》ける。

「古代《こだい》エジプト人《じん》にとっては空《そら》やナイル川《がわ》はとても特別《とくべつ》なもんじゃったそうだ。だから、かならずこのエジプシャンブルーを使《つか》って、壁画《へきが》やパピルスに空《そら》やナイル川《がわ》の絵《え》を描《か》いていたそうだ。創造《そうぞう》とか宇宙《うちゅう》とかを表《あらわ》すときの大切《たいせつ》な色《いろ》だったようじゃな」

古代《こだい》エジプト文明《ぶんめい》とナイル川《がわ》か……。やっぱり難《むずか》しい。うちに帰《かえ》ってかあさんにもう一度《いちど》聞《き》いてみよう。

森井老人《もりいろうじん》の難《むずか》しい話《はなし》が終《お》わったので、ようやく実験開始《じっけんかいし》だ。

まず、ぼくたちは原料《げんりょう》をはかって乳鉢《にゅうばち》に入《い》れ、それをていねいにすりつぶした。均質《きんしつ》な粉《こな》ができたら、ふるいでふるって粗《あら》い粒子《りゅうし》を取《と》り除《のぞ》いた。ゴムボウルに移《うつ》し、水《みず》とアラビアのりを少《すこ》したらしてスパチュラという金属《きんぞく》のヘラでよく練《ね》った。いい感《かん》じの粘土《ねんど》みたいになったら、それを何本《なんぼん》かの小《ちい》さな縦長《たてなが》の四角《しかく》い板状《いたじょう》の形《かたち》に整《ととの》えた。弾力《だんりょく》はあるけれど、粘土《ねんど》みたいにのびるようなものではなくて、無理《むり》して縦長《たてなが》の形《かたち》を作《つく》ろうとすると切《き》れてしまう。だから、形《かたち》を整《ととの》えるのはけっこう難《むずか》しかった。水分《すいぶん》の量《りょう》がコツなのかもしれないな。

「ギリシアとかローマ時代《じだい》には、これは小《ちい》さなボールの形《かたち》にすることが多《おお》いんじゃよ」

森井老人《もりいろうじん》がいろいろ説明《せつめい》してくれるが、あまり耳《みみ》に入《はい》ってこなかった。ぼくたちはおしゃべりをやめて、小《ちい》さな板作《いたづく》りに専念《せんねん》した。

そうして作《つく》り上《あ》げた小《ちい》さな板《いた》を電気炉《でんきろ》で焼《や》く。９５０度《ど》で24時間焼《じかんや》く設定《せってい》にして、スイッチを押《お》した。

「前《まえ》にな、薬品《やくひん》として買《か》った二酸化《にさんか》ケイ素《そ》で、エジプシャンブルーを作《つく》ろうとしたら失敗《しっぱい》したことがあってな。蒼太郎《そうたろう》のかあさんが、ちゃんとした砂《すな》に替《か》えたらどうかというので、それでやったら成功《せいこう》したんじゃ。ちょっとしたことでうまくいったりいかなかったりするから、再現実験《さいげんじっけん》はおもしろいんだがな」

かあさんがここで出《で》てくるとは思《おも》わなかった！　いつもダメダメなかあさんなのに、ちょっと見直《みなお》すところもあるじゃない。

エジプシャンブルーはキラキラ光《ひか》っていた？

「さて、エジプシャンブルーが焼《や》き上《あ》がるのは明日《あした》じゃからな。今日《きょう》は近藤《こんどう》のところで、おもしろい写真《しゃしん》を見《み》せてもらおう」

そこでぼくたちは3人《にん》で連《つ》れ立《だ》って、また中央美術館《ちゅうおうびじゅつかん》にやってきた。電気炉《でんきろ》で

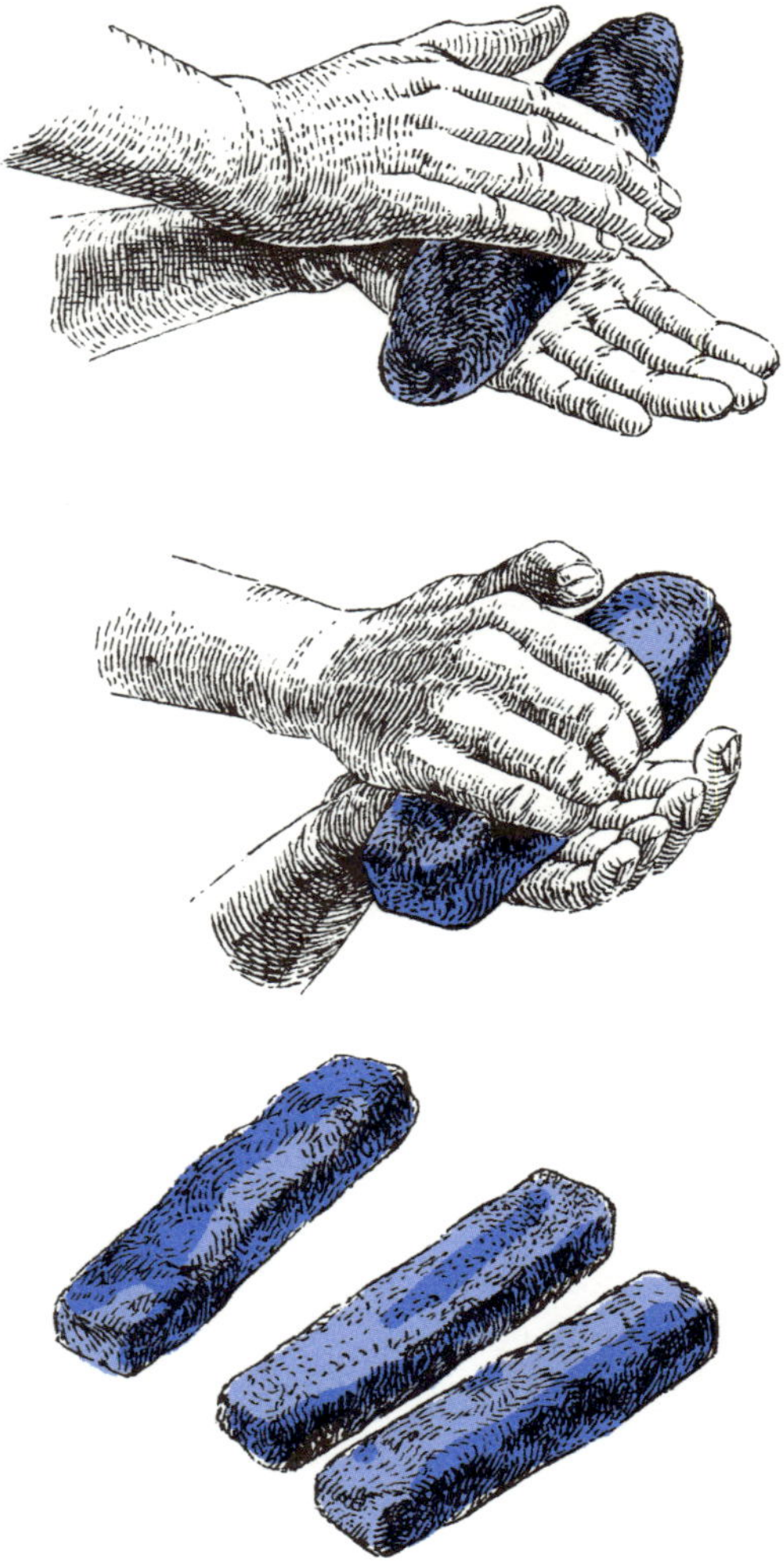

焼《や》いている途中《とちゅう》なので、科学倶楽部《かがくくらぶ》があるビルの警備員《けいびいん》のおじさんに、留守《るす》の間《あいだ》の電気炉《でんきろ》の見守《みまも》りをお願《ねが》いしてきた。

中央美術館《ちゅうおうびじゅつかん》では、近藤《こんどう》さんはいつものように白衣《はくい》を着《き》て忙《いそが》しそうだ。

「今日《きょう》はね、今度《こんど》、展覧会《てんらんかい》に貸《か》し出《だ》す絵画《かいが》の梱包《こんぽう》に立《た》ち会《あ》わなくちゃならないから、お相手《あいて》できないの。ごめんなさい。私《わたし》の代《か》わりにコシミズさんに写真見《しゃしんみ》せてもらってね」

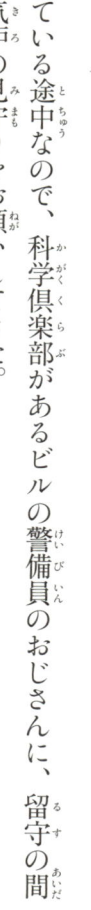

近藤《こんどう》さんはそう言《い》うと、ぼくと律《りつ》の肩《かた》をポンとたたいて、あわただしく部屋《へや》から出《で》ていった。

「では、エジプシャンブルーの写真《しゃしん》をお見《み》せしますね」

コシミズさんはそう言《い》うと、コンピュータを操作《そうさ》して一台《いちだい》のモニターに壁画《へきが》の写真《しゃしん》を、もう一台《いちだい》のモニターに白《しろ》く光《ひか》った写真《しゃしん》を映《うつ》し出《だ》した。

「これは、いまから４３００年《ねん》くらい前《まえ》、エジプト古王国第六王朝《こおうこくだいろくおうちょう》のころの壁画《へきが》です。船《ふね》に乗《の》ってナイル川《がわ》で漁《りょう》をしているファラオと部下《ぶか》たちの絵《え》なんです。右《みぎ》のモニターに映《うつ》っているのが同《おな》じ絵《え》の可視光誘起赤外線蛍光画像《かしこうゆうきせきがいせんけいこうがぞう》です。ＶＩＬと呼《よ》んでいます。これは、マルチスペクトルという方法《ほうほう》を用《もち》いた写真《しゃしん》の一種《いっしゅ》で、可視光《かしこう》を照射《しょうしゃ》して赤外線領域《せきがいせんりょういき》で生《しょう》じる蛍光反応《けいこうはんのう》を感知《かんち》するという写真《しゃしん》なんです」

なんだかよくわからないけど、すごいものだってことはわかる。だって、川《かわ》が白《しろ》く光《ひか》って見《み》えるんだ。

「川《かわ》のところが白《しろ》く光《ひか》ってませんか？」

「そうなんです。蒼太郎《そうたろう》くん、よく気《き》がつきましたね。ナイル川《がわ》は、古代《こだい》エジプト人《じん》たちにとってとても大事《だいじ》な川《かわ》だったので、いつも貴重《きちょう》な青色《あおいろ》であるエジプシャンブルーで塗《ぬ》られていたみたいですよ。

このＶＩＬという方法《ほうほう》を使《つか》うと、エジプシャンブルーのところだけを光《ひか》らせることができるんですよ。だからこの方法《ほうほう》を使《つか》えば、どこにエジプシャンブルーが使《つか》われていたのかが一目《ひとめ》でわかるので、とても便利《べんり》なんです」

へえー。ほんとうにすごいんだ。

「いろんな魚《さかな》の絵《え》が見《み》えますよ！」と律《りつ》が無邪気《むじゃき》にコメントする。

「ええ、きっと図鑑《ずかん》のように、ナイル川《がわ》でどんな魚《さかな》が獲《と》れるのかを表《あらわ》しているんでしょうね。ここ見《み》てください。カバもいるでしょう？」

「ほんとだ、かわいいですね」

律《りつ》がそう言《い》うと、コシミズさんはちょっと笑《わら》った。

あ、笑《わら》ったところ見《み》たの２回目《にかいめ》だ。

「古代《こだい》エジプトでは、カバはかわいい動物《どうぶつ》じゃなくて、最《もっと》も凶暴《きょうぼう》な動物《どうぶつ》として恐《おそ》れられてたんですよ。律《りつ》くん、ここ見《み》てください。カバがワニに嚙《か》みついてるでしょ？」

「ほんとだ、ふつう逆《ぎゃく》じゃないですか？」と律《りつ》は大《おお》げさに反応《はんのう》している。

カバが凶暴《きょうぼう》？　マジで？　ぼくだってワニのほうが凶暴《きょうぼう》だと思《おも》ってた！

「これは、その様子《ようす》をカエルが見《み》ているっていう、ちょっとシュールな絵《え》なんですよ」

コシミズさんは楽《たの》しそうに律《りつ》に説明《せつめい》を続《つづ》けた。楽《たの》しそうに話《はな》すふたりがうらやましくて、ぼくは話題《わだい》を変《か》えた。

「この方法《ほうほう》を使《つか》えば、エジプシャンブルー以外《いがい》の青色《あおいろ》も光《ひか》らせることができるんですか？」

「残念《ざんねん》ながら、全部《ぜんぶ》はできないんです。けれど、たとえば、ラピスラズリはほかの方法《ほうほう》を使《つか》えば、光《ひか》らせることができます。あとは特別《とくべつ》な赤色《あかいろ》とか、光《ひかり》で区別《くべつ》する方法《ほうほう》はいくつかあるんですけどね」

コシミズさんは残念《ざんねん》そうに肩《かた》をすくめた。

「コシミズさん、おもしろいもの見《み》せてくれてありがとう。おかげでいい勉強《べんきょう》になったわい」

「エジプシャンブルー作《づく》りはうまくいってますか？」

「ああ、この子《こ》らががんばってくれてるからの。明日《あした》の昼《ひる》ごろには焼《や》き上《あ》がるじゃろ」

今日《きょう》は解散《かいさん》にしようか、と言《い》って、森井老人《もりいろうじん》は椅子《いす》から立《た》ち上《あ》がった。

*

次《つぎ》の日《ひ》、ぼくと律《りつ》は科学倶楽部《かがくくらぶ》の実験室《じっけんしつ》に向《む》かった。もちろん、エジプシャンブルーがどうなっているか確《たし》かめるためだ。

森井老人《もりいろうじん》は昨夜《さくや》も電気炉《でんきろ》のそばで徹夜《てつや》して見守《みまも》っていたらしい。いつもより目《め》が細《ほそ》くてしょぼしょぼしている。ひげには朝《あさ》ごはん？　のパンくずがついたままだ。

ぼくらは、うまくできたかどうか、ドキドキしながら電気炉《でんきろ》をのぞき込《こ》んだ。

「さて、どうなったかな？」

電気炉《でんきろ》の蓋《ふた》を開《あ》けて、森井老人《もりいろうじん》ものぞき込《こ》む。

「だいぶ冷《さ》めたと思《おも》うんじゃが……まだまだ熱《あつ》いからよく見《み》えんなあ。ちょっと外《そと》に出《だ》してみるか」

あちあちと言《い》いながら、森井老人《もりいろうじん》はトングを使《つか》って、ボート型《がた》の坩堝《るつぼ》をセラミックの板《いた》の上《うえ》にのせた。

前《まえ》から思《おも》ってたけど、森井老人《もりいろうじん》ってせっかち？

じょじょに冷《さ》めてくると、板《いた》は青《あお》く見《み》えてきた。水色《みずいろ》というか深《ふか》い空色《そらいろ》っぽい？

「おおお！」

律《りつ》が大《おお》きな声《こえ》を出《だ》した。

「こりゃ、いい色《いろ》にできたんじゃないか？　これだけきれいなら、近藤《こんどう》も文句《もんく》はないだろう。冷《さ》めたら砕《くだ》いて粉《こな》にするんじゃぞ」

あれ？　また近藤《こんどう》さん？　いままでの実験《じっけん》ってぜんぶ近藤《こんどう》さんのためだったのかな？

「ぼくたちが作《つく》ってる青色《あおいろ》って、ぜんぶ近藤《こんどう》さんのとこに持《も》っていくんですか？」

「そうじゃよ、青《あお》の展示《てんじ》をするらしいからな、その手伝《てつだ》いじゃ。あれ、言《い》ってなかったか？」

「ラピスラズリのことだけだと思《おも》ってました」

「まあ、じゃあ、そういうことで！」

え？　ぼくたちの作《つく》った青色《あおいろ》が美術館《びじゅつかん》で展示《てんじ》されるの？　ほんとに？

それにしても、森井老人《もりいろうじん》は相変《あいか》わらずいい加減《かげん》だなあ。そういうところもにくめないんだけどな、と思《おも》いながら、ぼくはまだ熱《あつ》いエジプシャンブルーを見《み》ていた。

エジプシャンブルーの棒《ぼう》は、冷《さ》めてきたらちょっとむらがあるけど、ますます鮮《あざ》やかな青色《あおいろ》になってきた。

ぼくたちはそのうちの一本《いっぽん》の棒《ぼう》を取《と》り出《だ》して、軽《かる》く割《わ》ってから乳鉢《にゅうばち》のなかで細《こま》かい粉《こな》にした。すると、昨日《きのう》見《み》せてもらったエジプトの壁画《へきが》の写真《しゃしん》のような水色《みずいろ》の粉《こな》になった。

そうか、これって、ナイル川《がわ》の青《あお》なのか。

空《そら》とか川《かわ》とか、青《あお》い色《いろ》って身近《みぢか》にあるのに、作《つく》るのはこんなに難《むずか》しかったんだな。青《あお》がすごく欲《ほ》しくて、ようやくそれを手《て》に入《い》れることができた、古代人《こだいじん》の気《き》持《も》ちが、ぼくはほんの少《すこ》しわかったような気《き》がした。

骨《こっ》董《とう》店《てん》と科《か》学《がく》倶《く》楽《ら》部《ぶ》

第5章

Esque quemadmodum Rubrica, vna natiua, altera artificioſa: item vnu gentuu, alterum faetitium vt in Aegypto. Genera porro Caerulei tria, Aegyptium Scythicum, terriumque Cyprium: optimu Aegyptiu ad meraciora ſaturatioraq; trita, vel lomenta: Scythicum ad dilutiora. Ceterum Aegyptium faetitium est: quique regum la literis mandarunt, hoc quoque memoriç produnt, ecquis regum primus Ceruleum arte adulterarit ſimulatione natiui: muncra quoque cum ab aliis miſſitata fuiſſe, tum vero e Phoenice tributum Caerulci partim viui, partim ignem experti. Tradunt qui pigmenta terunt Caeruleum ex se

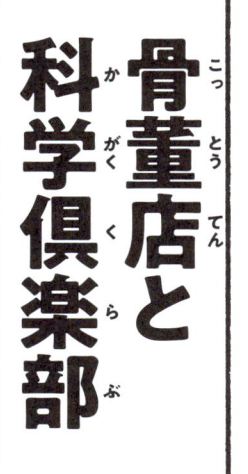

摩訶不思議《まかふしぎ》な森井老人《もりいろうじん》の骨董店《こっとうてん》

今日《きょう》は土曜日《どようび》なので、ぼくたちの「青《あお》の実験《じっけん》」はお休《やす》み。土曜日《どようび》は、科学倶楽《かがくくら》部《ぶ》の活動日《かつどうび》だからだ。森井老人《もりいろうじん》は、今日《きょう》は何《なに》を教《おし》えてくれるのかな。

科学倶楽部《かがくくらぶ》は午後《ごご》からなので、午前中《ごぜんちゅう》は律《りつ》といっしょに、池之端《いけのはた》の森井老人《もりいろうじん》の骨董店《こっとうてん》に遊《あそ》びに行《い》くことにした。

ぼくたち、どんだけ森井老人《もりいろうじん》が好《す》きなんだろ！

お店《みせ》はわかりにくい場所《ばしょ》にある。近《ちか》くにあやしい顔料屋《がんりょうや》さんがあって、ウインドウに色《いろ》とりどりの顔料《がんりょう》と鉱物《こうぶつ》が陳列《ちんれつ》されている。その顔料屋《がんりょうや》さんには、乾燥《かんそう》したヘビとかトカゲとかもぶら下《さ》がっていて、あやしさこの上《うえ》ない。

森井老人《もりいろうじん》の骨董店《こっとうてん》も見《み》るからにあやしい雰囲気《ふんいき》だ。むかしながらの民家《みんか》を買《か》い取《と》って改装《かいそう》したらしいんだけど、木造《もくぞう》の日本家屋《にほんかおく》なのに、入《い》り口《ぐち》にぶら下《さ》がっているのは中東《ちゅうとう》のランプだし、入《い》り口《ぐち》の暖簾《のれん》だってタイだかカンボジアだかの布《ぬの》らしい。

お店《みせ》のなかはもっと訳《わけ》がわからない。

謎《なぞ》の仏像《ぶつぞう》とか彫刻《ちょうこく》が並《なら》んでるだけじゃなくって、壁《かべ》にはいろんな絵《え》が飾《かざ》ってあるし、何語《なにご》かわからない写本《しゃほん》とか、お皿《さら》とか、アクセサリーとか、絨毯《じゅうたん》とか、どこかのレンガとか、とにかくいろんなものが雑多《ざった》に置《お》かれている。

貴重《きちょう》なものは、別《べつ》の部屋《へや》に置《お》いてあるって森井老人《もりいろうじん》が言《い》っていたけど、はっきり言《い》って森井老人《もりいろうじん》の趣味《しゅみ》がよくわからない。

でも、このなかにぼくが気《き》に入《い》っているものがひとつだけある。レジ脇《わき》に置《お》かれたラピスラズリのスカラベの彫刻《ちょうこく》だ。

「いつ見《み》ても、これかっこいいよなぁ。ふたつあるんだから、ひとつくれないかな」

ぼくがつぶやくと、

「蒼太郎《そうたろう》は昆虫好《こんちゅうず》きだもんな、こういうのも好《す》きだよね」

と律《りつ》が答《こた》えた。そして、

「蒼太郎《そうたろう》、森井老人《もりいろうじん》っていったい何者《なにもの》なんだろうね。こんな変《へん》なもんばっかり並《なら》べて、売《う》れんのかな？」

と小《ちい》さな声《こえ》で耳打《みみう》ちした。

「うーん……、ぼくも、森井老人《もりいろうじん》はむかし、大学《だいがく》の化学《かがく》の先生《せんせい》だったってことしかわかんないよ。かあさんも教《おし》えてくれないしさ」

「完全《かんぜん》にこのお店《みせ》って、森井老人《もりいろうじん》の趣味《しゅみ》だよなー」

律《りつ》とこそこそ話《はな》していると、奥《おく》のドアが開《あ》いて、森井老人《もりいろうじん》が入《はい》ってきた。いつもの茶色《ちゃいろ》のツイードのジャケットを着《き》ている。

「やあやあ、よく来《き》た」

森井老人《もりいろうじん》は、また青《あお》のスカラベを見《み》ているぼくに気《き》づいて、

「蒼太郎《そうたろう》はそのスカラベが本当《ほんとう》に好《す》きだな。それは、アフガニスタンのラピスラズリのなかでもとくに質《しつ》の高《たか》い、深《ふか》い青《あお》のラピスラズリを使《つか》って、エジプトで職人《しょくにん》が彫刻《ちょうこく》してくれたものなんじゃ。大事《だいじ》なものだから、それはやらんぞ」

と、笑《わら》って言《い》った。

ちょっとガッカリ顔《がお》のぼくに、森井老人《もりいろうじん》はお店《みせ》の奥《おく》に雑然《ざつぜん》と積《つ》んである木箱《きばこ》のなかからお皿《さら》を一枚取《いちまいと》り出《だ》して見《み》せた。ブルーグレイみたいな色《いろ》で植物《しょくぶつ》の絵《え》が描《か》いてある。

「これはな、このあいだきみたちが作《つく》ったスマルトに似《に》た材料《ざいりょう》を使《つか》った青色染付《あおいろそめつけ》の皿《さら》なんじゃよ。江戸時代《えどじだい》のはじめごろのもので、いわゆる古伊万里《こいまり》と言《い》われる焼《や》きものだ。この青色《あおいろ》の素《もと》は、日本《にほん》では呉須《ごす》と呼《よ》んでおる。コバルトやマンガン、

鉄《てつ》なんかが入《はい》った釉薬《ゆうやく》の素《もと》じゃな。この呉須《ごす》を使《つか》った古伊万里《こいまり》の磁器《じき》は、いまの九州《きゅうしゅう》の佐賀《さが》あたりで作《つく》っておったんじゃよ」

これはぼくたちが作《つく》ったスマルトとはぜんぜん色《いろ》が違《ちが》う！　こっちはどっちかと言《い》えば優《やさ》しい青色《あおいろ》だ。

それから森井老人《もりいろうじん》は、猿《さる》の絵《え》が書《か》いてあるとってのついた土器《どき》をぼくたちに見《み》せた。

「これはな、マヤ文明《ぶんめい》の土器《どき》なんじゃよ」

マヤ？　マヤってどこだっけ。思《おも》わず律《りつ》と目《め》を合《あ》わせた。

どう反応《はんのう》していいかわからないぼくらを見《み》て、森井老人《もりいろうじん》が、デスクの上《うえ》の古《ふる》い地球儀《ちきゅうぎ》をぐるっと回《まわ》して、メキシコのあたりを指《ゆび》さした。

「マヤ文明《ぶんめい》はこの辺《へん》じゃな。蒼太郎《そうたろう》と律《りつ》、この部分《ぶぶん》の青色《あおいろ》、見《み》えるかな？」

そう言《い》うと、森井老人《もりいろうじん》が土器《どき》のかけらをぼくたちに見《み》せた。

「はい。青《あお》というか、青緑《あおみどり》というか、今《いま》まで見《み》たことない色《いろ》ですね」

「そうじゃろ、蒼太郎《そうたろう》。これはいままで作《つく》ってきたものとはぜんぜん違《ちが》う青《あお》なんじゃよ」

森井老人《もりいろうじん》はなぜだか自慢《じまん》げだ。

「これはな。マヤブルーという顔料《がんりょう》で塗《ぬ》られた土器《どき》なんじゃ。原料《げんりょう》や作《つく》り方《かた》が長《なが》いこと謎《なぞ》だったんじゃが、30年《ねん》くらい前《まえ》にようやくその謎《なぞ》が解《と》けたんじゃよ」

「え、何《なん》だったんですか？」と律《りつ》が前《まえ》のめりになった。

「それはまた、来週《らいしゅう》、実験室《じっけんしつ》で作《つく》ってみよう。でもな、ものすごくくさいから覚《かく》悟《ご》して来《く》るんじゃよ」

森井老人《もりいろうじん》はイタズラっぽく笑《わら》った。

「マヤ文明《ぶんめい》というのは、この辺《へん》、いまのメキシコやガテマラのあたりに栄《さか》えた古《こ》代文明《だいぶんめい》じゃよ。ユカタン半島《はんとう》の南《みなみ》のほう、山《やま》と低地《ていち》があって火山《かざん》もあって、黒曜《こくよう》石《せき》やカカオ豆《まめ》が特産《とくさん》だったらしい。スペイン人《じん》が入《はい》ってくるまでの、紀元前《きげんぜん》から16世紀《せいき》まで、とても長《なが》く栄《さか》えた文明《ぶんめい》だったんじゃな」

あ、その話《はなし》はテレビで見《み》たことがある。

「カカオ豆《まめ》って、チョコレートの原料《げんりょう》ですよね？」

律《りつ》はそこに食《く》いついてきた。

森井老人《もりいろうじん》は笑《わら》いながら、

「律《りつ》はチョコレートが好《す》きか？　そうだな、このあたりがきっとチョコレートの故郷《ふるさと》なのかもしらんな。でも、マヤ文明《ぶんめい》のころは、カカオ豆《まめ》を粉《こな》にして発酵《はっこう》させ、ココアみたいにして儀式《ぎしき》のときに飲《の》んでいたらしいぞ。血行《けっこう》もよくなるから、薬《くすり》みたいな役割《やくわり》だったのかもしらんな。音楽《おんがく》とか踊《おど》りとかと同様《どうよう》に、お祭《まつ》りのときの神聖《しんせい》な飲《の》み物《もの》として使《つか》われていたらしい」と説明した。

「ココアはぼくも好《す》きです」

律《りつ》はココアも好《す》きらしい。

「ココアはないけど、せっかく店《みせ》に来《き》てくれたきみたちに、この青《あお》い小《ち》さなスカラベをやろう。さっき、エジプトから荷物《にもつ》が届《とど》いて、現代《げんだい》のみやげ物《もの》がたくさん入《はい》ってたんじゃよ」

レジに置《お》いてあるラピスラズリ製《せい》のスカラベとは比《くら》べものにならないほど小《ち》さなスカラベが、箱《はこ》にいっぱい入《はい》っていた。森井老人《もりいろうじん》は、ぼくと律《りつ》にその箱《はこ》ごと、青《あお》のおみやげをくれた。

「それはな、現代《げんだい》のファイアンスの復元品《ふくげんひん》じゃよ」

ん？　ファイアンスって何《なん》だ？　聞《き》いたことないぞ。

「ファイアンスというのは、ガラスとエジプシャンブルーの中間《ちゅうかん》みたいなもんで、材料《ざいりょう》もエジプシャンブルーと同《おな》じようなものじゃな。

この前作《まえつく》ったエジプシャンブルーと同《おな》じように、銅《どう》の鉱物《こうぶつ》とか、青銅器《せいどうき》のくず

とかを使《つか》って色《いろ》づけしたといわれておる。このあいだエジプシャンブルーを作《つく》ったときは塩基性炭酸銅《えんきせいたんさんどう》という薬品《やくひん》を使《つか》ったがな。

ファイアンスというのは青《あお》くてガラスみたいなものなんじゃが、これは定義《ていぎ》があいまいですごく難《むずか》しい。表面《ひょうめん》の青色《あおいろ》のところだけがファイアンスっていうことではない。青《あお》いのは表面《ひょうめん》だけでなかは白《しろ》いんじゃ。白《しろ》い中身《なかみ》のところは石英《せきえい》という砂《すな》でできているんだが、その砂粒《すなつぶ》がガラスのような素材《そざい》で結合《けつごう》しているんじゃ。その表面《ひょうめん》に、まるで〈うわぐすり〉のような青《あお》いガラス状《じょう》の光沢《こうたく》を持《も》つものがあって、それをファイアンスと呼《よ》ぶことが多《おお》いんじゃよ」

箱《はこ》のなかの青《あお》のみやげ物《もの》は2センチくらいの大《おお》きさで、フンコロガシを模《も》したスカラベだけじゃなくて、ほかにもネコやカバ、人《ひと》の形《かたち》のものもあって、それぞれかわいらしい。表面《ひょうめん》にはみんな青《あお》いガラス状《じょう》の光沢《こうたく》がある。この青《あお》い光沢《こうたく》がある焼《や》き物《もの》がファイアンスなんだな。森井老人《もりいろうじん》の説明《せつめい》はよくわからなかったけど、エジプシャンブルーとはまた違《ちが》う、きれいな青色《あおいろ》だな。

ふと律《りつ》を見《み》ると、ファイアンスを握《にぎ》りしめて何《なに》か考《かんが》えてる。

「これさ、上《うえ》に穴《あな》があいてるから、紐《ひも》を通《とお》したらかわいいペンダントになるよな?」

「うん？」

「科学倶楽部《かがくくらぶ》の女《おんな》の子《こ》たちに配《くば》っていいかな。世界最古《せかいさいこ》の人工的《じんこうてき》に作《つく》った青色《あおいろ》のひとつで、いまオレが森井先生《もりいせんせい》といっしょに作《つく》ってるエジプシャンブルーっていう青色《あおいろ》と似《に》ているんだよって、自慢《じまん》したい！」

「う……ん、たぶん喜《よろこ》ぶんじゃないかなあ」

「だよな！　これをあげれば、きっとバレンタインにチョコ、いっぱいもらえるよな！」

律《りつ》はうれしそうだ。

スポーツもできるし、黙《だま》っていればなかなかのイケメンだからモテるのに、すぐにケーソツ、いやケイハクなことを言《い》うからなあ。だから、女《おんな》の子《こ》たちにちょっと距離《きょり》を置《お》かれちゃうんだよ。

まあ、いいか。

「じゃあ、ネックレス用《よう》の紐《ひも》を買《か》いに行《い》きたいからさ、日暮里《にっぽり》の繊維街《せんいがい》に買《か》い物《もの》行《い》くのつき合《あ》ってよ」

律《りつ》のあたまのなかからは、マヤブルーもココアの話《はなし》も消《き》えてしまって、もうモテるための計画《けいかく》でいっぱいみたいだ。

＊

森井老人《もりいろうじん》のお店《みせ》を出《で》たあと、繊維街《せんいがい》のお店《みせ》に寄《よ》って、律《りつ》はネックレス用《よう》の細《ほそ》い革紐《かわひも》を7メートルも買《か》った。いったい何本《なんぼん》ネックレスを作《つく》る気《き》なんだろ。

それからぼくたちは昼《ひる》ご飯《はん》を食《た》べるために、いったんそれぞれの家《いえ》に帰《かえ》った。

玄関《げんかん》を開《あ》けたら、タローが尻尾《しっぽ》を振《ふ》って出迎《でむか》えてくれたから、ぼくはしばらく頭《あたま》をなでてやった。

最近《さいきん》忙《いそが》しくて、夏休《なつやす》みなのに遊《あそ》んでやれなくてごめんな。科学倶楽部《かがくくらぶ》が終《お》わったら、公園《こうえん》に連《つ》れていってやろう。

「蒼太郎《そうたろう》、お昼《ひる》作《つく》っておいたから適当《てきとう》に食《た》べといてよ」

かあさんがぼくに声《こえ》をかけた。

「いまから研究会《けんきゅうかい》に行《い》ってくるから」

そう言《い》ってかあさんは出《で》かけていった。相変《あいか》わらずどこに行《い》くとか、何時《なんじ》に帰《かえ》ってくるとか何《なに》も言《い》わないんだな。まあ、適当《てきとう》にやっておきなさいよってことね、はいはい。

テーブルに置《お》いてあった冷《ひ》やし中華《ちゅうか》を食《た》べて、ぼくも科学倶楽部《かがくくらぶ》に行《い》く準備《じゅんび》をした。今日《きょう》は何《なん》の実験《じっけん》だろ。

久《ひさ》しぶりの科学倶楽部《かがくくらぶ》

久《ひさ》しぶりに会《あ》った科学倶楽部《かがくくらぶ》のメンバーたちは、みんな元気《げんき》だった。科学倶楽《かがくくら》部《ぶ》も夏休《なつやす》みだったんだ。プールに行《い》ったのか、日焼《ひや》けしてる友《とも》だちも何人《なんにん》かいた。いいなあ。

律《りつ》はさっき買《か》った革紐《かわひも》を切《き》って、スカラベの穴《あな》に通《とお》して、ペンダントを作《つく》っていた。律《りつ》の周《まわ》りに女子《じょし》たちが集《あつ》まっていて、好《す》きな長《なが》さに合《あ》わせてひとりひとりに紐《ひも》を切《き》ってあげている。ぼくは、女子《じょし》が何人《なんにん》もいるところに行《い》くのは恥《は》ずかしかったから、ちょっと律《りつ》から距離《きょり》を置《お》いて後《うし》ろのほうの椅子《いす》に座《すわ》った。

「お、蒼太郎《そうたろう》。どうだ、スカラベのペンダント、いい感《かん》じだろ」

律《りつ》が、振《ふ》り返《かえ》ってぼくにペンダントを振《ふ》ってみせる。

「うん、かわいい感《かん》じになったじゃん」

へへ、とうれしそうに笑《わら》いながら律《りつ》はペンダント作《づく》りを続《つづ》けている。

「女子《じょし》たちにこれが何《なん》のペンダントか、説明《せつめい》したのかよ」

ぼくは律《りつ》に声《こえ》をかけた。

「スカラベは、古代《こだい》エジプトの聖《せい》なる虫《むし》で、ファイアンスってのでできてるって話《はな》したよ」

「じゃあ、このスカラベは日本語《にほんご》ではフンコロガシって名前《なまえ》で、動物《どうぶつ》のフンを丸《まる》めて運《はこ》んで、あとで食《く》ってるってことも話《はな》したのかよ」

ぼくはぼそっとつぶやいた。

「ええー！」と周《まわ》りの女子《じょし》たちがスカラベのネックレスから次々《つぎつぎ》に手《て》を離《はな》した。

「蒼太郎《そうたろう》、余計《よけい》なこと言《い》うなよ」

ぼくは、してやったり、と思《おも》ってちょっとスッとした。

そうは言《い》っても、律《りつ》が作《つく》ったネックレスはかわいくできていたこともあって、最後《さいご》には、女子《じょし》たちは喜《よろこ》んでもらっていった。


「さて、律《りつ》。もう科学倶楽部《かがくくらぶ》をはじめてもいいかな?」

ぼくたちの会話《かいわ》を遠巻《とおま》きに聞《き》いていた森井老人《もりいろうじん》が、遠慮《えんりょ》がちに声《こえ》をかけてきた。

「すみません、どうぞ、オレはもう大丈夫《だいじょうぶ》です」

律《りつ》はあわてて机《つくえ》の上《うえ》を片《かた》づけた。

「それでは、みんな、今日《きょう》は縄文時代《じょうもんじだい》の赤《あか》い顔料《がんりょう》を作《つく》ろうと思《おも》う。赤色《あかいろ》といったら、いまはおめでたい色《いろ》なんじゃが、大《おお》むかしは、赤色《あかいろ》は死《し》んだ人《ひと》の身体《からだ》とか、お墓《はか》とかに塗《ぬ》ることも多《おお》くてな、特別《とくべつ》な意味《いみ》があったと考《かんが》えられておるんじゃよ。

東南《とうなん》アジアとかアフリカの原住民《げんじゅうみん》のなかにも、死体《したい》に赤色《あかいろ》を塗《ぬ》る人《ひと》たちもおるからな。世界的《せかいてき》に見《み》ても、かならずしもめでたい色《いろ》、というわけではないようじゃ」

律《りつ》が手《て》を挙《あ》げた。

「森井先生《もりいせんせい》、なんで死体《したい》を赤《あか》くしたんですか？」

「うむ、正直《しょうじき》に言《い》えば答《こた》えはわからん。水銀朱《すいぎんしゅ》、という水銀《すいぎん》でできた真《ま》っ赤《か》な粉《こな》を塗《ぬ》っておけば、腐《くさ》りにくくなる効果《こうか》があるから、死体《したい》が長持《ながも》ちしたのかもしれんな。でも、正直《しょうじき》、何《なん》のために塗《ぬ》ったのかはだれも答《こた》えられんだろう。特別《とくべつ》な意味《み》があったということだけはわかるがな」

死体《したい》とか腐《くさ》るといった言葉《ことば》を聞《き》いて、何人《なんにん》かのメンバーはウワーッという顔《かお》をした。

「ははは、大丈夫《だいじょうぶ》じゃ。今日《きょう》は、水銀朱《すいぎんしゅ》でなくって、もっとかわいい赤色《あかいろ》を作《つく》ろう」

かわいい？

「さてみんな、机《つくえ》の上《うえ》の紙《かみ》コップを持《も》って、外《そと》へ材料《ざいりょう》を採《と》りに行《い》くぞ」

森井老人《もりいろうじん》はそう言《い》うと、先頭《せんとう》に立《た》って階段《かいだん》をおり、建物《たてもの》の外《そと》に出《で》た。

科学倶楽部《かがくくらぶ》の入《はい》っているビルの中庭《なかにわ》には小《ちい》さい池《いけ》がある。鯉《こい》がいるけど、普段《ふだん》は顔《かお》を見《み》せない。あんまりきれいな池《いけ》じゃないから、ぼくたちもここで遊《あそ》ぶことはない。

森井老人《もりいろうじん》は池《いけ》のそばに近寄《ちかよ》ると、落《お》ちていた木《き》の棒《ぼう》で池《いけ》の水《みず》をかき回《まわ》した。それから、その木《き》の棒《ぼう》で池《いけ》の隅《すみ》に浮《う》いている赤茶色《あかちゃいろ》のドロッとした藻《も》みたいなものをすくい取《と》ると、ぼくたちの目《め》の前《まえ》に持《も》ってきて見《み》せた。

「これが、今日《きょう》の主役《しゅやく》じゃよ」

「えー汚《きたな》い！」

倶楽部《くらぶ》のメンバーたちから、いっせいに声《こえ》があがる。

「ははは、全然《ぜんぜん》汚《きたな》くないぞ。これは鉄《てつ》バクテリアというやつでな。水酸化鉄《すいさんかてつ》で殻《から》を作《つく》った微生物《びせいぶつ》じゃ。おいしい水《みず》にするために、水《みず》のなかにある余計《よけい》な鉄分《てつぶん》を除《じょ》去《きょ》するフィルターみたいに使《つか》われることもあるんじゃよ。バクテリアは身体《からだ》の周《まわ》りに鉄分《てつぶん》を集《あつ》めて成長《せいちょう》するんじゃが、それがマカロニみたいなチューブになる。さあ、これをみんなの紙《かみ》コップに採《と》って、実験室《じっけんしつ》へ持《も》って帰《かえ》るぞ」

ぼくたちはそれぞれ、木《き》の棒《ぼう》を使《つか》って茶色《ちゃいろ》の藻《も》みたいなやつをすくい取《と》って紙《かみ》コップに入《い》れた。律《りつ》は、欲張《よくば》って紙《かみ》コップいっぱいに茶色《ちゃいろ》のドロドロを入《い》れていた。

重《おも》くなった紙《かみ》コップを持《も》って、ぼくたちは実験室《じっけんしつ》に戻《もど》った。

バクテリアから赤《あか》い顔料《がんりょう》ができた

先《さき》に戻《もど》っていた森井老人《もりいろうじん》は、すでに顕微鏡《けんびきょう》に向《む》かって何《なに》かを見《み》ていた。モニターには透明《とうめい》な細長《ほそなが》いマカロニのようなものが映《うつ》っている。

「みんな、集《あつ》まってくれ。これが、いまみんなが採《と》ってきた鉄《てつ》バクテリアじゃよ」

茶色《ちゃいろ》いもやっとしたもののなかに、たくさんのチューブの形《かたち》が見《み》える。

「かわいいじゃろ」

うーん……、森井老人《もりいろうじん》のかわいい、の基準《きじゅん》がよくわからないんだよな。

森井老人《もりいろうじん》は、目《め》を細《ほそ》めてうれしそうにモニターを指《ゆび》さしている。

「これをな、みんなには焼《や》いてもらう。つまり鉄《てつ》の酸化《さんか》じゃよ。いまは二価《にか》の鉄《てつ》である茶色《ちゃいろ》の水酸化鉄《すいさんかてつ》を、焼《や》いて三価《さんか》の鉄《てつ》、酸化鉄《さんかてつ》にするってわけじゃ」

そう言うと、森井老人《もりいろうじん》はホワイトボードにFe^{2+}→Fe^{3+}と書《か》いた。

「三価《さんか》の鉄《てつ》は、赤《あか》いんじゃ。これがかわいい赤色《あかいろ》になるんじゃよ」

そう言《い》うと、不燃《ふねん》シートを敷《し》いた実験台《じっけんだい》の上《うえ》に、セラミックのタイルを置《お》いて、いま採《と》ってきたどろっとしたものをのせてみせた。

ぼくたちも同《おな》じように、それぞれセラミックのタイルの上《うえ》に紙《かみ》コップに採《と》って

きた藻《も》みたいなやつをのせた。

次《つぎ》にぼくたちは、それにドライヤーを当《あ》てて水分《すいぶん》をとばした。すると、茶色《ちゃいろ》のペタッとしたものができあがった。

森井老人《もりいろうじん》は、みんなに防護《ぼうご》メガネをかけさせたあと、テーブルごとに小《ちい》さなガスバーナーを配《くば》った。ライターみたいなやつだ。

「こんなふうに少《すこ》しずつ焼《や》いていくんじゃ」

森井老人《もりいろうじん》がお手本《てほん》を見《み》せてくれた。

ぼくも律《りつ》も代《か》わりばんこにバーナーを当《あ》てて鉄《てつ》バクテリアを焼《や》いた。赤《あか》、というよりはすこし赤《あか》っぽい茶色《ちゃいろ》かな。

「森井先生《もりいせんせい》、こんな感《かん》じですか？」

ぼくが聞《き》くと、森井老人《もりいろうじん》は、

「ま、そんなもんじゃろ。褐色《かっしょく》になれば上出来《じょうでき》、上出来《じょうでき》」

とうれしそうだった。

みんながひと通《とお》り焼《や》き終《お》わったのを確認《かくにん》すると、森井老人《もりいろうじん》はできあがった赤褐《せきかっ》色《しょく》の粉《こな》を自分《じぶん》の作業台《さぎょうだい》からガラス板《いた》の上《うえ》に移《うつ》して、また顕微鏡《けんびきょう》で観察《かんさつ》しはじめた。

モニターには赤褐色《せきかっしょく》のチューブがたくさん見《み》える。

「まあ、上出来《じょうでき》じゃな。この赤色《あかいろ》はな、縄文時代《じょうもんじだい》からずっと、古墳時代《こふんじだい》になっても使《つか》われたもんなんじゃよ。日本《にほん》には、鉄鉱石《てっこうせき》とか鉄資源《てつしげん》が豊富《ほうふ》にあるわけじゃないからの、こうやって工夫《くふう》して鉄分《てつぶん》を集《あつ》めておったんじゃろう」

そう言うと、そばの本棚《ほんだな》から土器《どき》の写真《しゃしん》がたくさん載《の》った図録《ずろく》を取《と》り出《だ》して、ぼくたちに手渡《てわた》した。

「ほれ、これも、これも、きみたちが作《つく》ったものと同《おな》じ赤《あか》い顔料《がんりょう》で塗《ぬ》ったもんじやよ」

ぼくたちが焼《や》いたバクテリアは赤褐色《せきかっしょく》だし、なんか赤色《あかいろ》って言《い》われてもピンとこなかったけど、土器《どき》とか土偶《どぐう》に塗《ぬ》られた赤色《あかいろ》は、なんだか鮮《あざ》やかに見《み》える。

「これはな、パイプ状《じょう》ベンガラと呼《よ》ばれてるもんなんじゃよ」

律《りつ》が、

「ふーん、どっちかっていったら、マカロニ状《じょう》ベンガラのほうがしっくりくるなあ」

と言《い》うと、森井老人《もりいろうじん》がニヤッと笑《わら》って、

「そうだな、そのほうがうまそうに聞《き》こえるな」

と答《こた》えた。

それからみんなは、それぞれが作《つく》ったパイプ状《じょう》ベンガラを小《ちい》さなガラス瓶《びん》に入《い》れて、今日《きょう》の日付《ひづけ》と顔料《がんりょう》の名前《なまえ》を書《か》いたラベルを貼《は》りつけた。

小瓶《こびん》のなかの赤褐色《せきかっしょく》の粉《こな》は、ぼくにとってちょっと懐《なつ》かしいような、子《こ》どものころに見《み》たことがあるような、なんだかそんなものに見《み》えた。

＊

夕方《ゆうがた》、タローを連《つ》れて散歩《さんぽ》に出《で》かけた。ずっとほうっておいて、かわいそうなことをしたな。

ぼくはいろんな人《ひと》と遊《あそ》んだり、話《はな》したりするのが苦手《にがて》だ。だって緊張《きんちょう》しちゃうから。だから、タローに話《はなし》を聞《き》いてもらうことが多《おお》い。

律《りつ》はぼくにとっては大切《たいせつ》な友《とも》だちだ。学校《がっこう》でも律《りつ》くらいしか話《はなし》をする友《とも》だちはいない。それなのに、今日《きょう》は律《りつ》にちょっといじわるしちゃった。だって、女子《じょし》に囲《かこ》まれてうらやましかったんだもん。

ぼくは散歩《さんぽ》をしながら、タローに科学倶楽部《かがくくらぶ》での話《はなし》を聞《き》いてもらった。

かあさんは、ぼくのことを「思春期《ししゅんき》にありがちな自意識過剰《じいしきかじょう》な人見知《ひとみし》り」と言《い》う。でも、そんなことない！　ぼくは森井老人《もりいろうじん》とも近藤《こんどう》さんとも、普通《ふつう》に話《はなし》ができる。

だけど、普通《ふつう》に話《はなし》ができるのは、森井老人《もりいろうじん》がぼくによく話《はな》しかけてくれるからかな？　だからぼくも森井老人《もりいろうじん》には緊張《きんちょう》しないのかな……。あ！　ぼくは近藤《こんどう》さんにも緊張《きんちょう》しないで話《はな》せる。コシミズさんにはまだちょっと緊張《きんちょう》するけど。

そんなことをタローに話《はな》しながら川《かわ》べりの大《おお》きめの公園《こうえん》に来《き》た。日中《にっちゅう》は暑《あつ》くて散歩《さんぽ》できないから、夕方《ゆうがた》は犬連《いぬづ》れの人《ひと》が多《おお》い。タローの顔見知《かおみし》りの犬《いぬ》がたくさんいて、タローはうれしそうだ。

タローにボールを投《な》げて遊《あそ》んでやりながら、実験《じっけん》をする森井老人《もりいろうじん》のうれしそうな顔《かお》を思《おも》い出《だ》した。

考《かんが》えてみたら、森井老人《もりいろうじん》だけじゃない。かあさんも、近藤《こんどう》さんも、いつも楽《たの》しそうに仕事《しごと》をしている。森井老人《もりいろうじん》は、むかしからきっとそうだったんだろうな。森井老人《もりいろうじん》の仕事《しごと》って、まるで趣味《しゅみ》みたいだもんな。そんな仕事《しごと》ができたら、そりゃ楽《たの》しいだろうなあ。

ぼくもあんなふうに楽《たの》しく仕事《しごと》ができるようになりたい。

ふと、そんな考《かんが》えが頭《あたま》にうかんだ。

律《りつ》とはそんな話《はなし》をしたことがない。だけど、今度《こんど》、律《りつ》にも聞《き》いてみようかな？

タローはそんなぼくの悩《なや》みなんてどうでもいいんだろう。早《はや》く行《い》こうというように、リードを強《つよ》く引《ひ》っ張《ぱ》ってきた。

第6章

マヤブルー

Esque quemadmodum Rubrica, vna natiua, altera artificiosa: item vnu gentuu, alterum faetitium vt in Aegypto. Genera porro Caerulei tria, Aegyptium Scythicum, terriumque Cyprium: optimu Aegyptiu ad meraciora faturatioraq; trita, vel lomenta: Scythicum ad dilutiora. Cęterum Aegyptium faetitium est: quique regum la literis mandarunt, hoc quoque memorię produnt, ecquis regum primus Ceruleum arte adulterarit fimulatione natiui: muncra quoque cum ab aliis misfitata fuiffe, tum vero e Phoenice tributum Caerulci partim viui, partim ignem experti. Tradunt qui pigmenta terunt Caeruleum ex se

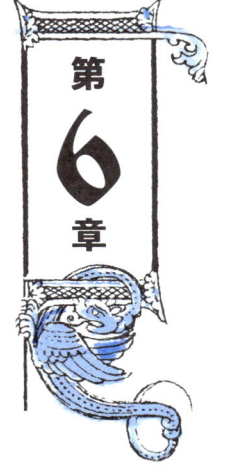

植物《しょくぶつ》から作《つく》られたマヤブルー

「これからちょっと大変《たいへん》な青色《あおいろ》を作《つく》ろうと思《おも》う。この制作《せいさく》には何日《なんにち》もかかるから、今日《きょう》は仕込《しこ》みだけして、3日後《みっかご》にまた続《つづ》きをしよう」

森井老人《もりいろうじん》はそう言《い》うと、机《つくえ》の上《うえ》に葉《は》っぱのついた小枝《こえだ》が入《はい》ったビニール袋《ぶくろ》を置《お》いた。

「これはナンバンコマツナギというマメ科《か》の植物《しょくぶつ》なんじゃが、これを使《つか》う」

森井老人《もりいろうじん》はホワイトボードに、ナンバンコマツナギ、と書《か》いて丸《まる》で囲《かこ》った。

「これは熱帯《ねったい》の植物《しょくぶつ》で、ブラジルとか中南米《ちゅうなんべい》などの熱帯《ねったい》アメリカが原産《げんさん》なんじゃ。日本《にほん》では石垣島《いしがきじま》などの南《みなみ》の島《しま》に生《は》えている。今回《こんかい》は石垣島《いしがきじま》のものを使《つか》うぞ」

ナンバンコマツナギの枝《えだ》には、小《ちい》さな葉《は》っぱがいくつもついている。

「この植物《しょくぶつ》の葉《は》っぱのなかにインディゴという成分《せいぶん》が含《ふく》まれておってな。その成分《せいぶん》のおかげで布《ぬの》を紺色《こんいろ》に染《そ》めることができるんじゃ。日本《にほん》には蓼藍《たであい》という植物《しょくぶつ》があってな、やはり葉《は》っぱにインディゴ成分《せいぶん》を含《ふく》んでいる。むかしからこれも藍《あい》の染《そ》め物《もの》によく使《つか》われてきた植物《しょくぶつ》なんじゃよ」

森井老人《もりいろうじん》は、ぼくがはいているジーンズを指《ゆび》さして言《い》った。

「ほれ、それもインディゴで染《そ》めたものだろ。そういう色《いろ》つけに使《つか》う材料《ざいりょう》を染料《せんりょう》というんじゃ」

ん？　染料《せんりょう》って何《なん》だ？　いままで作《つく》ってきた顔料《がんりょう》とは違《ちが》うのかな？

「ぽかんとした顔《かお》をしておるな。そうじゃな、顔料《がんりょう》と染料《せんりょう》の違《ちが》いを説明《せつめい》しないとならんか。簡単《かんたん》に言《い》えば、顔料《がんりょう》というのは色《いろ》のついた粉末《ふんまつ》で、水《みず》には溶《と》けない固体《こたい》じゃな。絵具《えのぐ》にするためには、顔料《がんりょう》の粉《こな》と膠着材《こうちゃくざい》という接着剤《せっちゃくざい》を混《ま》ぜて、練《ね》らなければならない。

染料《せんりょう》は、水《みず》や液体《えきたい》に溶《と》けるもので、布《ぬの》や革《かわ》なんかを染《そ》めつけることができる。ただ、洗濯《せんたく》するたびに色《いろ》が流《なが》れ出《で》たらこまるじゃろ。だから、染料《せんりょう》を繊維《せんい》のなかから溶《と》け出《だ》さないようにするために、媒染剤《ばいせんざい》という薬品《やくひん》と結合《けつごう》させる必要《ひつよう》があるんじゃよ」

森井老人《もりいろうじん》はホワイトボードに模式図《もしきず》を描《か》きながら説明《せつめい》してくれた。

「簡単《かんたん》に言《い》えば、マヤブルーというのは、このインディゴって染料《せんりょう》で白《しろ》い粘土《ねんど》を染《そ》めたものなんじゃ。これも古代《こだい》の日本《にほん》では使《つか》われておらんな」

先手《せんて》を打《う》った、というようにイタズラっぽく笑《わら》って森井老人《もりいろうじん》はぼくたちを見《み》た。

「まず、きみたちには顔料《がんりょう》を作《つく》るための染料作《せんりょうづく》り
からやってもらうぞ」
さっそくぼくたちは、ナンバンコマツナギの茎《くき》から葉《は》っぱだけをちぎり取《と》って、プラスティックのバケツのなかに入《い》れていった。葉《は》っぱは土《つち》っぽいにおいがした。終《お》わったらそのなかに水《みず》を入《い》れて落《お》とし蓋《ぶた》をして、最後《さいご》にバケツを密《みっ》閉《ぺい》するように蓋《ふた》をした。

「さて、これでこのままベランダに置《お》いて3日《みっか》待《ま》つことにする。この暑《あつ》さじゃからな、そのあいだに発酵《はっこう》が進《すす》むじやろう」
今日《きょう》はそこまでやって、ぼくたちは

うちに帰《かえ》ることになった。

律《りつ》を見《み》ると、めずらしく何《なに》かもじもじしている。

「帰《かえ》らないの？」

「あのさあ、実《じつ》は……」

なんか歯切《はぎ》れが悪《わる》い。

聞《き》いてみると、土曜日《どようび》にファイアンスのネックレスをあげた女《おんな》の子《こ》とこれから映画《えいが》を観《み》に行《い》くことになったらしい。なんだそれ！

ぼくにはそんなふうに女《おんな》の子《こ》を誘《さそ》うなんてとうてい無理《むり》だ。

「わかった。じゃあ、またな」

ぼくはそう言《い》うと、ひとりで科学倶楽部《かがくくらぶ》をあとにした。

強烈《きょうれつ》なにおいの青《あお》い液体《えきたい》

3日後《みっかご》、ぼくたちは科学倶楽部《かがくくらぶ》にやってきた。

朝《あさ》、律《りつ》に、映画《えいが》はどうだったのか聞《き》いたら、バツが悪《わる》そうな顔《かお》をした。

「オレが観《み》たい映画《えいが》でいいって言《い》うからさあ、ホラー映画《えいが》を観《み》たんだ。すっごく血《ち》まみれでエグくて、映画《えいが》はおもしろかったんだ！　でもさ、終《お》わったら、もう嫌《きら》いとか言《い》って、さっさと帰《かえ》っちゃったんだよ。なんでだろ」

「そりゃそーだろうよ。そういうときは女《おんな》の子《こ》に選《えら》んでもらったほうがよかったんじゃない？」

「そうなのかなあー」

こういうところが、律《りつ》が女《おんな》の子《こ》に引《ひ》かれる原因《げんいん》な気《き》がする。

実験室《じっけんしつ》に着《つ》くやいなや、ぼくたちはさっそくベランダに置《お》いておいたバケツの蓋《ふた》を開《あ》けた。開《あ》けたとたん、むわっと土《つち》のような生臭《なまぐさ》いようなにおいがした。あ、これか、森井老人《もりいろうじん》がくさいって言《い》ってたのは。

「わー、くっせえ！」

律《りつ》がおおげさに騒《さわ》いだ。

「くさいじゃろ、ハハハ。がまんしろ。まずバケツから葉《は》っぱを取《と》り出《だ》してくれ」

ぼくたちはいつものように手袋《てぶくろ》をして、バケツのなかから葉《は》っぱを絞《しぼ》りながら取《と》り出《だ》す。液体《えきたい》はもう青緑色《あおみどりいろ》になっている。

「バケツに葉《は》っぱは残《のこ》っていないな。そしたら次《つぎ》の過程《かてい》にいくぞ」

そう言《い》うと森井《もりい》老人《ろうじん》はホワイトボードに「石灰水《せっかいすい》」と書《か》いた。

「これはな、わしが作《つく》った石灰水《せっかいすい》じゃ。2年前《ねんまえ》から焼石灰《しょうせっかい》を漬《つ》け込《こ》んでおいたからいい石灰水《せっかいすい》になってるはずじゃ。これをこの液体《えきたい》に加《くわ》えるぞ。

この石灰水《せっかいすい》はな、石灰《せっかい》のなかでも『貝灰《かいばい》』というやつで、たぶん古墳時代《こふんじだい》くらいから日本列島《にほんれっとう》でよく使《つか》われているものじゃよ。ハマグリとかアサリとか、貝殻《かいがら》を炉《ろ》のなかで焼《や》いて、焼《や》き上《あ》がった貝殻《かいがら》を水《みず》につけておくとできるんじゃ。難《むずか》しく言《い》えば、貝殻《かいがら》の炭酸《たんさん》カルシウムを、焼《や》いて酸化《さんか》カルシウムにして、水《みず》につけることで水酸化《すいさんか》カルシウムにする、ってことじゃ」

そう言《い》いながら、石灰水《せっかいすい》の入《はい》ったバケツとpH《ピーエイチ》試験紙《しけんし》をぼくたちに渡《わた》した。これはよく科学倶楽部《かがくくらぶ》で使《つか》うやつだから使《つか》い方《かた》は知《し》っている。

pH試験紙《しけんし》は長《なが》い付箋《ふせん》のような一枚《いちまい》の紙片《しへん》で、4つに色分《いろわ》けされた試薬《しやく》がしみ込《こ》ませてある。試験紙《しけんし》を液体《えきたい》につけると色《いろ》が変化《へんか》するので、その4つの色《いろ》の組《く》み合《あ》わせでpHを判定《はんてい》する。試験紙《しけんし》のケースの外《そと》には色《いろ》の組《く》み合《あ》わせが印刷《いんさつ》されていて、それと比《くら》べてpHを判定《はんてい》する仕組《しく》みだ。ぼくは律《りつ》に使《つか》い方《かた》を教《おし》える。

それから、ぼくは貝灰《かいばい》を漬《つ》け込《こ》んだバケツから上澄《うわず》みの石灰水《せっかいすい》をオタマですくって、ナンバンコマツナギの葉《は》で青緑色《あおみどりいろ》になった液体《えきたい》に注《そそ》ぎ入《い》れた。

そして石灰水《せっかいすい》を加《くわ》えた液体《えきたい》を、律《りつ》が「くっせえ、くっせえ」と言《い》いながらpH試《し》験紙《けんし》で測《はか》る。

「まだ9です」

また石灰水《せっかいすい》を追加《ついか》する。

「うーん、もうだいたい11かなあ」

なんだよ、そのあいまいな返事《へんじ》は！　ちゃんとやれ！　とぼくは心《こころ》のなかで毒《どく》づいた。

「ま、そろそろいいじゃろう。あとは急《いそ》いで攪拌《かくはん》して」

ぼくはバケツのなかを棒《ぼう》でよく攪拌《かくはん》、つまりかき混《ま》ぜた。泡《あわ》がたくさん出《で》てくる。

「これをまた1日置《にちお》いておこう。よし、今日《きょう》はこれでしまいだ」

ぼくたちは、泡《あわ》だってくっさい青緑色《あおみどりいろ》の液体《えきたい》の入《はい》ったバケツに、しっかり蓋《ふた》をして、ベランダに放置《ほうち》した。

くさい液体《えきたい》からマヤブルーができた!

翌日《よくじつ》もぼくたちは科学倶楽部《かがくくらぶ》にやってきた。科学倶楽部《かがくくらぶ》のベランダに置《お》いておいたバケツはどうなっているだろう。

バケツの蓋《ふた》を開《あ》けると、泡《あわ》は消《き》え、バケツの底《そこ》に何《なに》かが溜《た》まっていた。

森井老人《もりいろうじん》は、ぼくたちにこのバケツの底《そこ》の沈殿物《ちんでんぶつ》を取《と》り分《わ》ける作業《さぎょう》をするよう指示《しじ》をした。

いつものように手袋《てぶくろ》をはめて作業開始《さぎょうかいし》だ。

バケツをベランダから流《なが》し台《だい》に移《うつ》し、上澄《うわず》みを捨《す》てた。ぼくたちは、どろっとした青黒《あおぐろ》いものがバケツの底《そこ》にあるのを確認《かくにん》した。昨日《きのう》よりもっとくさくなった気《き》がする。実験《じっけん》というより料理《りょうり》みたいだ。

「よし、ここまでは順調《じゅんちょう》だ。今日《きょう》はいよいよ、マヤブルーを作《つく》ろうかの」

「森井先生《もりいせんせい》、マヤって何《なん》ですか？　マヤ文明《ぶんめい》のマヤですか？」

「蒼太郎《そうたろう》、そうじゃ。中南米《ちゅうなんべい》にかつて存在《そんざい》した大文明《だいぶんめい》じゃよ。マヤブルーは、紀《き》元《げん》800年《ねん》ごろ、つまり1200年《ねん》くらい前《まえ》に、いまのメキシコあたりで使《つか》われていたという顔料《がんりょう》じゃよ」

また森井老人《もりいろうじん》はホワイトボードの脇《わき》の地球儀《ちきゅうぎ》をぐるっと回《まわ》して、メキシコの位《い》置《ち》を指《ゆび》さした。

「マヤブルーで何《なに》を塗《ぬ》ってたんですか？」

「このあいだ見《み》た土器《どき》とか壁画《へきが》とか、このマヤブルーで彩《いろど》ったものは多《おお》く知《し》られている。この色《いろ》は、ほかの青《あお》よりずっと耐久性《たいきゅうせい》がいいらしい。だから長《なが》くその青《あお》色《いろ》は残《のこ》っておるそうじゃ」

「このあとどうやって顔料《がんりょう》になるんですか？」

「まあまあ、そう急《いそ》ぐな。このマヤブルーの成分《せいぶん》が何《なに》かっていうのは、いまから約《やく》80年前《ねんまえ》にようやくわかったんじゃ。詳《くわ》しい作《つく》り方《かた》が解明《かいめい》されたのはたった30年《ねん》前《まえ》だということは、このあいだ話《はな》したな。つまり、かなり最近《さいきん》になってやっと明《あき》らかにされた古代《こだい》の青色《あおいろ》なんじゃよ。それも、メキシコの化学者《かがくしゃ》とヨーロッパの研究者《けんきゅうしゃ》たちが協力《きょうりょく》して見《み》つけたんだそうじゃ」

そう言《い》うと、森井老人《もりいろうじん》はホワイトボードに、パリゴルスカイト、と書《か》き加《くわ》えた。

そして、机《つくえ》の上《うえ》の紙袋《かみぶくろ》から、白《しろ》い粉《こな》の入《はい》ったビニール袋《ぶくろ》を取《と》り出《だ》した。

「これはな、中南米《ちゅうなんべい》でたくさん産出《さんしゅつ》する粘土《ねんど》なんじゃ。これに水《みず》を足《た》して練《ね》ると、いい感《かん》じのペーストになる。なかなか日本《にほん》で手《て》に入《はい》らないものだから、ほかの粘《ねん》土《ど》にしようかと思《おも》ったが、まあ近藤《こんどう》の頼《たの》みだからな、無理《むり》して探《さが》したわい。化粧《けしょう》品《ひん》メーカーに頼《たの》んで、美容《びよう》パックに使《つか》う粘《ねん》土《ど》として輸入《ゆにゅう》しているパリゴルスカイトを分《わ》けてもらったんじゃ」

パック？　もしかしてあれかな？　ときどきかあさんが真《ま》っ白《しろ》な顔《かお》になって怖《こわ》いやつ……。

「それでは、この白《しろ》い粘《ねん》土《ど》をナンバンコマツナギの葉《は》から採《と》ったインディゴで染《そ》めるぞ」

ぼくたちは、白《しろ》い粘《ねん》土《ど》を100グラムはかりとり、それを少《すこ》しずつ乳鉢《にゅうばち》ですりつぶして、細《こま》かい白《しろ》い粉《こな》にした。

次に、どろっとしたナンバンコマツナギの青黒《あおぐろ》いものを10グラムはかりとった。森《もり》井《い》老人《ろうじん》が実験台《じっけんだい》の上《うえ》にセットしてくれたガラスの板《いた》の上《うえ》に、すりつぶした白《しろ》い粘《ねん》土《ど》とどろりとしたナンバンコマツナギの液体《えきたい》をのせて、スパチュラで混《ま》ぜ合《あ》わせる。ペースト状《じょう》になったけど、青《あお》、というより灰色《はいいろ》？

「まだ練《ね》りが足《た》りないな。これも使《つか》って練《ね》ってみようかのう」

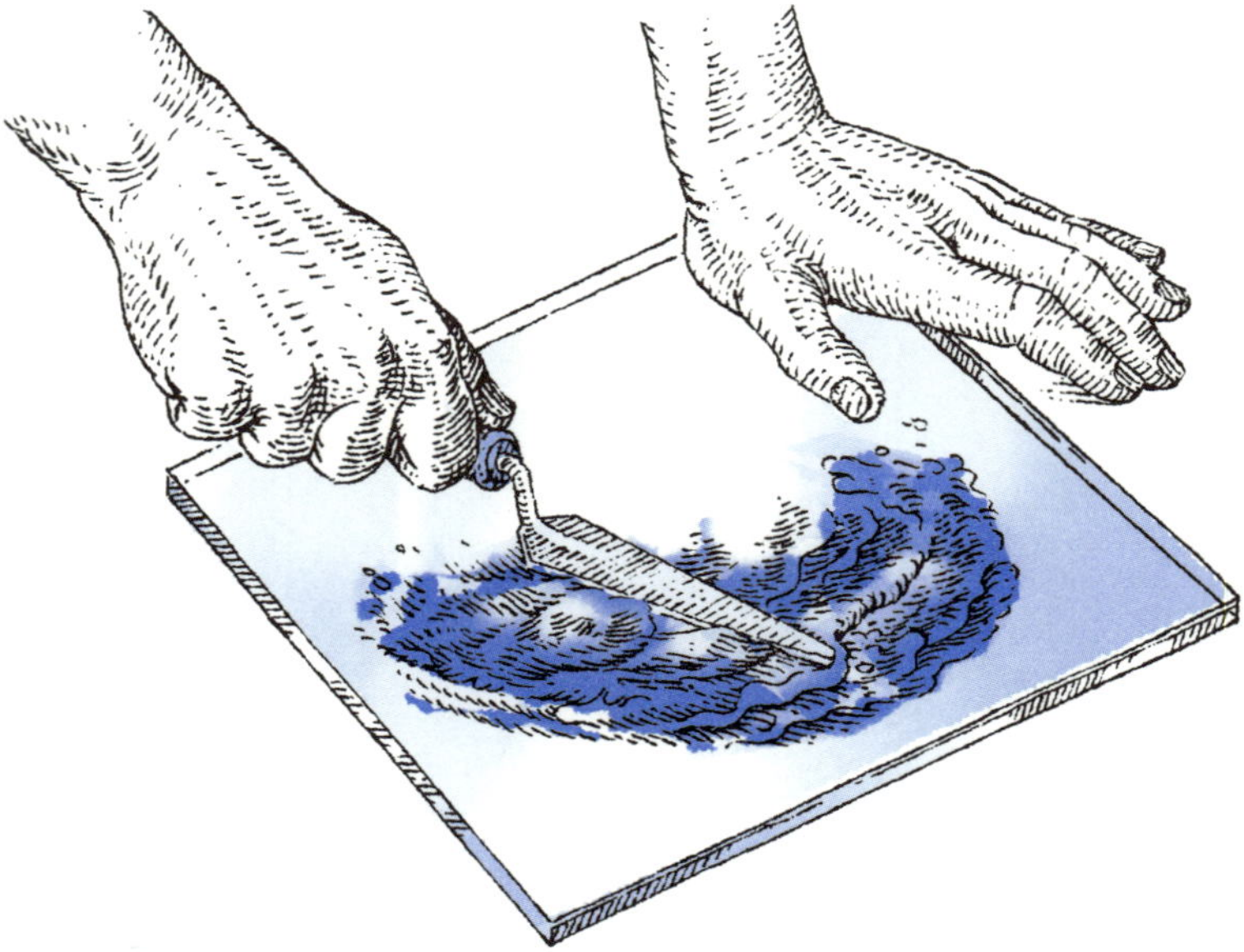

森井老人《もりいろうじん》は、イタリアから取《と》り寄《よ》せたという自慢《じまん》のガラス製《せい》の顔料練《がんりょうね》り棒《ぼう》を使《つか》って、もっとしっかりこのペーストを練《ね》っていく。少《すこ》しお湯《ゆ》を足《た》しながら、滑《なめ》らかになるように練《ね》り混《ま》ぜた。

「こうやってよく混《ま》ぜて、酸素《さんそ》と反応《はんのう》させるんじゃ。そうするとだんだん紺色《こんいろ》になってくるからな」

そう言《い》うと、ぼくたちに作業《さぎょう》をバトンタッチした。

律《りつ》はまだ、「くっせえ」と言《い》いながら、左《ひだり》手《て》で鼻《はな》をつまみつつ、右手《みぎて》にスパチュラを持《も》って器用《きよう》に混《ま》ぜている。

ぼくは、ガラスの練《ね》り棒《ぼう》で練《ね》る作業《さぎょう》を続《つづ》けた。

ペーストは、だんだん青灰色《せいかいしょく》から紺灰色《こんかいしょく》み

たいになってきた。

ペーストが均一《きんいつ》に混《ま》ざったら、律《りつ》に、スパチュラでペーストを広《ひろ》げてのばしてもらった。

次《つぎ》に森井老人《もりいろうじん》はドライヤーを持《も》ってきて、涼風《りょうふう》モードでペーストを乾《かわ》かしはじめた。ひどいにおいはだいぶ落《お》ち着《つ》いた気《き》がする。

水分《すいぶん》がとんでパリパリになってきたら、またそれをスパチュラでかき集《あつ》めて乳鉢《にゅうばち》に入《い》れて、今度《こんど》は細《こま》かくすりつぶす作業《さぎょう》をした。

こうした作業《さぎょう》を繰《く》り返《かえ》して、ブルーグレイの柔《やわ》らかい粉《こな》がたくさんできた。大《おお》きめのガラス瓶《びん》に入《い》れて、いつもと同《おな》じようにラベルを貼《は》って、顔料《がんりょう》マヤブルーの完成《かんせい》だ。

「ラピスラズリや群青《ぐんじょう》みたいな青《あお》の鉱物《こうぶつ》が手《て》に入《はい》らなかったところでは、こうやって工夫《くふう》して青《あお》を作《つく》っていたんじゃな」

森井老人《もりいろうじん》はガラス瓶《びん》を手《て》に持《も》つと、満足《まんぞく》そうにひげをしごいた。

これを近藤《こんどう》さんのところに持《も》っていったら、喜《よろこ》んでくれるかな。コシミズさんも喜《よろこ》んでくれるだろうか。

「インディゴは日本語《にほんご》では藍《あい》というが、とてもとても古《ふる》くから使《つか》われていた染料《せんりょう》なんじゃよ。エジプト古王国時代《こおうこくじだい》や、古代《こだい》ペルーでも広《ひろ》く使《つか》われていたらしい。いまから6000年《ねん》ほど昔《むかし》からじゃな。そのころから綿《めん》とか麻《あさ》の糸《いと》や布《ぬの》を染《そ》めて青《あお》い服《ふく》にしていたことがわかっておる。

日本《にほん》へは奈良時代《ならじだい》に中国《ちゅうごく》から入《はい》ってきたそうじゃが、庶民《しょみん》にも藍染《あいぞ》めが広《ひろ》まったのは江戸時代《えどじだい》からじゃろうな」

たしかに、江戸時代《えどじだい》の町人《ちょうにん》って、紺色《こんいろ》の服《ふく》を着《き》ているイメージがある。そのころには藍染《あいぞ》めは貴重《きちょう》なものじゃなくなって、町人《ちょうにん》でも自由《じゆう》に着《き》られるものになったのかな。

「ねえ、この色《いろ》かっこいいよな。あとでさ、この色《いろ》のペン買《か》いに行《い》かない？」

律《りつ》がそっとささやいた。

「いいね、ブルーグレイってやつだよ」

「かっこいいって学校《がっこう》で人気《にんき》になりそうだよな」

やっぱり律《りつ》はケ、ー、ソ、ツ、じゃなかったケ、イ、ハ、ク、だな。ホラー映画《えいが》で女子《じょし》に嫌《きら》われたことなんか、もう忘《わす》れてる。

プルシアンブルー

第7章

Esque quemadmodum Rubrica, vna natiua, altera artificioſa: item vnu gentuu, alterum ſaetitium vt in Aegypto. Genera porro Caerulei tria, Aegyptium Scythicum, terriumque Cyprium: optimu Aegyptiu ad meraciora ſaturatioraq; trita, vel lomenta: Scythicum ad dilutiora. Cęterum Aegyptium ſaetitium est: quique regum la literis mandarunt, hoc quoque memorię produnt, ecquis regum primus Ceruleum arte adulterarit ſimulatione natiui: muncra quoque cum ab aliis misſitata fuiſſe, tum vero e Phoenice tributum Caerulci partim viui, partim ignem experti. Tradunt qui pigmenta terunt Caeruleum ex se

ベルリンで作《つく》られた青《あお》

朝起《あさお》きると、かあさんがテレビを観《み》ながら朝《あさ》ごはんの準備《じゅんび》をしていた。浮世絵《うきよえ》の番組《ばんぐみ》を観《み》てるみたいだ。

「蒼太郎《そうたろう》、おはよう」

「あー」

「またそうやって……、思春期《ししゅんき》の少年《しょうねん》は難《むずか》しいね。今日《きょう》も、森井先生《もりいせんせい》のところ?」

「うー。今日《きょう》はなんか大変《たいへん》な青《あお》を作《つく》るぞって言《い》ってた」

ぼくはボソボソ答《こた》えた。

「ふーん、何《なん》だろう。昨日《きのう》はマヤブルーって言《い》ってたっけ。いろんなことやらせてもらってるんだね」

「うん、すっごいくさいインディゴを使《つか》った」

「へえ、じゃあこれもちょっと関係《かんけい》あるかもね」

かあさんがテレビを指《ゆび》さした。そこには、ぼくでも知《し》ってる葛飾北斎《かつしかほくさい》の《冨嶽《ふがく》三十六景《さんじゅうろくけい》》の一枚《いちまい》、波《なみ》がざばーんとなっている浮世絵《うきよえ》が映《うつ》っていた。

「これもインディゴでできてるの？」

「輪郭《りんかく》とか濃《こ》い藍色《あいいろ》のところは、そう。本藍《ほんあい》っていうインディゴを使《つか》っているらしい。でも、あとはベロ藍《あい》って言《い》われてる」

「何《なに》、ベロ藍《あい》って？」

「ドイツのベルリンで作《つく》られたから、ベルリン藍《あい》というのがなまって、ベロ藍《あい》？」

「なまりすぎじゃやね？」

「そうだねえ。このベロ藍《あい》っていうのはとても安《やす》かったし、ほかと比《くら》べてとっても鮮《あざ》やかな青《あお》だったから、18世紀《せいき》から日本《にほん》にも輸入《ゆにゅう》されるようになって、19世紀《せいき》にはすごく流行《はや》ったらしいよ」

「でもこのあいだ、森井老人《もりいろうじん》のところで見《み》せてもらった『伊勢物語《いせものがたり》』の挿絵《さしえ》は、スマルトでできてたよ」

「そのときの青《あお》と、これはちょっと違《ちが》って見《み》えない？」

「うん、あの絵《え》の水《みず》のところは少《すこ》しくすんだ青《あお》だったよ」

「この北斎《ほくさい》の波《なみ》は真《ま》っ青《さお》でしょ？」

「これがベロ藍《あい》なの？」

「うん、そう言《い》われてる」

「へー。どうやって作《つく》ったんだろ」

「なあに、蒼太郎《そうたろう》はいっちょまえに青色作《あおいろづく》りの専門家《せんもんか》みたいなこと言《い》うんだね」

「そりゃそうだよ、こんだけ毎日《まいにち》、青作《あおづく》りしてるんだもん」

「いい夏休《なつやす》みの経験《けいけん》させてもらってるね。律《りつ》くんも楽《たの》しんでる?」

「あー、律《りつ》は動機《どうき》が不純《ふじゅん》な気《き》がするけど、楽《たの》しそうにやってるよ」

「サッカーできなくなって落《お》ち込《こ》んでたから心配《しんぱい》したけど、よかった」

「そういや、全然《ぜんぜん》サッカーのこと言《い》わないな」

「そんな簡単《かんたん》に気持《きも》ちって切《き》り替《か》えられるようなもんじゃないでしょ。何《なに》かほかに夢中《むちゅう》になれることが見《み》つかったならいいんだけど」

かあさんは、ぼくのことより律《りつ》のことをわかってる気《き》がする。なんかもやもやした気持《きも》ちになる。

黙《だま》って朝《あさ》ごはんを食《た》べて、ぼくは家《いえ》を出《で》た。

ベロ藍作《あいづく》りに挑戦《ちょうせん》

科学倶楽部《かがくくらぶ》では、いつものようにミルクティーの入《はい》ったビーカーを片手《かたて》に、森《もり》井老人《いろうじん》が待《ま》ちかまえていた。

「蒼太郎《そうたろう》、律《りつ》。ある意味《いみ》で、今日《きょう》が青作《あおづく》りのクライマックスじゃよ」

何《なん》だろ?

律《りつ》も、キョトンとした顔《かお》をしている。

「今日《きょう》はな、プルシアンブルーというのを作《つく》ってもらいたい。これは、日本《にほん》ではベロ藍《あい》と言《い》われておってな」

「あっ!」

思《おも》わず叫《さけ》んでしまった。

「今朝《けさ》、テレビで観《み》たとこです。浮世絵《うきよえ》に使《つか》ってたって、かあさんが言《い》ってました」

「おまえのかあさんは、わしの授業《じゅぎょう》をよく覚《おぼ》えておるんじゃな。わははは、感《かん》心《しん》、感心《かんしん》」

「何《なに》それ？」

律《りつ》が聞《き》いてくる。

「ベルリンで作《つく》ったからベロ藍《あい》なんだってさ。江戸時代《えどじだい》の人《ひと》たちは、ベルリンをベロリンだと聞《き》き間違《まちが》えてたのかもね」

ぼくは、今朝《けさ》、かあさんから聞《き》いた話《はなし》を少《すこ》しバージョンアップして律《りつ》に説明《せつめい》した。

「ありそーだね」と律《りつ》も納得《なっとく》している。

「プルシアンブルーは、とてもお安《やす》く作《つく》ることができたんじゃよ。ウルトラマリンと比《くら》べて圧倒的《あっとうてき》に安《やす》かったし、スマルトみたいに変色《へんしょく》することもなかった。原料《げんりょう》はなんせこれじゃからな」

森井老人《もりいろうじん》は、冷蔵庫《れいぞうこ》からプラスティックのボトルを取《と》り出《だ》してぼくたちに見《み》せた。

「これは、牛《うし》の血液《けつえき》なんじゃ」

ひええ、なんかなまなましいぞ。

「芝浦《しばうら》の中央卸売市場《ちゅうおうおろしうりしじょう》にある食肉市場《しょくにくしじょう》の業者《ぎょうしゃ》から買《か》ったもんじゃ。これが、プルシアンブルーの秘密《ひみつ》の原料《げんりょう》だよ。

本当《ほんとう》は、動物《どうぶつ》の皮《かわ》とか肉《にく》とか毛《け》とか、そういうものでもできるんだが、今日《きょう》はまあ、ドラマチックに牛《うし》の血液《けつえき》を使《つか》ってみようか」

何それ？　雰囲気重視《ふんいきじゅうし》？

ぼくたちは、動物《どうぶつ》の血液《けつえき》に触《さわ》るというので、ニトリル手袋《てぶくろ》をして感染症対策《かんせんしょうたいさく》をした。

「そしてこれが、次《つぎ》の秘密《ひみつ》じゃ」

そう言《い》うと、森井老人《もりいろうじん》は実験台《じっけんだい》の上《うえ》の鍋《なべ》を持《も》ち上《あ》げた。

「鉄《てつ》でできた鍋《なべ》じゃ。プルシアンブルーの青《あお》の秘密《ひみつ》は、鉄《てつ》、なんじゃよ。牛《うし》の血液《けつえき》にもきみたちの血液《けつえき》にも、ヘム鉄《てつ》という鉄分《てつぶん》が含《ふく》まれておる。それだけじゃ足《た》りないから、この鉄鍋《てつなべ》の鉄分《てつぶん》も必要《ひつよう》なんじゃ。あとは、鉄《てつ》の古釘《ふるくぎ》も足《た》そうか」

ぼくたちは、古釘《ふるくぎ》を入《い》れた鉄鍋《てつなべ》のなかに牛《うし》の血液《けつえき》を入《い》れて、コンロの火《ひ》をつけた。そして、血液《けつえき》が焦《こ》げないようにヘラで混《ま》ぜながら水分《すいぶん》をとばしていった。

少《すこ》しすると、なんとなく焼肉屋《やきにくや》さんでレバーを焼《や》いているときのようなにおいがしはじめた。ぎりぎりこれなら、うえっとなることもないかな。

「なんかさ、ほうれん草《そう》とか小松菜《こまつな》を茹《ゆ》でてるときのにおいしねえ？」

律《りつ》が不思議《ふしぎ》そうな顔《かお》でそんなことを言《い》う。

「そうじゃな、ほうれん草《そう》にも小松菜《こまつな》にも鉄分《てつぶん》が含《ふく》まれておるからな。でもどうじゃろう、あれはジメチルスルフィドのにおいかもしらんな、よく知《し》らんが」

　森井老人《もりいろうじん》が、ふーんという顔《かお》をして言《い》った。

「律《りつ》は、よく料理作《りょうりづく》りを手伝《てつだ》っているんじゃな。そういうのが科学《かがく》の大事《だいじ》な気《き》づきなんじゃよ、感心《かんしん》、感心《かんしん》」

　律《りつ》は、ちょっと照《て》れくさそうな顔《かお》をした。

「血液《けつえき》を煮《に》るなんてさ、もっとグロいにおいがするかと思《おも》ったけど、そうでもないよな」

　ぼくはなんとなく律《りつ》に負《ま》けた気《き》がして、話題《わだい》を変《か》えた。

　そんなことを言《い》いながら、ぼくたちは代《か》

わりばんこにヘラで血液《けつえき》をかき混《ま》ぜ続《つづ》けた。ところが30分《ぷん》くらいたつと、生臭《なまぐさ》いだけでなくて焦《こ》げ臭《くさ》くなってきた。

ぼくたちの様子《ようす》を楽《たの》しそうに見《み》ていた森井老人《もりいろうじん》が、やっと「もういいだろう」と言《い》ってくれた。

あんなにがんばってかき混《ま》ぜたのに、鍋《なべ》の底《そこ》のほうはやっぱり焦《こ》げついてしまって、黒《くろ》い焦《こ》げみたいな粉《こな》ができた。

その黒《くろ》い粉《こな》に、森井老人《もりいろうじん》が用意《ようい》した炭酸《たんさん》カリウムという粉《こな》を同量《どうりょう》くらい混《ま》ぜた。炭酸《たんさん》カリウムは、たしかスマルトを作《つく》ったときに出《で》てきたな。植物《しょくぶつ》の灰《はい》のなかに含《ふく》まれているっていうやつだった。

さらに森井老人《もりいろうじん》の指示《しじ》に従《したが》い、ぼくらは混《ま》ぜてできた黒《くろ》い粉《こな》を、少《すこ》し試験管《しけんかん》に入《い》れて、ティッシュを試験管《しけんかん》の口《くち》に詰《つ》めて蓋《ふた》をした。

次《つぎ》は、ドラフトという排気装置《はいきそうち》のなかで、この試験管《しけんかん》をガスバーナーで真《ま》っ赤《か》になるまで加熱《かねつ》する。危《あぶ》ないので、ここだけは、森井老人《もりいろうじん》がメガネをかけてトングを使《つか》って作業《さぎょう》した。慣《な》れた手《て》つきで、さすが元・化学《かがく》の先生《せんせい》だ!

ドラフトのなかには換気装置《かんきそうち》がついているけど、それでもそこら中《じゅう》にすごい焦《こ》げ臭《くさ》いにおいが充満《じゅうまん》した。

ところが森井老人《もりいろうじん》が加熱《かねつ》しても、試験管《しけんかん》のなかは真《ま》っ黒《くろ》のまま。全然青《ぜんぜんあお》じゃないじゃん！　そのうちに試験管《しけんかん》のガラスが割《わ》れてしまった。

「もういいじゃろう」

加熱《かねつ》をやめた森井老人《もりいろうじん》は、ぼくたちに試験管《しけんかん》のなかの黒《くろ》いものを取《と》り出《だ》すよう、指示《しじ》した。

けがをしないように気《き》をつけながら、ぼくと律《りつ》はピンセットと薬《やく》さじを使《つか》ってできた黒《くろ》いものをかき出《だ》した。

次《つぎ》にそれを、蒸留水《じょうりゅうすい》を入《い》れたビーカーに加《くわ》えよくかき混《ま》ぜ、その黒《くろ》い液体《えきたい》を濾《ろ》紙《し》を密着《みっちゃく》させた漏斗《ろうと》に流《なが》し入《い》れて、液体《えきたい》だけを分離《ぶんり》させた。

ビーカーに採《と》れたのは薄黄色《うすきいろ》の透明《とうめい》な液体《えきたい》だった。かき氷《ごおり》にかけるレモンシロップを薄《うす》くしたみたいな感《かん》じだな。

「よくやった！　そうそう、この黄色《きいろ》い液体《えきたい》が、ヒミツの物質《ぶっしつ》なんじゃよ。黄血《おうけつ》塩《えん》の溶液《ようえき》ってやつじゃ。これがないと、プルシアンブルーにはならんのじゃ」

「なんかさ、おしっこみたいじゃね？」

律《りつ》がそっとささやいた。

たしかにこの液体《えきたい》、黄色《きいろ》だし、全然青《ぜんぜんあお》じゃないなあ。

それにしても律《りつ》はほんとうに器用《きよう》だ。今日《きょう》はじめてぼくが濾紙《ろし》や漏斗《ろうと》の使《つか》い方《かた》を教《おし》えたのに、もうけっこう上手《じょうず》に使《つか》いこなしていた。

「よし、ここに硫酸第一鉄《りゅうさんだいいちてつ》という薬品《やくひん》を足《た》す。これは、緑礬《りょくばん》と言《い》われる鉱物《こうぶつ》でな、ロウハとも呼《よ》ばれたものじゃ。かつて山口県《やまぐちけん》とか岡山県《おかやまけん》で作《つく》られておった。さらにこの緑礬《りょくばん》を焼《や》いて、真《ま》っ赤《か》なベンガラを作《つく》っていたことも知《し》られておるぞ。ベンガラは知《し》っているな、この前《まえ》の科学倶楽部《かがくくらぶ》で作《つく》ったあれじゃ」

ぼくは森井老人《もりいろうじん》の指示通《しじどお》り、黄色《きいろ》の液体《えきたい》に薄緑色《うすみどりいろ》の硫酸第一鉄《りゅうさんだいいちてつ》の粉《こな》を入《い》れて、静《しず》かにかき混《ま》ぜた。すると液体《えきたい》のなかに薄緑《うすみどり》のもくもくしたものができてきた。

「ほら、律《りつ》、pH《ピーエイチ》を測《はか》ってくれ」

律《りつ》が難《むずか》しい顔《かお》をしてpH試験紙《しけんし》を使《つか》う。

「12かな？　アルカリ性《せい》です」

また適当《てきとう》に！　ちゃんと読《よ》めよー。

「よし、そしたら、そこへ、中性《ちゅうせい》になるまで薄《うす》い塩酸《えんさん》を入《い》れてくれ」

ぼくが混《ま》ぜて、律《りつ》がpH試験紙《しけんし》で測《はか》る。

なんか、青灰色《せいかいしょく》の沈殿物《ちんでんぶつ》がビーカーの底《そこ》に溜《た》まってきた。あれ？　森井老人《もりいろうじん》がなんだか難《むずか》しい顔《かお》しているぞ。

「うーん……、ほんとは真《ま》っ青《さお》な沈殿《ちんでん》になるはずなんじゃが、おかしいなあ……」

これじゃ、ダメなのかな？

心配《しんぱい》そうに、律《りつ》も森井老人《もりいろうじん》の顔《かお》を見《み》つめている。

ぼくたちは溜《た》まった青灰色《せいかいしょく》の沈殿物《ちんでんぶつ》を濾紙《ろし》で分離《ぶんり》して、濾紙《ろし》ごとバットのなかで乾《かわ》かすことにした。

「なんか、真《ま》っ青《さお》というより灰色《はいいろ》だね」

律《りつ》が正直《しょうじき》な感想《かんそう》をつぶやいた。

たしかに、できたのは鮮《あざ》やかな濃青《こいあお》のベロ藍《あい》というより、なんだか灰色《はいいろ》っぽい青色《あおいろ》のべちょっとしたものだ。それでも、さっきまでの黒《くろ》の塊《かたまり》とか、黄色《きいろ》の液《えき》と比《くら》べたら、青《あお》だとは思《おも》う。

だけど、森井老人《もりいろうじん》はなんだか、うーん……となっている。

「考《かんが》えていたものはできなかったが、今日《きょう》は片《かた》づけて終《お》わりにしようか。まあ、成功《せいこう》ってことにしておこう」

すっきりしない感《かん》じで実験《じっけん》を終《お》えた。鍋《なべ》、ビーカー、漏斗《ろうと》などを片《かた》づけて、ぼくたちは解散《かいさん》した。

実験《じっけん》に失敗《しっぱい》するって、悔《くや》しいぞ！


「で、今日《きょう》はうまくいったの？　シアノ錯体《さくたい》って作《つく》るの難《むずか》しいんだよね」

かあさんが、夕食《ゆうしょく》のあと、無神経《むしんけい》な能天気《のうてんき》さで聞《き》いてきた。

何《なん》だ！　シアノ錯体《さくたい》って。かあさんはいつもそうだ。ぼくに対《たい》して容赦《ようしゃ》なく化学《がく》の難《むずか》しい言葉《ことば》を使《つか》って話《はな》してくる。ぼくはいらいらして、返事《へんじ》をしないで自分《じぶん》の部屋《へや》に入《はい》った。

好《す》きな漫画《まんが》を読《よ》んでいても、いまいち集中《しゅうちゅう》できない。

森井老人《もりいろうじん》を手伝《てつだ》って青《あお》の実験《じっけん》をするようになって、これまでずっと実験《じっけん》に成功《せいこう》ばかりしていたせいか、ぼくたちがやったことがうまくいかなかったって事実《じじつ》に、納得《なっとく》できずになんかもやもやしているんだ。

「なんで失敗《しっぱい》したんだろう……」

いくら考《かんが》えてもわからない。森井老人《もりいろうじん》の指示通《しじどお》りに、ちゃんと実験《じっけん》したはずなのに……。

自分《じぶん》の頭《あたま》ではまだ理解《りかい》できないことがあるってことをつきつけられたみたいだ。

悔《くや》しいなあ。それを認《みと》めるのも癪《しゃく》だし、いままで森井老人《もりいろうじん》にいろいろほめられてきたのに、まだまだだって言《い》われたみたいで、悲《かな》しい。

ぼくのいらいらを知《し》ってか知《し》らずか、タローが足元《あしもと》にやってきた。

お気《き》に入《い》りのゴムボールを軽《かる》く投《な》げてやったら、タローはうれしそうにボールをくわえて、またぼくのところに持《も》ってくる。

実験《じっけん》がうまくいかなかったという、こんな小《ちい》さいことでもかあさんに腹《はら》を立《た》てたり、落《お》ち込《こ》んだりしてしまう、ぼくはまだまだ子《こ》どもなんだな。

かあさんや近藤《こんどう》さんみたいに、ちゃんと科学《かがく》の理屈《りくつ》や歴史《れきし》をわかってるわけじゃない。おだてられてはじめたこの夏休《なつやす》みの実験《じっけん》だって、ただの子《こ》どもの遊《あそ》びみたいなもので、森井老人《もりいろうじん》の弟子《でし》になんてなれないんだ。

タローは尻尾《しっぽ》を振《ふ》ってぼくがボールを投《な》げるのを待《ま》っている。ぼくは、もう一《いち》度《ど》ボールを高《たか》めに投《な》げてやった。

＊

翌朝《よくあさ》、律《りつ》と科学倶楽部《かがくくらぶ》にやってきた。

第7章
プルシアンブルー

ぼくは昨日《きのう》のもやもやを抱《かか》えたままで、まだ気《き》持《も》ちの切《き》り替《か》えができていない。

「おい、蒼太郎《そうたろう》、見《み》てみろよ。これ、なんかさ、昨日《きのう》より青《あお》くなってない？」

律《りつ》がちょっと興奮気味《こうふんぎみ》に言《い》った。

うん？　ほんとうだ。昨日帰《きのうかえ》ったときは、青灰色《せいかいしょく》のドロッとした感《かん》じだったんだけど、たしかに今日《きょう》は、昨日《きのう》より青《あお》い感《かん》じに見《み》える……気《き》がする。

律《りつ》が、濾紙《ろし》をひっくり返《かえ》した。

「お！　なんか、裏《うら》は真《ま》っ青《さお》じゃん！」

今度《こんど》は律《りつ》の興奮《こうふん》は本物《ほんもの》だ。

「ほんとだ！　ベロ藍《あい》の色《いろ》だよ、これ！　なんでひと晩《ばん》たったら色《いろ》が変《か》わったんだろ……」

ぼくも興奮《こうふん》して声《こえ》が裏返《うらがえ》ってしまった。

「なんでだろう。乾《かわ》いたから青《あお》くなったのかな？」

そうつぶやいたとき、後《うし》ろから声《こえ》が聞《き》こえた。

「そうじゃよ、蒼太郎《そうたろう》。空気《くうき》に触《ふ》れて乾《かわ》いたからじゃ。プルシアンブルーが青《あお》くなるには、酸素《さんそ》に触《ふ》れて酸化《さんか》する必要《ひつよう》があったんじゃ。本当《ほんとう》は昨日《きのう》、酸化剤《さんかざい》を入《い》れればよかったんだが、すっかり忘《わす》れておったよ。

時間《じかん》がたって少《すこ》しずつ酸化《さんか》していったので、ちゃんと濃《こ》い青色《あおいろ》になったたってことだろう。だから、きみたちの実験《じっけん》は、大成功《だいせいこう》、ってことじゃな」

森井老人《もりいろうじん》のことばで、もやもやしていた気持《きも》ちがいきなり吹《ふ》っ飛《と》んで、反対《はんたい》にちょっとニヤニヤしてしまう。

まだ、サンカ?が十分《じゅうぶん》でないからか、中心部《ちゅうしんぶ》の色《いろ》は濾紙《ろし》の裏《うら》や端《はし》っこのほうの青色《あおいろ》と違《ちが》う気《き》がする。周《まわ》りのほうが真《ま》っ青《さお》だ。

でもこれ、いままで作《つく》った青色《あおいろ》に比《くら》べて、すごく真《ま》っ青《さお》に見《み》える。もとは牛《うし》の血《ち》なのに!

「いままで作《つく》った青《あお》より濃《こ》い色《いろ》じゃろ、ほら」

そう言《い》って森井老人《もりいろうじん》が、濾紙《ろし》を顕微鏡《けんびきょう》にのせて拡大《かくだい》してくれた。粒子《りゅうし》が小《ちい》さいからなのか、不純物《ふじゅんぶつ》が全然《ぜんぜん》ないからなのか、顕微鏡《けんびきょう》で見《み》ると、青《あお》っていうか、黒《くろ》に近《ちか》いかもって気《き》がした。

「どうじゃ? 浮世絵《うきよえ》の青色《あおいろ》じゃろう?」

森井老人《もりいろうじん》はニンマリ笑《わら》った。

時間《じかん》をかけてできたヴェルディグリ

「プルシアンブルーがうまくできたところで、そろそろヴェルディグリの瓶《びん》も見《み》てみようか？」

森井老人《もりいろうじん》がぼくたちに声《こえ》をかけた。

そうだ、すっかり忘《わす》れていたけど、一番《いちばん》はじめに作《つく》ったヴェルディグリは、どうなっているだろ？　馬《うま》のフンで温《あたた》めなかったから、うまくできていないんじゃないかな？

森井老人《もりいろうじん》は、ラベルが貼《は》ってある透明《とうめい》なガラス瓶《びん》をぼくたちの前《まえ》に持《も》ってきてくれた。瓶《びん》のなかに、たこ糸《いと》でつり下《さ》げられた銅板《どうばん》に深緑色《ふかみどりいろ》の四角《しかく》いものがびっしりくっついているのが見《み》えた。

「おおお、すごくね!?」

律《りつ》が興奮《こうふん》して大《おお》きな声《こえ》で言《い》った。

「うむ、なかなかきれいな結晶《けっしょう》がびっちりできているじゃないか、上出来《じょうでき》、上出来《じょうでき》」

そう言《い》うと、森井老人《もりいろうじん》はガラス瓶《びん》から緑色《みどりいろ》になった銅板《どうばん》を取り出すと、マイクロスコープの下《した》にセットして、モニターをつけた。モニターには、ひし形《がた》というか、四角《しかく》のコロコロした深《ふか》い緑《みどり》の透明《とうめい》がかった結晶《けっしょう》がキラキラしているのが映《うつ》っている。まるで宝石《ほうせき》みたいだ。全体《ぜんたい》がつやつやしていて、ほんとうにきれいだ。

「なかなかきれいにできたんじゃないか？　あとでこれもかき取《と》って、瓶《びん》に入《い》れておこう」

森井老人《もりいろうじん》は満足《まんぞく》そうだ。

「それから、このコピーをきみたちにやるから、ちょっと見《み》ておいてくれ。まあ難《むずか》しい話《はなし》だから、大学生《だいがくせい》になってから、ちゃんと勉強《べんきょう》したらいい。プルシアンブルーの作《つく》り方《かた》の根拠《こんきょ》がわかるぞ」

そう言《い》うと、森井老人《もりいろうじん》はホチキスでとめた何枚《なんまい》かの紙《かみ》を、ぼくと律《りつ》にそれぞれ渡《わた》した。それは、「錯体化学《さくたいかがく》の基礎《きそ》」と「シアノ錯体《さくたい》について」と書《か》かれた論文《ろんぶん》で、それぞれの説明《せつめい》が載《の》っていた。シアノ錯体《さくたい》は、配位子《はいいし》としてCNを持《も》っていて……。ぜんぜんわからないよ！

「いいんじゃよ、まだわからなくて。

まあ簡単《かんたん》に説明《せつめい》すると、錯体《さくたい》というのは金属《きんぞく》イオンを中心《ちゅうしん》に有機物《ゆうきぶつ》がくっついたりしてできている大《おお》きなイオンみたいなもので、それぞれ特有《とくゆう》の色《いろ》がついていることが多《おお》いから、顔料《がんりょう》として使《つか》われていることもある、ってことが書《か》いてあるんじゃ」

「わからなくていいなら、なんでオレたちにこれをくれるのかな?」

難《むずか》しい話《はなし》にうんざりして、律《りつ》がつぶやいた。

「たしかにそうじゃな。でも、律《りつ》よ。夏休《なつやす》みのきみたちの実験《じっけん》の思《おも》い出《で》として、持《も》っていても悪《わる》くないんじゃないかな。役《やく》に立《た》つときが来《く》るかもしれないからな」

そう言《い》って、森井老人《もりいろうじん》はひげをなでた。

＊

帰《かえ》り道《みち》、律《りつ》といっしょに不忍池《しのばずのいけ》の脇《わき》を歩《ある》いているときに、向《む》こうから同《おな》じ年《とし》くらいの少年《しょうねん》3人《にん》がやってきた。3人《にん》ともスポーツバッグをしょって、手《て》には大《おお》きな水筒《すいとう》とボールの入《はい》った袋《ふくろ》を持《も》っている。サッカー部《ぶ》やサッカークラブの子《こ》たちだろう。

「お、律《りつ》じゃね？　ひさしぶり」

そのうちのひとりが、すれ違《ちが》いざま、律《りつ》に気《き》づいて声《こえ》をかけた。

律《りつ》は、

「お、ひさしぶり」

とだけ返事《へんじ》して、彼《かれ》らをやり過《す》ごすと、それっきり黙《だま》ってしまった。

やっぱり、まだサッカーやめたこと、吹《ふ》っ切《き》れてないんじゃないかな。

ぼくは、そのことになんとなく気《き》づいていた。だって、律《りつ》は科学倶楽部《かがくくらぶ》でわざとらしいくらい明《あか》るいキャラでふるまっているし、律《りつ》のペンケースには、サッカーボールのキーホルダーが、ついたままだもん。

だけど、律《りつ》にどう声《こえ》をかけていいのか、ぼくにはぜんぜんわからないんだ。


翌日《よくじつ》、ガラス瓶《びん》に入《い》れたマヤブルーと、プルシアンブルーを持《も》って、ぼくたちはまた近藤《こんどう》さんのラボに来《き》た。

「またこんなすてきなものを作《つく》ってくれたのね！」

近藤《こんどう》さんはうれしそうに2本《ほん》の瓶《びん》を揺《ゆ》らした。

「かなりきれいな色《いろ》ができましたね」

コシミズさんもほめてくれた。

「ナンバンコマツナギを発酵《はっこう》させたときも、牛《うし》の血《ち》を煮《に》たときも、けっこうくさくて、たいへんだったんです……。それに、プルシアンブルーは最初《さいしょ》、灰色《はいいろ》っぽいものしかできなかったんで、てっきり失敗《しっぱい》したかと思《おも》っちゃって」

ぼくは勇気《ゆうき》を出《だ》して、青作《あおづく》りの苦労話《くろうばなし》をコシミズさんに伝《つた》えてみた。

「やっぱりこれは、蒼太郎《そうたろう》くんと律《りつ》くんの、苦労《くろう》の成果《せいか》の青色《あおいろ》なんですね」

コシミズさんがそう言《い》ってくれて、ぼくはうれしかった。律《りつ》もめずらしく、恥《は》ずかしそうにしている。

そんなぼくたちに、近藤《こんどう》さんが書棚《しょだな》から画集《がしゅう》を取《と》り出《だ》して、ページを開《ひら》いて一《いち》枚《まい》の絵《え》を見《み》せた。

「ほら、有名《ゆうめい》なゴッホの《星月夜《ほしづきよ》》は、セルリアンブルーっていう青《あお》のほかにも、このプルシアンブルーが使《つか》われているのよ」

「へえ、浮世絵《うきよえ》だけじゃないんですね」

「そりゃそうよ。高価《こうか》なウルトラマリンブルーから、この時代《じだい》にはこぞってみんなこちらの安《やす》い青《あお》を使《つか》うようになったんだから。ドイツのベルリンだけじゃなくって、オランダとか中国《ちゅうごく》でもたくさん作《つく》っていたらしいわ。だから、青色《あおいろ》がヨーロッパでも日本《にほん》でも手《て》に入《はい》りやすくなったってわけね」

「いまでも使《つか》ってるんですか?」

律《りつ》が質問《しつもん》した。

「ええ、もちろん。いまは、絵具《えのぐ》だけじゃなくって、塗料《とりょう》やインクなんかにも使《つか》われてるわね。あと、プルシアンブルーは、放射性《ほうしゃせい》セシウムを吸着《きゅうちゃく》する性質《せいしつ》が知《し》られているから、1986年《ねん》のチェルノブイリ(チョルノービリ)原子力発電所《げんしりょくはつでんしょ》の事故《じこ》や、2011年《ねん》の福島《ふくしま》の原子力発電所事故《げんしりょくはつでんしょじこ》のあとかなり注目《ちゅうもく》されたの。チェルノブイリでは乳牛《にゅうぎゅう》にプルシアンブルーを飲《の》ませて、ミルクに含《ふく》まれる放射性《ほうしゃせい》セシウムを減《へ》らしたらしいわ」

ふーん、知《し》らなかった。

「牛《うし》の血《ち》で作《つく》ったプルシアンブルーを、牛《うし》に飲《の》ませるなんて、ひどいですね」

「ふふ、蒼太郎《そうたろう》くんらしい感想《かんそう》ね。でも、もういまでは、牛《うし》の血液《けつえき》を使《つか》わないでプルシアンブルーを作《つく》ってると思《おも》うわよ」

そう言《い》って近藤《こんどう》さんは笑《わら》った。

「プルシアンブルーの結晶格子《けっしょうこうし》には穴《あな》があって、そこにイオンを吸着《きゅうちゃく》させることができるのよ。それによってセシウムを吸着《きゅうちゃく》できるんだけど、ちょっと難《むずか》しいから、大学生《だいがくせい》くらいになったら勉強《べんきょう》するかもしれないわね。

さて、そうしたら、あともう少《すこ》し、蒼太郎《そうたろう》くんと律《りつ》くんには、錬金術師《れんきんじゅつし》の仕事《しごと》をしてもらおうかしら」

近藤《こんどう》さんはイタズラっぽく笑《わら》っていった。

錬金術師《れんきんじゅつし》!?

コシミズさんが、

「中世《ちゅうせい》ヨーロッパでは、顔料《がんりょう》を合成《ごうせい》していたのは錬金術師《れんきんじゅつし》たちだったのかもしれないんですよ。金《きん》を作《つく》る試《こころ》みも、青《あお》を作《つく》るのも、当時《とうじ》は魔術《まじゅつ》みたいなあやしい実験《じっけん》だったでしょうからね」

とほほえんだ。

黒《くろ》い長《なが》いワンピースを着《き》ているコシミズさんがそんなことを言《い》うと、まるで中世《ちゅうせい》の魔女《まじょ》みたいだ。

第8章 埴《はに》輪《わ》

Esque quemadmodum Rubrica, vna natiua, altera artificiofa: item vnu gentuu, alterum faetitium vt in Aegypto. Genera porro Caerulei tria, Aegyptium Scythicum, terriumque Cyprium: optimu Aegyptiu ad meraciora faturatioraq; trita, vel lomenta: Scythicum ad dilutiora. Ceterum Aegyptium faetitium est: quique regum la literis mandarunt, hoc quoque memoriç produnt, ecquis regum primus Ceruleum arte adulerarit fimulatione natiui: muncra quoque cum ab aliis misfitata fuiffe, tum vero e Phoenice tributum Caerulci partim viui, partim ignem experti. Tradunt qui pigmenta terunt Caeruleum ex se

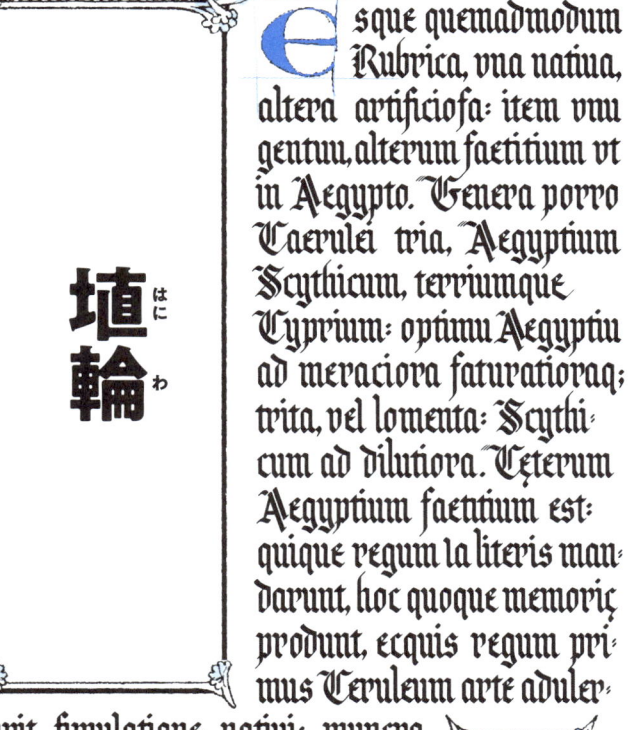

古代《こだい》の日本《にほん》で使《つか》われていた青《あお》は？

科学倶楽部《かがくくらぶ》と家《いえ》の往復《おうふく》だけの夏休《なつやす》みも、もう残《のこ》すところ半分《はんぶん》くらいになった。ぼくも律《りつ》も、毎日《まいにち》の実験《じっけん》でへとへとで、宿題《しゅくだい》はあんまりやっていない。自由研究《じゆうけんきゅう》は、きっと問題《もんだい》ない。この夏《なつ》の実験《じっけん》のことを毎回記録《まいかいきろく》しているノートを使《つか》ってまとめたらいいから、楽勝《らくしょう》だ。

読書感想文《どくしょかんそうぶん》は、どうしようかな。

律《りつ》と相談《そうだん》しよう。

今朝《けさ》は、森井老人《もりいろうじん》と律《りつ》と3人《にん》で御茶ノ水《おちゃのみず》に来《き》ている。明治大学博物館《めいじだいがくはくぶつかん》に展示《てんじ》されている埴輪《はにわ》に塗《ぬ》られた青色《あおいろ》を見《み》るためだ。

「今日《きょう》は、きみたちに大事《だいじ》な青色《あおいろ》を見《み》てほしかったから、ここへ連《つ》れてきたんじゃ」

大《おお》きな通《とお》り沿《ぞ》いにいくつかビルが並《なら》んでいるが、それが全部《ぜんぶ》、明治大学《めいじだいがく》の建物《たてもの》らしい。大《おお》きなビルばっかりだな。

律《りつ》は「へえー」と言《い》いながら、ずっと上《うえ》を見上《みあ》げている。

第8章
埴輪

森井老人《もりいろうじん》はすたすたと、そのうちのひとつのビルに近《ちか》づいて、さっさと階段《かいだん》を上《のぼ》ってしまった。ぼくたちもあわてて後《あと》を追《お》った。そのビルに入《はい》っている博物館《はくぶつかん》の入《い》り口《ぐち》は、地下《ちか》に降《お》りるエスカレーターの先《さき》にあった。

「ここは入館無料《にゅうかんむりょう》なんじゃ」

森井老人《もりいろうじん》はうれしそうになかに入《はい》っていった。夏休《なつやす》みだからか大学生《だいがくせい》はいなくて、代《か》わりに近所《きんじょ》の小学生《しょうがくせい》のグループが見学《けんがく》に来《き》ていた。森井老人《もりいろうじん》は展示室《てんじしつ》へとどんどん歩《ある》いていった。

森井老人《もりいろうじん》が向《む》かっていった一角《いっかく》には、テレビで見《み》たことがあるような、馬《うま》や鎧《よろい》を着《き》た埴輪《はにわ》がたくさん並《なら》んでいた。

「ふんふん、ここじゃ。これらは茨城県《いばらきけん》の玉里舟塚古墳《たまりふなづかこふん》という遺跡《いせき》から出土《しゅつど》した埴輪《はにわ》じゃ。玉里舟塚古墳《たまりふなづかこふん》は霞ヶ浦《かすみがうら》のすぐ北側《きたがわ》に造《つく》られた6世紀《せいき》ごろの大《おお》きな前方後円墳《ぜんぽうこうえんふん》で、大《おお》きな石棺《せきかん》が見《み》つかっておって、この地域《ちいき》の有力者《ゆうりょくしゃ》のお墓《はか》だと考《かんが》えられておる」

律《りつ》が、

「教科書《きょうかしょ》で見《み》たことあるような埴輪《はにわ》だ！」

と素直《すなお》な感想《かんそう》を言《い》った。

「大《おお》きくて立派《りっぱ》な埴輪《はにわ》じゃろう？　このなかに当時《とうじ》の青色《あおいろ》で塗《ぬ》った埴輪《はにわ》があるんじゃよ」

ぼくと律《りつ》は、目《め》をこらして、薄暗《うすぐら》い展示室《てんじしつ》で埴輪《はにわ》を見《み》た。

「この、鎧《よろい》を着《き》た人《ひと》の埴輪《はにわ》の顔《かお》は、三角形《さんかくけい》で赤《あか》く塗《ぬ》ってあります。青《あお》は……、見《み》当《あ》たらないなあ」

残念《ざんねん》だけど、ぼくに青《あお》は見《み》つけられない。

「このころの赤色《あかいろ》には、このあいだ池《いけ》の鉄《てつ》バクテリアで作《つく》ったパイプ状《じょう》ベンガラが使《つか》われていることも多《おお》いんじゃよ。これがそうかはわからんがな」

顕微鏡《けんびきょう》で見《み》た、うじゃうじゃしたマカロニみたいなバクテリアを思《おも》い出《だ》した。たしかにそんな色《いろ》をしてるな。

森井老人《もりいろうじん》は、その鎧《よろい》を着《き》た人《ひと》の埴輪《はにわ》の膝《ひざ》の上《うえ》あたりを指《ゆび》さした。

「ふたりとも、ここを見《み》てみろ。ここにぐるっと色《いろ》が塗《ぬ》ってあるじゃろ。これが古墳時代《こふんじだい》の青色《あおいろ》なんじゃ」

「え！　これは青《あお》ですか？　青色《あおいろ》と灰色《はいいろ》の混《ま》ざったような色《いろ》にしか見《み》えないや」

思《おも》わず、ぼくも律《りつ》も声《こえ》をあげた。森井老人《もりいろうじん》が指《ゆび》さした両《りょう》ひざの上《うえ》のあたりには、うっすらとした青灰色《せいかいしょく》の帯《おび》が塗《ぬ》られていた。どちらかといえば紺色《こんいろ》に見《み》えないこ

第8章
埴輪

ともない。

森井老人《もりいろうじん》はおかしそうに笑《わら》うと、

「きみたち、フォルスブルーの実験《じっけん》をやったじゃろう？　あれも、正確《せいかく》には青《あお》というより、黒《くろ》とか灰色《はいいろ》の顔料《がんりょう》だったよな。そういう青色《あおいろ》もあるじゃろう。ほかにも、古墳時代《こふんじだい》には、セラドナイトという鉱物《こうぶつ》が使《つか》われていたことがわかっておってな。灰緑石《かいりょくせき》という粘土《ねんど》の一種《いっしゅ》なんじゃ。

日本列島《にほんれっとう》では緑《みどり》や青色《あおいろ》は、きっととても貴重《きちょう》でめったにない色《いろ》だったろう。だから、緑《みどり》と青《あお》の区別《くべつ》はなく、緑《みどり》がかった粘土《ねんど》を見《み》つけてきては特別《とくべつ》な場合《ばあい》に使《つか》ったんじゃないかな。ここには展示《てんじ》されてないが、九州《きゅうしゅう》の装飾古墳《そうしょくこふん》と呼《よ》ばれる古墳《こふん》の壁画《へきが》とか、いろんなところに青緑色《あおみどりいろ》は使《つか》われておるらしい。そういう青緑《あおみどり》を壁《へき》画《が》に塗《ぬ》った古墳《こふん》や埴輪《はにわ》は、当時《とうじ》は特別《とくべつ》だったのかもしらんな」

ぼくたちがこれまでに作《つく》ってきたウルトラマリンブルーとかエジプシャンブルーとかマヤブルーは、もっと鮮《あざ》やかな青《あお》だったけど、そうか、それを作《つく》るための材料《ざいりょう》がなければそんなの作《つく》れなかったのかもしれないな。

森井老人《もりいろうじん》は、さて、と言《い》うと、

「この埴輪《はにわ》の紺色《こんいろ》を見《み》たところで、せっかくだから、奈良時代《ならじだい》の古文書《こもんじょ》に出《で》てきた青《あお》を探《さが》しに茨城《いばらき》にでも行《い》ってみるか」

とぼくたちを小旅行《しょうりょこう》に誘《さそ》ってくれた。そして、いつもより目《め》を細《ほそ》くしてひげをしごいた。

古文書《こもんじょ》の「青《あお》」を探《さが》しに茨城《いばらき》へ

次《つぎ》の日《ひ》、ぼくたちは青色《あおいろ》のもとを探《さが》しに茨城《いばらき》へ出《で》かけた。遠《とお》くに行《い》くからと、森井老人《もりいろうじん》が前《まえ》もってぼくのかあさんと律《りつ》のおかあさんに電話《でんわ》して許可《きょか》を取《と》ってくれていた。

茨城《いばらき》へは森井老人《もりいろうじん》の車《くるま》で出《で》かける。ぼくたちはそれぞれお弁当《べんとう》を持《も》って、科学《かがく》倶楽部《くらぶ》に集合《しゅうごう》した。

科学倶楽部《かがくくらぶ》の脇《わき》の駐車場《ちゅうしゃじょう》に変《へん》な緑色《みどりいろ》の車《くるま》があった。森井老人《もりいろうじん》が両開《りょうびら》きのバックドアを全開《ぜんかい》にして、何《なに》やら荷物《にもつ》を入《い》れている。

屋根《やね》は白《しろ》くて、後《うし》ろのほうには木《き》のフレームがついている変《か》わった車《くるま》だ。

「おはよう、ちゃんと眠《ねむ》れたかね。今日《きょう》は遠出《とおで》じゃからの」

「はい、よく眠《ねむ》れました。この車《くるま》、何《なん》ですか？　ほんとに動《うご》くんですか？」

「何《なに》を失礼《しつれい》なことを言《い》っとるんじゃね。これは、１９６４年製《ねんせい》のオースチンミニという車《くるま》だよ」

「えええ！　そんな何十年《なんじゅうねん》も前《まえ》の車《くるま》なんて、古《ふる》すぎないですか⁉　かあさんが生《う》まれるずっと前《まえ》の車《くるま》ですよ」

当《あ》たり前《まえ》、という顔《かお》をして、森井老人《もりいろうじん》は、

「しかし、わしよりちょっと若《わか》いわい。これはシューティングブレークという形《かたち》の車《くるま》でな。狩猟用《しゅりょうよう》に使《つか》えるように、英国《えいこく》で作《つく》られたハッチバックの車《くるま》じゃよ」

「イギリス？」

今度《こんど》は律《りつ》が反応《はんのう》した。

森井老人《もりいろうじん》は首《くび》を振《ふ》って答《こた》えた。

「いやいや、英国《えいこく》、と言《い》ったほうが雰囲気《ふんいき》が出《で》るぞ。車《くるま》の車体《しゃたい》を作《つく》ったりする職《しょく》人《にん》をコーチビルダーというんだが、その人《ひと》たちが、オースチンミニの車体《しゃたい》を、狩《か》りに使《つか》いやすいように、ワゴンタイプに改造《かいぞう》したのがはじまりじゃな」

あ、出《で》た。いつもの森井老人《もりいろうじん》のうんちくだ！

なんだかんだこだわりがあるんだよな。

「屋根《やね》だけ白《しろ》くて変《か》わってますね」

と律《りつ》が言《い》うと、

「白《しろ》、じゃない。クリームオールドイングリッシュホワイトっていうんじゃよ。後《うし》ろのサイドはウッドパネルになっとるだろう。これがまたかわいいんじゃ」

と森井老人《もりいろうじん》は訂正《ていせい》した。

「さあ、乗《の》った乗《の》った。今日《きょう》はちょっと遠《とお》くまで行《い》くから、早《はや》く出《で》かけよう」

好《す》きな車《くるま》に熱《あつ》くなってる森井老人《もりいろうじん》もぼくは好《す》きだな。

助手席《じょしゅせき》を倒《たお》して、奥《おく》のシートにぼくと律《りつ》は乗《の》り込《こ》んだ。黒《くろ》いシートでなんだか落《お》ち着《つ》かない。うちの車《くるま》と全然違《ぜんぜんちが》う。

「ね、これ、ほんとに走《はし》んのかな」

律《りつ》がそっと聞《き》いてくる。

「ぼくにもわかんねーよ」

大人《おとな》しく乗《の》っているしかない。

森井老人《もりいろうじん》は、運転席《うんてんせき》に乗《の》り込《こ》むと、ブルンとエンジンをかけて細《ほそ》いハンドルを握《にぎ》った。車《くるま》はそろそろと出発《しゅっぱつ》した。左手《ひだりて》でレバーをガチャガチャさせている。

「ははは、きみたち、こういう車《くるま》ははじめてか？　車《くるま》ってのは、本来《ほんらい》、こんなふうにシフトレバーを操作《そうさ》しながら、エンジンの回転率《かいてんりつ》を変《か》えて走《はし》らせるもんなんじゃよ。クラッチでギアを繋《つな》ぎながらな」

へえ、うちの車《くるま》と全然違《ぜんぜんちが》うな。

「今日《きょう》は茨城《いばらき》のどこに行《い》くんですか？」

「ああ。常陸大宮《ひたちおおみや》に行《い》ってみようと思《おも》っておる。伝説《でんせつ》の〈あおに（青丹《あおに》）〉かもしれないものを分析《ぶんせき》したいんじゃ。だから、それを採《と》りに行《い》こう」

あおに？　なんだそれは？

「どのくらいかかるんですか？」と律《りつ》。

「そうじゃな、まず高速道路《こうそくどうろ》に乗《の》って那珂《なか》まで行《い》って、そこから行《い》くから、2時間《じかん》もかからんじゃろ」

あれ、ナビがついてないじゃん？

「森井先生《もりいせんせい》、ナビが見当《みあ》たらないんですけど」

「蒼太郎《そうたろう》、おまえはまったくわかっとらんな。この車《くるま》にそんな無粋《ぶすい》ものがついとるわけないじゃろ。わしたちが使《つか》うのは、これじゃよ、これ」

そう言《い》うと、森井老人《もりいろうじん》は助手席《じょしゅせき》から地図《ちず》の本《ほん》をぼくらに投《な》げてよこした。

＊

予想通《よそうどお》りというかなんというか、森井老人《もりいろうじん》の車《くるま》はそんなにスピードが出《で》るわけじゃなくて、悪《わる》く言《い》ったらノロノロって感《かん》じだった。だけど、ぼくたちが地図《ちず》を見《み》ながらナビをしたおかげか、森井老人《もりいろうじん》はずっと機嫌《きげん》がよくて、ふんふんと鼻歌《はなうた》を歌《うた》いながらハンドルを握《にぎ》っていた。

車《くるま》にはエアコンもついてなかったから、窓《まど》を開《あ》けて風《かぜ》を入《い》れながら走《はし》った。それも、窓《まど》ガラスを横《よこ》にスライドさせてちょっと隙間《すきま》をあけるタイプだった。ボタンで自動《じどう》で上《あ》げ下《さ》げするやつとは違《ちが》う。何《なに》もかも、うちの車《くるま》とは大違《おおちが》いだ。

こんなクラシックカーでのドライブははじめてだったから、ぼくはけっこう楽《たの》しかった。

途中《とちゅう》、森井老人《もりいろうじん》は休《やす》みたくなったみたいで、「おまえたちのトイレ休憩《きゅうけい》にとまらないといけないいな」と言《い》い訳《わけ》しながら、サービスエリアに立《た》ち寄《よ》った。

車《くるま》から降《お》りると、「蒼太郎《そうたろう》、律《りつ》。暑《あつ》いし、冷《つめ》たくて甘《あま》いものでも食《た》べようか。わしがごちそうするぞ」。

そう言《い》って、森井老人《もりいろうじん》はぼくたちを売店《ばいてん》に連《つ》れていって、ゆず入《い》りソフトクリームをごちそうしてくれた。

森井老人《もりいろうじん》は、「朝《あさ》めしを食《た》べてないからな」とまた言《い》い訳《わけ》して、納豆《なっとう》の入《はい》ったホットドッグをうまいうまいと言《い》いながら食《た》べていた。そのあと、ぼくたちといっしょにソフトクリームも食《た》べた。ひげにアイスがついている。子《こ》どもみたいだ。

3人《にん》で並《なら》んで食《た》べたゆず入《い》りソフトクリームは、とても冷《つめ》たくて甘《あま》かった。

〈あおに〉を発見《はっけん》？

「さて、そろそろ〈あおに〉を見《み》つけに行《い》くか」

森井老人《もりいろうじん》はひげについたアイスをハンカチで拭《ぬぐ》うと、立《た》ち上《あ》がった。

そうだ、出発《しゅっぱつ》してすぐに、森井老人《もりいろうじん》は「あおにを採《と》りに行《い》こう」って言《い》っていた。

「あおに、って何《なん》ですか？」

律《りつ》が聞《き》くと、森井老人《もりいろうじん》はふふんと笑《わら》った。

「ここ茨城《いばらき》あたりは、むかし、常陸《ひたち》と呼《よ》ばれておったんじゃよ。奈良時代《ならじだい》には、それぞれの土地《とち》の歴史《れきし》や産物《さんぶつ》、特徴《とくちょう》を記録《きろく》した『風土記《ふどき》』という報告書《ほうこくしょ》を作《つく》って、朝廷《ちょうてい》に献上《けんじょう》しておった。この地域《ちいき》の記録《きろく》は『常陸国風土記《ひたちのくにふどき》』として残《のこ》っておる。

そのなかに、常陸《ひたち》の久慈《くじ》では、『有《あ》らゆる土《つち》は、色《いろ》、青《あお》き紺《はなだ》の如《ごと》く、画《え》に用《もち》ゐて麗《うるわ》し。俗《くにひと》、阿乎爾《アヲニ》あるいは加支川爾《カキツニ》といひ』と書《か》いてあるんじゃよ。つまり、いま向《む》かっているあたりでは、紺色《こんいろ》の顔料《がんりょう》が採《と》れて、絵《え》に使《つか》うのによい、それは〈あおに〉やら〈かきつに〉と呼《よ》ばれていた、という意味《いみ》じゃな。これらの顔料《がんりょう》は朝廷《ちょうてい》の命令《めいれい》で献上《けんじょう》していたらしい。

しかしな、当時《とうじ》の人《ひと》が〈あおに〉で絵《え》を描《か》いていたかどうか、証拠《しょうこ》がないんじゃ。〈あおに〉で描《か》いた奈良時代《ならじだい》の絵《え》があればいいのじゃが、それも見《み》つかっておらんからな。正直《しょうじき》なところ、その〈あおに〉がいったいどういう顔料《がんりょう》なのかも、まだわかっておらんのじゃよ。おまえたち、〈あおに〉の正体《しょうたい》を探《さぐ》ってみんか？」

だれにもわからない青色《あおいろ》の正体《しょうたい》を探《さぐ》るなんて、すごくワクワクする！

「今日《きょう》は〈あおに〉かもしれない土《つち》を採取《さいしゅ》して、近藤《こんどう》に調《しら》べてもらおう。このあいだ、この近《ちか》くで青緑色《あおみどりいろ》の石《いし》が採《と》れるって、知《し》り合《あ》いの木村《きむら》さんが教《おし》えてくれたんじゃ」

「蒼太郎《そうたろう》、もしかして、オレたち世紀《せいき》の大発見《だいはっけん》をしちゃったりして？」

「マジ、それな」

ぼくも律《りつ》もかなりテンションが上《あ》がってきた。でも、ぼくはどうしても気《き》になることがあった。

「明治大学博物館《めいじだいがくはくぶつかん》で見《み》た玉里舟塚古墳《たまりふなづかこふん》の埴輪《はにわ》の紺色《こんいろ》も、その〈あおに〉だったんですか？」

「それはわからんよ、蒼太郎《そうたろう》。この辺《へん》の埴輪《はにわ》に塗《ぬ》ってある紺色《こんいろ》が何《なに》か、まだわかっておらんのだ。これから採《と》りに行《い》く青色《あおいろ》がそのヒントになるといいんじゃがな」

車《くるま》は高速道路《こうそくどうろ》を降《お》りて、国道《こくどう》118号《ごう》をひたすら北《きた》に向《む》かって走《はし》った。途中《とちゅう》、森井老人《もりいろうじん》がトイレに行《い》きたいというので、コンビニに寄《よ》った。ぼくたちもジュースを買《か》って、ひと休《やす》みした。

すれ違《ちが》う車《くるま》が、森井老人《もりいろうじん》の車《くるま》をものめずらしそうにジロジロ見《み》ていく。

これ、やっぱり変《か》わってる車《くるま》だよね。

やがて車《くるま》は常陸大宮《ひたちおおみや》という街《まち》に入《はい》った。

森井老人《もりいろうじん》は地図《ちず》を出《だ》して丸《まる》のついたところを確認《かくにん》すると、国道《こくどう》を出《で》て、橋《はし》を渡《わた》って、何《なに》もない空《あ》き地《ち》に車《くるま》を停《と》めた。

「さて、この辺《へん》じゃったかな。雑草《ざっそう》が多《おお》くてよく見《み》えんなあ」

そりゃこれだけ暑《あつ》い夏《なつ》だし、草《くさ》もたくさん生《は》えるんじゃないかな。

そのとき、空《あ》き地《ち》の向《む》こう側《がわ》の畑《はたけ》から、スコップを持《も》って農作業《のうさぎょう》をしていたおじいさんが森井老人《もりいろうじん》に向《む》かって手《て》をあげた。

「おお、このあたりの地主《じぬし》の木村《きむら》さんだ。青緑色《あおみどりいろ》の石《いし》が出《で》るって教《おし》えてくれた人《ひと》じゃよ」

木村《きむら》さんが、帽子《ぼうし》をあげて近寄《ちかよ》ってきた。

「久《ひさ》しぶりじゃ。元気《げんき》だったか」

森井老人《もりいろうじん》がうれしそうに木村《きむら》さんと話《はな》しはじめた。

ふたりの話《はなし》からすると、今日《きょう》、ぼくたちがここに来《く》ることはもう伝《つた》えていたらしい。ふたりが立《た》ち話《ばなし》をはじめてしまったので、ぼくたちはやることがなくなってしまった。すると、

「さきに弁当《べんとう》を食《た》べてしまえ」

と、森井老人《もりいろうじん》は車《くるま》のバックドアを左右《さゆう》に開《ひら》いて、トランクのなかからピクニック用《よう》のしましまのシートを取《と》り出《だ》して草《くさ》の上《うえ》に敷《し》いてくれた。

ぼくと律《りつ》はその上《うえ》に座《すわ》って、持《も》ってきたお弁当《べんとう》を広《ひろ》げた。

森井老人《もりいろうじん》はぼくの弁当箱《べんとうばこ》をのぞくと、何《なに》も言《い》わずに卵焼《たまごや》きをさっとかすめ取《と》った。

「お、なかなかうまいの。蒼太郎《そうたろう》のかあさんも、ようやく卵焼《たまごや》きが作《つく》れるようになったか」

え？　かあさん、大学生《だいがくせい》のとき、料理《りょうり》できなかったの？

青緑《あおみどり》に見《み》える山肌《やまはだ》がある

お弁当《べんとう》を食《た》べ終《お》わると、ぼくたちは荷物《にもつ》とシートを片《かた》づけた。

森井老人《もりいろうじん》は、今度《こんど》は車《くるま》のトランクからビニール袋《ぶくろ》を取《と》り出《だ》した。

「蒼太郎《そうたろう》、律《りつ》、これを持《も》ってついてこい」

手《て》ぶらの森井老人《もりいろうじん》とスコップを持《も》った木村《きむら》さんは、スタスタと崖《がけ》というか山《やま》っぽいスロープのほうに向《む》かっていった。

途中《とちゅう》、森井老人《もりいろうじん》は、崖《がけ》のほうを指《ゆび》さしながらぼくたちを振《ふ》り返《かえ》って、

「ほれ、あの辺《へん》、見《み》えるじゃろ？　あのあたりに青緑色《あおみどりいろ》の石《いし》が採《と》れる地層《ちそう》があるそうじゃよ」

と言《い》った。

言《い》われてみれば、山《やま》の裾野《すその》みたいになっているその場所《ばしょ》は、なんとなく全体的《ぜんたいてき》に青緑《あおみどり》に見《み》える。ぼくたちは雑草《ざっそう》が茂《しげ》る崖《がけ》を少《すこ》し登《のぼ》って、青緑《あおみどり》のところに来《き》た。

森井老人《もりいろうじん》がぼくたちに軍手《ぐんて》を手渡《てわた》した。

あれ？　遠《とお》くから見《み》たらたしかに青緑《あおみどり》っぽかったのに、近《ちか》くで見《み》るとなんだか灰色《はいいろ》？

「あ！　これ何《なん》だろう？」

律《りつ》が地面《じめん》に落《お》ちていた小《ちい》さな青緑色《あおみどりいろ》の丸《まる》い石《いし》を拾《ひろ》いあげた。

「そうそう、それがこの青緑《あおみどり》の層《そう》の正体《しょうたい》じゃないかな。おそらく粘土鉱物《ねんどこうぶつ》の一種《いっしゅ》じゃろう」

「粘土《ねんど》？」

「これはすごく軟《やわ》らかいんだよ」

木村《きむら》さんはそう言《い》うと、手《て》にしていたスコップの刃《は》で、律《りつ》が拾《ひろ》いあげた青緑色《あおみどりいろ》の塊《かたまり》を叩《たた》いた。簡単《かんたん》にパカッと割《わ》れて、なかから鮮《あざ》やかな青緑《あおみどり》が現《あらわ》れた。

「おおお」

ぼくたちは純粋《じゅんすい》に感動《かんどう》した。こんな崖《がけ》のところに青緑《あおみどり》の石《いし》があるなんて。

「おお、これが伝説《でんせつ》の〈あおに〉とか〈かきつに〉と呼《よ》ばれたものかもしれんな。いずれ、近藤《こんどう》のところで調《しら》べてもらおう。それじゃあ、この袋《ふくろ》に少《すこ》し持《も》って帰《かえ》ることにしようか」

青緑《あおみどり》の石《いし》を森井老人《もりいろうじん》もめずらしそうに見《み》ながら、

「このへんの青緑《あおみどり》の石《いし》は、むかしは有名《ゆうめい》だったのかもしれんなあ。なにしろ、『常陸国風土記《ひたちのくにふどき》』にも書《か》いてあるからな」

とつぶやいた。

それを聞《き》いて、ぼくたちは夢中《むちゅう》になって地面《じめん》に落《お》ちている塊《かたまり》のなかから、なるべく鮮《あざ》やかな青緑《あおみどり》の小《ちい》さな塊《かたまり》を見《み》つけると、ビニール袋《ぶくろ》に入《い》れていった。ビニール袋《ぶくろ》がいっぱいになる前《まえ》に、ぼくたちの軍手《ぐんて》はすっかり汚《よご》れてしまった。

気《き》づけば、森井老人《もりいろうじん》は、崖《がけ》の下《した》で持《も》ってきた保温《ほおん》ポットの紅茶《こうちゃ》を飲《の》んでいる。

ぼくは、あれ？ という顔《かお》で森井老人《もりいろうじん》を見《み》た。すると、

「わしはいいんじゃ。ここまで運転《うんてん》してきたんだからな。休憩《きゅうけい》は必要《ひつよう》じゃろ」

とすました顔《かお》だ。

ぼくたちは、小《ちい》さめの透明《とうめい》のビニール袋《ぶくろ》に2袋分《ふくろぶん》の青緑《あおみどり》の丸《まる》い塊《かたまり》を集《あつ》めた。

「これだけ集《あつ》めたから、分析《ぶんせき》にはもう充分《じゅうぶん》だろ、ご苦労《くろう》さん」

森井老人《もりいろうじん》はそう言《い》って満足《まんぞく》そうに袋《ふくろ》を受《う》け取《と》った。

インスタントカメラで記念撮影《きねんさつえい》

「せっかくだから、そこにふたりで並《なら》んでごらん。記念《きねん》に写真《しゃしん》を撮《と》ってやろう」

そう言《い》うと、森井老人《もりいろうじん》は車《くるま》から白《しろ》と黒《くろ》の変《へん》な形《かたち》の大《おお》きなカメラを持《も》ち出《だ》してきた。背景《はいけい》は竹藪《たけやぶ》だし、別《べつ》にここで撮《と》らなくてもいいのになあと思《おも》ったけど、せっかくだから撮《と》ってもらうことにした。

それにしても、何《なん》だろうあのカメラは。なにやら仰々《ぎょうぎょう》しい。写真《しゃしん》を撮《と》るっていうから携帯《けいたい》で撮《と》るのかと思《おも》ったけど、なんだか森井老人《もりいろうじん》っぽい。

「ほれ、ふたりで並《なら》んで笑《わら》え」

え？　笑《わら》う？　そんなの難《むずか》しいじゃん！

いきなり笑《わら》ってと言《い》われてもなあ。恥《は》ずかしくって、ぼくも律《りつ》もなんだかぎこちなく貼《は》りついたような笑顔《えがお》しかできなかった。

そしたら森井老人《もりいろうじん》が、さっきぼくたちが採《と》った〈あおに〉かもしれない青緑《あおみどり》の小石《こいし》の入《はい》ったビニール袋《ぶくろ》を手渡《てわた》した。

「ほら、今日《きょう》のきみたちの戦利品《せんりひん》じゃ。どうだ！って、顔《かお》をしてみたらいいじゃろ」

たしかに、そうだよな。ぼくたちの戦利品《せんりひん》だよ。森井老人《もりいろうじん》は紅茶《こうちゃ》を飲《の》んで見《み》てただけだったし。

ぼくと律《りつ》はうなずき合《あ》った。そして思《おも》いっきりの笑顔《えがお》で袋《ふくろ》をかかげてポーズをとった。

「おお、いいぞ！」

そう言《い》った瞬間《しゅんかん》、森井老人《もりいろうじん》はカシャッて音《おと》を立《た》ててシャッターを切《き》った。次《つぎ》の瞬間《しゅんかん》、ジーッと音《おと》がして、カメラから白《しろ》い紙《かみ》が吐《は》き出《だ》された。

「これはな、インスタントカメラといって、その場《ば》で写真《しゃしん》が印刷《いんさつ》されて出《で》てくるんじゃよ。わしは、いまどきのデジタルカメラってやつを信用《しんよう》しておらん」

「でも何《なに》も写《うつ》ってないですよ」

「まだじゃよ、律《りつ》。これは、拡散転写法《かくさんてんしゃほう》っていうん

だが、この紙《かみ》の周《まわ》りに入《はい》っている現像液《げんぞうえき》がカメラのなかのローラーで均質《きんしつ》に広《ひろ》げられて、それが化学反《かがくはん》応《のう》を起《お》こして像《ぞう》が現《あらわ》れるっていう仕組《しく》みなんじゃ。
難《むずか》しく言《い》うとだな、この紙《かみ》は、ネガとポジの受像《じゅぞう》層《そう》が合《あ》わさってシートになったものなんじゃよ。つまり、色《いろ》が反転《はんてん》するネガとそのままのポジじゃな。それを、撮影《さつえい》して露光《ろこう》したあとに、ハロゲン化銀溶《かぎんよう》解剤《かいざい》の入《はい》った現像液《げんぞうえき》をここのカメラのなかで塗《ぬ》ってやると、ネガ像《ぞう》はすぐに現像《げんぞう》されて、逆《ぎゃく》に露光《ろこう》していない部分《ぶぶん》は拡散転写《かくさんてんしゃ》されて黒《くろ》くなって、ポジ像《ぞう》となって、それで写真《しゃしん》となるって仕組《しく》みなんじゃ」

「……」

森井老人《もりいろうじん》が何《なに》を言《い》っているのか、ぜんぜんわからなかった。だけど、なんだかすごい技術《ぎじゅつ》だっていうことだけはわかった。

「まあでもこのタイプのカメラも、もうほとんど使《つか》われてないんじゃがな……」

そう言《い》うと森井老人《もりいろうじん》はひげをぼりぼりかいた。

「むかし、インスタント写真《しゃしん》の像《ぞう》が出《で》てくるまでのあいだ、印画紙《いんがし》をぶんぶん振《ふ》り回《まわ》すやつがよくいたんだが、あれは間違《まちが》いなんじゃよ。像《ぞう》が現《あらわ》れてくるまで、そっと待《ま》たないとならんのじゃ」

そうこうするうちに、白《しろ》い紙《かみ》の真《ま》ん中《なか》に、楽《たの》しそうな顔《かお》をしたぼくと律《りつ》が現《あらわ》れた。

「ほれ、そしたら、この写真《しゃしん》を記念《きねん》にやろう」

「あ、そしたら、オレがそれもらう。いいよね?」

一枚《いちまい》しかない写真《しゃしん》を律《りつ》が森井老人《もりいろうじん》から受《う》け取《と》って、大事《だいじ》そうにリュックのポケットに入《い》れた。

＊

ぼくたちは木村《きむら》のおじいちゃんにお礼《れい》を言《い》って、ふたたび森井老人《もりいろうじん》の変《へん》なクラシックカーに乗《の》り込《こ》んだ。森井老人《もりいろうじん》が運転《うんてん》する車《くるま》は、東京《とうきょう》に向《む》かって出発《しゅっぱつ》した。

木村《きむら》のおじいちゃんは、車《くるま》が見《み》えなくなるまで手《て》を振《ふ》って見送《みおく》ってくれた。

出発《しゅっぱつ》してすぐ、

「せっかくここまで来《き》たからな。もう一《いっ》カ所《しょ》、ちょっと寄《よ》ってもいいかな」

と言《い》うと、森井老人《もりいろうじん》は東京《とうきょう》とは逆《ぎゃく》の方向《ほうこう》に車《くるま》を走《はし》らせた。

「舟納豆《ふななっとう》」と書《か》いてあるお店《みせ》の前《まえ》に車《くるま》を停《と》めると、「ちょっと待《ま》ってろ」と車《くるま》を降《お》りていった。間《ま》もなくして袋《ふくろ》にいくつも納豆《なっとう》を買《か》い込《こ》んで戻《もど》ってきた。そして、

「わしの好物《こうぶつ》なんじゃ。かあさんたちにあげてくれ」

と、ぼくたちにも袋《ふくろ》のなかから3つずつ納豆《なっとう》を渡《わた》してくれた。

森井老人《もりいろうじん》、よっぽど納豆《なっとう》が好《す》きなんだな。

「さあ、じゃあ帰《かえ》ろうか」

ぼくたちは東京《とうきょう》に向《む》かった。

伝説《でんせつ》の紺色《こんいろ》〈あおに〉

今日《きょう》まで森井老人《もりいろうじん》といっしょにいろんな青《あお》を作《つく》ってきたけど、やっぱりかなり大変《たいへん》なことだった。だって鮮《あざ》やかな青色《あおいろ》なんて、そんな簡単《かんたん》には作《つく》れなかったん

だから。ぼくは、自然界《しぜんかい》に青《あお》や緑《みどり》の石《いし》ってもっとゴロゴロ落《お》ちてて、手《て》に入《はい》りやすいと思《おも》ってたんだけど、そんなことないんだって、今日《きょう》の〈あおに〉採《と》りでもわかった。

やっぱり、青《あお》や緑《みどり》を手《て》に入《い》れるってすごい大変《たいへん》なことなんだ。

東京《とうきょう》に帰《かえ》る車《くるま》のなかで、森井老人《もりいろうじん》は〈あおに〉について、「伝説《でんせつ》みたいになってる紺色《こんいろ》だ」って教《おし》えてくれた。

だけど、今日崖《きょうがけ》で拾《ひろ》ってきたやつは、実際《じっさい》には紺色《こんいろ》というより、灰色《はいいろ》っぽい緑《みどり》色《いろ》だってぼくは思《おも》う。むかしの人《ひと》には、これが紺色《こんいろ》に見《み》えていたのかな。

「さっきも話《はな》したように、古代《こだい》の『常陸国風土記《ひたちのくにふどき》』に出《で》てくる〈あおに〉が、果《は》たしてきみたちが拾《ひろ》ってくれた青緑色《あおみどりいろ》の石《いし》と同《おな》じかと言《い》われると、それはわからん。奈良時代《ならじだい》の〈あおに〉で描《か》いた絵《え》が見《み》つからん限《かぎ》り、証明《しょうめい》できんのじゃよ。

それに、もしかしたら、もっと紺色《こんいろ》の〈あおに〉がどこかにあるのかもしらんし、もうそんな真《ま》っ青《さお》な〈あおに〉は古代《こだい》に採《と》りつくされてしまったのかもしらんしなぁ……。なんともわからん」

めずらしく、森井老人《もりいろうじん》が、弱気《よわき》な発言《はつげん》をしているけど、まだ〈あおに〉が見《み》つかる可能性《かのうせい》がないわけじゃないってことだと、ぼくは思《おも》う。

「ってことは、どこかにまだ伝説《でんせつ》の〈あおに〉が眠《ねむ》っているかもしれないってことですね!」

律《りつ》も楽《たの》しそうに言《い》う。

「宝探《たからさが》しって感《かん》じじゃねえ? もしオレたちが見《み》つけたら、有名《ゆうめい》になるかもよ?」

そうは簡単《かんたん》にはいかないと思《おも》うけど……。

「ま、そうじゃな。いつか近《ちか》い将来《しょうらい》、もっと紺色《こんいろ》の〈あおに〉がどこかで発見《はっけん》されるかもしらんしな。

実《じつ》は、わりときれいな青緑《あおみどり》の顔料《がんりょう》は、日本海《にほんかい》の島根県沖《しまねけんおき》にうかぶ島後島《どうごじま》という隠岐《おき》の小《ちい》さな島《しま》にあるのが知《し》られておるんじゃよ。中世《ちゅうせい》や江戸時代《えどじだい》の古文書《こもんじょ》に出《で》てくる『隠岐緑《おきろく》』というものではないかと考《かんが》えられておる。もしかして古代《こだい》から使《つか》われていた青緑《あおみどり》のもとは、そんなところから採《と》ってきていたのかもしれんな。しかしそれは、『常陸国風土記《ひたちのくにふどき》』に書《か》いてある〈あおに〉や〈かきつに〉みたいな紺色《こんいろ》とは違《ちが》うかもしれんな……」

こんな苦労《くろう》して手《て》に入《い》れた青《あお》なのに、これとは違《ちが》う、もっときれいな青《あお》がどこかにあったのかもなんて。

とっても貴重《きちょう》な青《あお》が古代《こだい》に使《つか》われていたってことが、どれほどすごいことか、みんなは知《し》らない。そういうこと、ちゃんと学校《がっこう》で教《おし》えてくれたらいいのにな。

「たとえ古代《こだい》の〈あおに〉と違《ちが》うにしてもさ、自分《じぶん》たちで崖《がけ》から青緑色《あおみどりいろ》の石《いし》を見《み》つけるのって楽《たの》しかったよな」

律《りつ》はうれしそうだ。

「むかしの人《ひと》たちもきっと、青緑色《あおみどりいろ》の石《いし》を見《み》つけて興奮《こうふん》したんだろうね」

「そりゃそうじゃろう。まだわしたちにもわからない青色《あおいろ》が奈良時代《ならじだい》に使《つか》われていたなんて、興奮《こうふん》せんか？　古代《こだい》の人《ひと》たちが使《つか》った青《あお》の謎《なぞ》を、きみたち若者《わかもの》がいつか明《あき》らかにしてくれるのを、わしは楽《たの》しみにしておるよ」

そうか、森井老人《もりいろうじん》にもわからないような謎《なぞ》がまだまだ残《のこ》っているのか。

＊

数日後《すうじつご》の朝《あさ》、森井老人《もりいろうじん》が興奮《こうふん》した顔《かお》をして科学倶楽部《かがくくらぶ》に現《あらわ》れた。

「さっき、近藤《こんどう》が、きみたちが採《と》ってくれた青緑《あおみどり》の塊《かたまり》の分析結果《ぶんせきけっか》と、この写真《しゃしん》を持《も》ってきくれたんじゃよ。近藤《こんどう》によると、あれは『鉄《てつ》を発色要因《はっしょくよういん》とする粘土鉱《ねんどこう》物《ぶつ》』ということらしい。つまり、あの青緑《あおみどり》の色《いろ》のもとは、鉄《てつ》だということじゃな。

それから、見《み》てみろ、この写真《しゃしん》を。明治大学博物館《めいじだいがくはくぶつかん》の武人埴輪《ぶじんはにわ》を覚《おぼ》えているか？　あの埴輪《はにわ》といっしょに掘《ほ》り出《だ》された埴輪《はにわ》の破片《はへん》の顕微鏡写真《けんびきょうしゃしん》じゃ。その破《は》片《へん》は、馬具《ばぐ》の障泥《あおり》、つまり泥除《どろよ》け部分《ぶぶん》なんじゃが、展示《てんじ》してあった埴輪《はにわ》より紺色《こんいろ》が濃《こ》いそうで、だから写真《しゃしん》を撮《と》ってくれたんじゃ。ほれ、黒《くろ》とか濃《こ》い紺色《こんいろ》の粒々《つぶつぶ》が見《み》えるじゃろ？　これがあの埴輪《はにわ》の紺色《こんいろ》の秘密《ひみつ》に違《ちが》いないんじゃ」

いつもより、森井老人《もりいろうじん》が早口《はやくち》になっている。めずらしいな。

「こっちの写真《しゃしん》も見《み》てみろ。これは、茨城県《いばらきけん》のひたちなか市《し》にある田彦古墳群《たびここふんぐん》というところから出《で》たと言《い》われている人物埴輪《じんぶつはにわ》じゃよ。玉里舟塚古墳《たまりふなづかこふん》の埴輪《はにわ》と似《に》ているじゃろ。これにも紺色《こんいろ》が塗《ぬ》られておる。顔《かお》のあごの周《まわ》りや鎧《よろい》、兜《かぶと》のところに青色《あおいろ》が見《み》えるじゃろ。この顕微鏡写真《けんびきょうしゃしん》をさっきの写真《しゃしん》と比《くら》べてみると、ほれ、同《おな》じように黒《くろ》とか濃《こ》い紺色《こんいろ》の粒々《つぶつぶ》が見えないか？」

「あ！　同《おな》じ紺色《こんいろ》ですね！」

森井老人《もりいろうじん》はぼりぼりひげをかいて、ちょっとうれしそうな顔《かお》をした。

「なぜか茨城県《いばらきけん》の久慈川《くじがわ》の下流《かりゅう》、東海村《とうかいむら》あたりを中心《ちゅうしん》とする古墳《こふん》からは、ほかにも紺色《こんいろ》を塗《ぬ》った埴輪《はにわ》がたくさん見《み》つかっておる。久慈型埴輪《くじがたはにわ》と呼《よ》ばれておって、この紺色《こんいろ》が塗《ぬ》られているものが多《おお》いらしい。しかし、この黒《くろ》や紺色《こんいろ》がいったい何《なん》なのか、近藤《こんどう》もまだ調査中《ちょうさちゅう》で、はっきりわかっておらんと言《い》っておったよ。しかしな、この埴輪《はにわ》に塗《ぬ》られている青色《あおいろ》は、青緑色《あおみどりいろ》っぽい粘土《ねんど》とか、フォルスブルーとかそういうものではなくって、まぎれもない本当《ほんとう》の青色顔料《あおいろがんりょう》が塗《ぬ》られていたってことなんじゃよ！」

ぼくたちがぽかんとした顔《かお》をしていると、森井老人《もりいろうじん》はじれったそうな顔《かお》をして、革《かわ》の鞄《かばん》のなかから別《べつ》の写真《しゃしん》を大事《だいじ》そうに取《と》り出《だ》した。

「これはこの紺色《こんいろ》の部分《ぶぶん》をもっと拡大《かくだい》して撮影《さつえい》したものじゃ。紺色《こんいろ》の粒子《りゅうし》が見《み》えるじゃろ？　これは偶然《ぐうぜん》でもなんでもなく、古墳時代《こふんじだい》に埴輪《はにわ》を作《つく》っていた工人《こうじん》が、わざわざこの青《あお》い顔料《がんりょう》を埴輪《はにわ》に塗《ぬ》っていたってことの証明《しょうめい》なんじゃよ。それも、日本列島《にほんれっとう》にたくさん青《あお》や緑《みどり》の顔料《がんりょう》が登場《とうじょう》する奈良時代《ならじだい》より前《まえ》の時代《じだい》に、いまの茨《いばら》城県《きけん》のある地域《ちいき》だけで、こんな見事《みごと》な青色《あおいろ》を塗《ぬ》った埴輪《はにわ》が作《つく》られていたっていう画期的《かっきてき》な発見《はっけん》なんじゃ！　埴輪《はにわ》の彩色《さいしき》には、赤《あか》、白《しろ》、黒《くろ》、灰色《はいいろ》くらいしか使《つか》われていないっていわれておるからな。ここで青色《あおいろ》が見《み》つかったというのは、ものすごく大《おお》きな発見《はっけん》じゃないかね？」

「これが、〈あおに〉ってことですか？」

律《りつ》が聞《き》くと、

「ちがうちがう、そもそも〈あおに〉は奈良時代《ならじだい》のものじゃし、〈あおに〉がなんなのか、まだわかっていないから何《なん》とも言《い》えない。少《すく》なくとも、今回《こんかい》きみたちが採《と》ってくれた鉄《てつ》を含《ふく》んだ粘土鉱物《ねんどこうぶつ》とは別《べつ》の、なにか本物《ほんもの》の〈青《あお》〉が、奈良時代《ならじだい》より前《まえ》の古墳時代《こふんじだい》の埴輪《はにわ》に塗《ぬ》ってあったってことなんじゃ！　それも、当時《とうじ》の政治《じ》の中心《ちゅうしん》、ヤマト政権《せいけん》から遠《とお》く離《はな》れたところでそんな青色《あおいろ》が使《つか》われていたとしたら、どうじゃ？　おもしろいじゃろ？　この紺色《こんいろ》が何《なん》なのかは、まだ近藤《こんどう》が調《しら》べているところじゃけどな」。

「ってことは、近藤《こんどう》さんにもわからないような謎《なぞ》がまだ残《のこ》っているってことですよね！　オレたちでいつか調《しら》べてみたいな！」

律《りつ》も、森井老人《もりいろうじん》につられてか、ちょっと興奮《こうふん》している。

「すごいね、むかしの人《ひと》たちは青色《あおいろ》が本当《ほんとう》に欲《ほ》しかったんだね！　もし、むかしの人《ひと》たちにぼくたちが作《つく》ったウルトラマリンとか見《み》せたら、驚《おどろ》くんじゃないかな」

「きっとさ、オレたち伝説《でんせつ》になってたよな」

古墳時代《こふんじだい》にぼくたちがタイムスリップしたら、きっとぼくたちの作《つく》ったすごい青色《あおいろ》は奪《うば》い合《あ》いになるかもしれないな。ウルトラマリンブルーをべったり塗《ぬ》って真《ま》っ青《さお》になった埴輪《はにわ》を想像《そうぞう》して、ぼくはちょっと笑《わら》ってしまった。

「奈良時代《ならじだい》の〈あおに〉の謎《なぞ》も残《のこ》っておるしな。この埴輪《はにわ》の紺色《こんいろ》の謎《なぞ》もいずれわかるじゃろ。大事《だいじ》なことは、むかしの人《ひと》たちがこれほどまでに青《あお》を求《もと》めていた情《じょう》熱《ねつ》を、忘《わす》れてはいかんということじゃ。わしも、きみたちも、まだまだ挑戦《ちょうせん》することをあきらめてはならんってことかもしれないな」

森井老人《もりいろうじん》はちょっと遠《とお》い目《め》をして言《い》った。

第9章

中世《ちゅうせい》の青色《あおいろ》の話《はなし》

Esque quemadmodum Rubrica, vna natiua, altera artificiofa: item vnu gentuu, alterum faetitium vt in Aegypto. Genera porro Caerulei tria, Aegyptium Scythicum, terriumque Cyprium: optimu Aegyptiu ad meraciora faturatioraq; trita, vel lomenta: Scythicum ad dilutiora. Cęterum Aegyptium faetitium est: quique regum la literis mandarunt, hoc quoque memorię produnt, ecquis regum primus Ceruleum arte adulterarit fimulatione natiui: muncra quoque cum ab aliis misfitata fuiffe, tum vero e Phoenice tributum Caerulci partim viui, partim ignem experti. Tradunt qui pigmenta terunt Caeruleum ex se

錬金術《れんきんじゅつ》を調《しら》べに中央美術館《ちゅうおうびじゅつかん》へ

今日《きょう》は律《りつ》とふたりだけで、プルシアンブルーを作《つく》ったときに近藤《こんどう》さんとコシミズさんが言《い》っていた「錬金術《れんきんじゅつ》」について調《しら》べるために、中央美術館《ちゅうおうびじゅつかん》のなかの図書室《としょしつ》に来《き》た。

森井老人《もりいろうじん》はといえば、骨董商《こっとうしょう》が集《あつ》まるイベントがあるとかで、朝早《あさはや》くから出《で》かけている。

森井老人《もりいろうじん》によると、中央美術館《ちゅうおうびじゅつかん》の図書室《としょしつ》には、美術《びじゅつ》に関《かん》する本《ほん》がたくさんあって、むかしの錬金術《れんきんじゅつ》の本《ほん》のコピーもあるという。

律《りつ》は図書館《としょかん》とか好《す》きなタイプじゃないから、行《い》きたくないって言《い》うかと思《おも》ったけど、錬金術《れんきんじゅつ》の本《ほん》には興味《きょうみ》があるみたいで、楽《たの》しみにしていた。

いつものように中央美術館《ちゅうおうびじゅつかん》の受付《うけつけ》で入館証《にゅうかんしょう》を受《う》け取《と》り、図書室《としょしつ》までの道順《みちじゅん》を教《おし》えてもらった。ぼくたちは階段《かいだん》をおりて、長《なが》い廊下《ろうか》を歩《ある》いて、図書室《としょしつ》へ向《む》かった。

図書室《としょしつ》の前《まえ》では、近藤《こんどう》さんとコシミズさんが待《ま》っていた。

「おはよう、蒼太郎《そうたろう》くん、律《りつ》くん！　今日《きょう》は錬金術《れんきんじゅつ》を調《しら》べに来《き》たのよね」

近藤《こんどう》さんが、静《しず》かな図書室《としょしつ》に似《に》つかわしくないくらい元気《げんき》な声《こえ》であいさつしてくれた。

「そういうことなら、今日《きょう》は、私《わたし》じゃなくって、コシミズさんにきみたちの案内《あんない》をお願《ねが》いするわ。コシミズさんは錬金術《れんきんじゅつ》にとても詳《くわ》しいのよ」

コシミズさんは謙遜《けんそん》するように右手《みぎて》を顔《かお》の前《まえ》で振《ふ》りながら、「よろしくお願《ねが》いします」と軽《かる》く頭《あたま》を下《さ》げた。

「錬金術《れんきんじゅつ》って、むかしのヨーロッパの魔法《まほう》みたいなやつでしょ」

律《りつ》が自信《じしん》なさげにぼくに聞《き》いてきた。

そういえば、小学生《しょうがくせい》のときに律《りつ》といっしょに見《み》てたアニメは、錬金術《れんきんじゅつ》がテーマだったな。それは、女《おんな》の子《こ》が世界一《せかいいち》の錬金術師《れんきんじゅつし》を目指《めざ》して、冒険《ぼうけん》するストーリーだった。もしかしたら律《りつ》は、錬金術《れんきんじゅつ》をアニメみたいな魔法《まほう》だと思《おも》っている？　まさかね。実《じつ》を言《い》うとぼくも小学校高学年《しょうがっこうこうがくねん》のとき、錬金術《れんきんじゅつ》のゲームにハマっていた。そのゲームでは、材料《ざいりょう》がそろわないと錬金術《れんきんじゅつ》を使《つか》って新《あたら》しい物質《ぶっしつ》を作《つく》ることができなかったから、必要《ひつよう》な素材《そざい》をいっしょうけんめい集《あつ》めて、だんだんレアな金属《きんぞく》を作《つく》ってレベルアップしていったんだった。

錬金術《れんきんじゅつ》についての知識《ちしき》は律《りつ》と大《たい》して変《か》わらないのに、

「錬金術《れんきんじゅつ》は魔法《まほう》じゃないよ。アニメじゃないんだからさ。ヨーロッパで生《う》まれた科学《かがく》だよ」

と、ぼくは得意《とくい》げに答《こた》えた。すると、

「科学《かがく》ではありますけど……」

と、コシミズさんが口《くち》を挟《はさ》んだ。

「蒼太郎《そうたろう》くん、錬金術《れんきんじゅつ》ってヨーロッパ生《う》まれじゃないんですよ」

え、そうなの？　ぼくはちょっと恥《は》ずかしくなった。

コシミズさんは、錬金術《れんきんじゅつ》のはじまりは古代《こだい》エジプトだということ、古代《こだい》エジプトとその後《ご》に繁栄《はんえい》した古代《こだい》ギリシアには、数学《すうがく》や天文学《てんもんがく》などの学者《がくしゃ》がたくさんいて、いろいろな実験《じっけん》をしていたこと、そして、その知識《ちしき》がイスラム世界《せかい》に受《う》け継《つ》がれて発展《はってん》し、12世紀《せいき》ごろにヨーロッパに伝《つた》わったことを、説明《せつめい》してくれた。

古代ギリシア

中世ヨーロッパ

アラビア

またエジプトなのか……。

コシミズさんの話《はなし》を聞《き》いた律《りつ》は興奮気味《こうふんぎみ》に言《い》った。

「へー、錬金術《れんきんじゅつ》って本当《ほんとう》にあったんですね。アニメのなかだけのことだと思《おも》ってました！」

コシミズさんがめずらしくニコニコしながら答《こた》えた。

「もちろん、錬金術《れんきんじゅつ》は本当《ほんとう》にあったんですよ。ただ、アニメやゲームみたいに、なんでも作《つく》れたわけではないんですけれどもね。

そもそも錬金術《れんきんじゅつ》というのは、卑金属《ひきんぞく》から貴金属《ききんぞく》を精錬《せいれん》することを目標《もくひょう》に発展《はってん》した学問《がくもん》なんです。卑金属《ひきんぞく》というのは、ええと、安《やす》い金属《きんぞく》ということでしょうか……」

「卑金属《ひきんぞく》っていうのはね、科学的《かがくてき》には酸化《さんか》しやすい金属《きんぞく》という意味《いみ》よ。もっとわかりやすく言《い》うと、さびやすいってことね。

たとえば、古《ふる》い十円玉《じゅうえんだま》の表面《ひょうめん》が緑色《みどりいろ》になっているの見《み》たことない？　十円玉《じゅうえんだま》は銅《どう》でできていて、緑色《みどりいろ》は銅《どう》のさびよ。銅《どう》は錬金術《れんきんじゅつ》でよく使《つか》われる卑金属《ひきんぞく》なのよ」

と、コシミズさんに代《か》わって近藤《こんどう》さんが説明《せつめい》してくれた。

へえ、さびって茶色《ちゃいろ》だと思《おも》っていたけど、緑色《みどりいろ》のさびもあるんだな。

「じゃあ質問《しつもん》、高価《こうか》でさびにくい金属《きんぞく》といえば、なんだと思《おも》う？」

「金《きん》！」

近藤《こんどう》さんの問《と》いかけに、ぼくと律《りつ》は声《こえ》をそろえて答《こた》えた。

「そう、正解《せいかい》！　つまり錬金術《れんきんじゅつ》は、手《て》に入《い》れやすい安《やす》い物質《ぶっしつ》から、金《きん》みたいな高《こう》価《か》な素材《そざい》を作《つく》るために発達《はったつ》した学問《がくもん》なのよ」

青色《あおいろ》も錬金術《れんきんじゅつ》で作《つく》った？

「錬金術《れんきんじゅつ》の歴史《れきし》が古《ふる》いことはわかりましたけど、青色《あおいろ》を作《つく》ることと、どう関係《かんけい》しているんですか？」

ぼくの質問《しつもん》に、コシミズさんが少《すこ》し考《かんが》えながら答《こた》えた。

「古代《こだい》のヨーロッパには、青色《あおいろ》という言葉《ことば》もなかったんです。ヨーロッパの古《ふる》い言葉《ことば》で〈青色《あおいろ》〉のことをアズールと呼《よ》んでいたのですが、この単語《たんご》はもともとアラビア語《ご》だったんです」

「えー！　サッカーのイタリア代表《だいひょう》チームのことを〈アズーリ〉って呼《よ》ぶんですよ」

「律《りつ》くん、よく知《し》っているわね。たしか、ユニフォームの色《いろ》からそう呼《よ》ばれているのよね」と近藤《こんどう》さん。

「はい。でも、オレにとって、青色《あおいろ》はやっぱり〈ブルー〉なんです。だって青色《あおいろ》がブルーじゃなかったら、サムライブルーはどうなっちゃうの?」

律《りつ》が大《おお》きな声《こえ》で急《きゅう》にサムライブルーなんて言《い》うから、ぼくもみんなも笑《わら》ってしまった。

「古代《こだい》ローマや中世《ちゅうせい》の初期《しょき》には、青色《あおいろ》は縁起《えんぎ》の悪《わる》い色《いろ》だと思《おも》われていたそうなんです。お葬式《そうしき》とか死《し》を連想《れんそう》させるから」

そうか、嫌《きら》われている色《いろ》だから、名前《なまえ》もなかったということか。

「それがですね、12世紀《せいき》ごろから、急《きゅう》に青色《あおいろ》が流行《はや》りはじめるんです。聖母《せいぼ》マリアを信仰《しんこう》する人《ひと》が増《ふ》えたことが大《おお》きな理由《りゆう》です。この前見《まえみ》てもらったティツィアーノの聖母子像《せいぼしぞう》もそうでしたが、聖母《せいぼ》マリアのマントは、青色《あおいろ》で描《えが》かれることが多《おお》かったんです。

つまり、聖母《せいぼ》マリアの絵《え》を描《か》いてください、という依頼《いらい》がとても多《おお》かったので、画家《がか》たちも青《あお》い絵具《えのぐ》をたくさん用意《ようい》する必要《ひつよう》があったんですね」

コシミズさんの説明《せつめい》は、どんどん早口《はやくち》になっていく。

「でも青色《あおいろ》はとても高《たか》かったので、当時《とうじ》の人々《ひとびと》はなんとかして安《やす》く青色《あおいろ》を作《つく》ろうとしました。そこで、登場《とうじょう》したのが、錬金術《れんきんじゅつ》の知識《ちしき》と技術《ぎじゅつ》なんです！」

ちょっと興奮気味《こうふんぎみ》のコシミズさんをニコニコながめながら近藤《こんどう》さんが言《い》った。

「コシミズさんはね、錬金術《れんきんじゅつ》の本《ほん》に書《か》かれている、絵具《えのぐ》のレシピを研究《けんきゅう》しているのよ」

錬金術《れんきんじゅつ》の本《ほん》に絵具《えのぐ》のレシピが載《の》っているの⁉　どういうこと？

驚《おどろ》くぼくたちに、コシミズさんが図書室《としょしつ》の一番上《いちばんうえ》の棚《たな》に置《お》いてある技法書《ぎほうしょ》のコピーを見《み》せてくれた。外国語《がいこくご》だし、記号《きごう》みたいな文字《もじ》が書《か》かれているから、全然《ぜんぜん》読《よ》めない。

「かっこいい！　魔導書《まどうしょ》みたいだね‼　蒼太郎《そうたろう》」

律《りつ》は興奮《こうふん》している。たしかにそれっぽいけど、それってアニメのなかの話《はなし》だと思《おも》うけど……。

食《く》い入《い》るように見《み》つめる律《りつ》を尻目《しりめ》に、ぼくは話《はなし》の流《なが》れを変《か》えることにした。

「これ、英語《えいご》ですか？」

「これはね、英語《えいご》よりもずっと古《ふる》いラテン語《ご》という言葉《ことば》です。英語《えいご》やフランス語《ご》のもとになっている古《ふる》い言葉《ことば》なんですよ」

いくつかのページを見《み》せながら、コシミズさんが説明《せつめい》を続《つづ》ける。

「ラテン語《ご》で書《か》かれた本《ほん》のなかに、青色《あおいろ》を作《つく》るためのレシピがたくさんあるんです」

黒《くろ》い服《ふく》で古《ふる》い書物《しょもつ》を見《み》ているコシミズさんは、本当《ほんとう》に錬金術師《れんきんじゅつし》か魔女《まじょ》みたいだ。

「たとえば……これは、ぶどうジュースに銀《ぎん》を入《い》れたら青《あお》い色《いろ》ができるって書《か》いてあります」

「えー！　本当《ほんとう》に⁉　それならぼくたちにもできそうじゃないですか？」

「ふふふ。残念《ざんねん》ながら、このレシピでは青色《あおいろ》はできませんでした」

コシミズさん、なんだか楽《たの》しそうだな。

「銀《ぎん》はそんなに化学反応《かがくはんのう》しやすい金属《きんぞく》ではないから、ぶどうジュースに入《い》れたくらいで簡単《かんたん》に色《いろ》が変《か》わったりはしないわよ」

と言《い》う近藤《こんどう》さんに、コシミズさんも、

「そうですね、このレシピは偽物《にせもの》です」

とたんたんと答《こた》える。

「ええ？　偽物《にせもの》のレシピもあるんですか？」

錬金術《れんきんじゅつ》のアニメでも、ダンジョン攻略《こうりゃく》の回《かい》で、偽物《にせもの》の書物《しょもつ》の指示《しじ》に従《したが》って失敗《しっぱい》して、主人公《しゅじんこう》が死《し》にかけるシーンがあったな。

「そうなんですよ。本《ほん》に書《か》かれていることがすべて真実《しんじつ》とは限《かぎ》らないんです」

でもどうして嘘《うそ》なんてつくんだろう。

ぼくの怪訝《けげん》そうな顔《かお》を見《み》て、コシミズさんは説明《せつめい》を続《つづ》けた。魔女《まじょ》コシミズさんには、ぼくの言《い》いたいことがわかってしまうみたい。

「なんで嘘《うそ》のレシピがあるかというと、いろいろ理由《りゆう》が考《かんが》えられますが……。私《わたし》たち現代人《げんだいじん》がラテン語《ご》を読《よ》み間違《まちが》えているとか、書物《しょもつ》を書《か》いた人《ひと》が実際《じっさい》にレシピを試《ため》さずに想像《そうぞう》だけで書《か》いているとか、あとは、〈企業秘密《きぎょうひみつ》〉だったという可能《かのう》性《せい》もありますね」

「企業秘密《きぎょうひみつ》ってどういうことですか？」

「青色《あおいろ》が安《やす》く簡単《かんたん》に作《つく》れるレシピを開発《かいはつ》したら、その知識《ちしき》をひとり占《じ》めしたくなりませんか？　レシピをひとり占《じ》めしたら、自分《じぶん》だけで秘密《ひみつ》の青色《あおいろ》を作《つく》って、高《たか》く売《う》ることができるかもしれません。もちろん中世《ちゅうせい》に〈企業《きぎょう》〉なんてないのですけれどもね」

「そうか！　錬金術師《れんきんじゅつし》はお金持《かねも》ちだったかもしれないんですね！」

律《りつ》は納得《なっとく》したようだ。

ぼくはといえば、魔女《まじょ》のアトリエで、夜《よ》な夜《よ》な壺《つぼ》をかき回《まわ》し、秘密《ひみつ》の青色《あおいろ》の絵《え》の具《ぐ》を作《つく》っているコシミズさんの姿《すがた》を想像《そうぞう》してしまった。

本物《ほんもの》のレシピで再現《さいげん》に成功《せいこう》

「ほかにはどんなレシピがあるんですか?」

ぼくは、がぜん錬金術《れんきんじゅつ》に興味《きょうみ》がわいてきた。

「ええと……これは、『銅《どう》の容器《ようき》のなかに、石灰《せっかい》とお酢《す》を入《い》れて、蓋《ふた》をして、馬《ば》フンのなかに埋《う》める』と書《か》いてありますね」

「ばふんって何《なん》ですか?」と聞《き》く律《りつ》に、近藤《こんどう》さんが「馬《うま》のうんちのことよ」と答《こた》えた。

ええーっ、マジ? レシピのなかにうんこが出《で》てくるってこと?

そういえば、前《まえ》に、ヴェルディグリを作《つく》ったときに、馬《うま》のフンで瓶《びん》を温《あたた》める話《はなし》を聞《き》いたことを思《おも》い出《だ》した。あれと同《おな》じだ!

「石灰《せっかい》はわかる? 学校《がっこう》の校庭《こうてい》に引《ひ》く白線《はくせん》に使《つか》われているわよね」

と近藤《こんどう》さんがぼくたちに聞《き》いてきた。

「田舎《いなか》のじいちゃんが、野菜《やさい》の肥料《ひりょう》にしています」

「よく知《し》っているわね、律《りつ》くん。石灰《せっかい》にも種類《しゅるい》があって、このレシピの石灰《せっかい》はお酢《す》に反応《はんのう》しやすい種類《しゅるい》のものだったわよね、コシミズさん？」

「そうですね」

え？　コシミズさん、本当《ほんとう》に魔女《まじょ》アトリエでレシピを再現《さいげん》したってこと？

「私《わたし》、去年《きょねん》このレシピを試《ため》してみたんですけど、石灰《せっかい》にお酢《す》を入《い》れて容器《ようき》の蓋《ふた》を閉《し》めたら、爆発《ばくはつ》しちゃったんです」

コシミズさんが申《もう》し訳《わけ》なさそうに苦笑《にがわら》いしている。

「あはは、そうだったわね。実験室中《じっけんしつじゅう》に石灰《せっかい》が飛《と》び散《ち》って、掃除《そうじ》が大変《たいへん》だったわ。石灰《せっかい》とお酢《す》の反応《はんのう》が激《はげ》しすぎたのよね」

なんでもないように話《はな》しているけど、近藤《こんどう》さん、それって大変《たいへん》なことなんじゃない？　この人《ひと》たちはいったい……。

「実験《じっけん》では本当《ほんとう》に馬《うま》のうんこを使《つか》ったんですか？　なんかくさそうだよね！」

律《りつ》が興味津々《きょうみしんしん》に聞《き》いた。そこ、ぼくも少《すこ》し気《き》になっていたんだ。

近藤《こんどう》さんが笑《わら》いながら言《い》った。

「残念《ざんねん》ながらノーよ。馬《ば》フンはね、おそらく、容器《ようき》のなかの温度《おんど》を高《たか》くするために使《つか》ったのよ。うんちって、発酵《はっこう》すると温度《おんど》がぐんぐん上《あ》がるからね。でも、私《わたし》たちの実験室《じっけんしつ》には、うんちを使《つか》わなくても温《あたた》かく保管《ほかん》できる装置《そうち》があるから、うんちは使《つか》いませーん！」

なーんだ。つまんない。

そう言《い》えば、動物《どうぶつ》のフンが天然《てんねん》のカイロになるって、前《まえ》に森井老人《もりいろうじん》が教《おし》えてくれたな。

「この本《ほん》に書《か》いてあるものって、偽物《にせもの》レシピばっかりなんですか？」

ぼくは一番気《いちばんき》になっていたことを質問《しつもん》した。

すると、コシミズさんはワンピースのポケットからガラスの小瓶《こびん》を取《と》り出《だ》した。

「これを見《み》てください。きれいでしょう。これは最近私《さいきんわたし》が作《つく》った青色《あおいろ》です。本《ほん》のなかに本物《ほんもの》のレシピはあったんですよ」

そう言《い》うと、コシミズさんはぼくたちに見《み》えるように、小瓶《こびん》を高《たか》く掲《かか》げた。

小瓶《こびん》のなかには青色《あおいろ》の塊《かたまり》が入《はい》っていた。

「この青《あお》い塊《かたまり》は、銅《どう》の容器《ようき》のなかに石灰《せっかい》とお酢《す》を入《い》れて作《つく》ります。そこまではさきほどのレシピと同《おな》じなんですけど、ここに、塩化《えんか》アンモン石《せき》というものを入《い》れます。最後《さいご》に容器《ようき》に蓋《ふた》をして、やっぱり馬《ば》フンのなかに銅《どう》の容器《ようき》を埋《う》めます」

　レシピの鍵《かぎ》を握《にぎ》る秘密《ひみつ》の石《いし》が出《で》てきたぞ！

「塩化《えんか》……アンモン石《せき》？　って何《なん》ですか？」

「火山《かざん》の近《ちか》くで採《と》れる鉱物《こうぶつ》よ。ヨーロッパでも日本《にほん》でも採《と》れるわね」

　近藤《こんどう》さんがぼくの質問《しつもん》に答《こた》えてくれた。

「いまは馬《ば》フンに埋《う》めませんが、容器《ようき》を温《あたた》めて保管《ほかん》したら、2週間《しゅうかん》くらいでコレができましたよ」

　魔女《まじょ》が小瓶《こびん》を揺《ゆ》すっている。

「すごい！　成功《せいこう》したんですね‼　コシミズさんお金持《かねも》ちになれますね」

「ふふふ。律《りつ》くん、私《わたし》が中世《ちゅうせい》の人《ひと》だったら、お金持《かねも》ちになったかもしれませんね」

　どうしよう。ぼくは、コシミズさんが金色《きんいろ》のネックレスやイヤリングをジャラジャラつけた魔女《まじょ》にしか見《み》えなくなってきた。

「ところで、この青色《あおいろ》の名前《なまえ》って何《なん》ていうんですか？」

　ぼくは気《き》になっていることを聞《き》いてみた。

「実《じつ》は名前《なまえ》はないんです。材料《ざいりょう》に石灰《せっかい》を使《つか》うから石灰《せっかい》の英語《えいご》で、ライムブルーって書《か》いてある論文《ろんぶん》をいくつか読《よ》みましたが、それは現代《げんだい》の科学者《かがくしゃ》がつけた名前《なまえ》で

す。当時《とうじ》、どんなふうに呼《よ》ばれていたか、だれもわからないんですよ」

青《あお》は貴重《きちょう》な顔料《がんりょう》なのに、どうして名前《なまえ》もないんだろう？

「実《じつ》は、本当《ほんとう》に使《つか》われていたかどうかもわかっていないんですよ。この顔料《がんりょう》を使《つか》った絵《え》はまだ見《み》つかっていないんです」

小瓶《こびん》を見《み》つめながらそう言《い》うと、コシミズさんはぼくたちに向《む》き直《なお》った。

「試《ため》しに、私《わたし》が作《つく》ったこの青色《あおいろ》を塗《ぬ》ってみませんか？」

「はい！　塗《ぬ》ってみたいです!!」

ぼくたちが名前《なまえ》をつけていいの？

ぼくたちは、図書館《としょかん》の下《した》の階《かい》にある、近藤《こんどう》さんのラボに移動《いどう》した。

ここで魔女《まじょ》は錬金術《れんきんじゅつ》を操《あやつ》っているのか……、なんて考《かんが》えてしまう。

まもなく魔女《まじょ》、いや、コシミズさんが、奥《おく》の棚《たな》からガラス板《いた》とガラス製《せい》の顔料《がんりょう》練《ね》り棒《ぼう》を持《も》ってきた。あ、森井老人《もりいろうじん》が持《も》っているやつとそっくりだ！

コシミズさんがガラスの板《いた》の上《うえ》に青色《あおいろ》の粉《こな》をトントンと出《だ》した。次《つぎ》に粉《こな》の上《うえ》に、粘《ねば》り気《け》のある液体《えきたい》を垂《た》らした。透明《とうめい》で少《すこ》し茶色《ちゃいろ》っぽくて、たまに森井老人《もりいろうじん》がくれるべっ甲飴《こうあめ》みたいな感《かん》じだ。

「これはアラビアガムを水《みず》に溶《と》かしたもので、水彩絵具《すいさいえのぐ》の膠着材《こうちゃくざい》によく使《つか》われるものです。膠着材《こうちゃくざい》っていうのは、絵具《えのぐ》を紙《かみ》やキャンバスに貼《は》りつける糊《のり》みたいなものだと思《おも》ってください」

コシミズさんは慣《な》れた手《て》つきで、ガラス棒《ぼう》をガラスの板《いた》の上《うえ》を滑《すべ》らせるようにして、青色《あおいろ》の粉《こな》とアラビアガムをよく混《ま》ぜる。

「これ、錬金術師《れんきんじゅつし》っぽいね！」

律《りつ》の言《い》う通《とお》りだ。最初《さいしょ》はザラザラしていたけれど、しばらくすると滑《なめ》らかで艶《つや》のある絵具《えのぐ》に変《か》わった。

さっそくぼくたちは、筆《ふで》に絵具《えのぐ》をつけて画用紙《がようし》に塗《ぬ》ってみる。

「蒼太郎《そうたろう》、青《あお》というより、水色《みずいろ》じゃない？」

たしかに白《しろ》を混《ま》ぜたような色《いろ》をしている。中央美術館《ちゅうおうびじゅつかん》の展示室《てんじしつ》にある聖母《せいぼ》マリアのマントの色《いろ》とは全然違《ぜんぜんちが》う。

「この青色《あおいろ》、ラピスラズリほど色《いろ》が鮮《あざ》やかじゃないでしょう？　当時《とうじ》の人《ひと》は、ラピスラズリを最高《さいこう》の青色《あおいろ》だと思《おも》っていたから、イメージしていた青色《あおいろ》ではなかったかもしれませんね」

まさに、天然《てんねん》の青色《あおいろ》の「下位互換《かいごかん》」ってやつだ。

「それから、残念《ざんねん》ながら変色《へんしょく》しやすいんです」

そう言《い》うコシミズさんに続《つづ》いて、近藤《こんどう》さんが腕《うで》を組《く》みながら説明《せつめい》を加《くわ》えた。

「絵具《えのぐ》に含《ふく》まれるほかの物質《ぶっしつ》や空気中《くうきちゅう》の酸素《さんそ》に銅《どう》がさらされると、化学反応《かがくはんのう》を起《お》こして色《いろ》が変《か》わってしまうのね。化学的《かがくてき》に言《い》うと、安定《あんてい》していないってことになるわ」

「この絵具《えのぐ》は、天然《てんねん》の青色《あおいろ》より安《やす》く作《つく》れましたが、青色《あおいろ》としての価値《かち》は天然《てんねん》の青《あお》色《いろ》よりずっと低《ひく》かったと思《おも》います。実際《じっさい》に絵具《えのぐ》として使《つか》われたかどうかもわかっていません。だから、この青色《あおいろ》があったことも、錬金術師《れんきんじゅつし》たちが努力《どりょく》して作《つく》ったレシピがあったことも、美術《びじゅつ》の歴史《れきし》のなかでは忘《わす》れられてしまっているんですよ。だから、名前《なまえ》もないんです」

魔女《まじょ》が残念《ざんねん》そうに言《い》った。

「実際《じっさい》に使《つか》われなかったのなら、意味《いみ》のないレシピだったってことですか？　魔《ま》女《じょ》、いえ、錬金術師《れんきんじゅつし》がせっかくがんばったのに」

「蒼太郎《そうたろう》くん、絵具《えのぐ》としては使《つか》われなかったかもしれませんが、美術史的《びじゅつしてき》にも文《ぶん》化史的《かしてき》にもとても大《おお》きな意味《いみ》のあるチャレンジだったと私《わたし》は思《おも》います。青くない材料《ざいりょう》ばっかりを集《あつ》めて、青色《あおいろ》を作《つく》ろうとしたんですから。きっとはじめて青色《あおいろ》ができたときには、魔法《まほう》みたいに見《み》えたと思《おも》います！」

魔女《まじょ》は小瓶《こびん》を愛《いと》おしそうに見《み》つめながら、

「この青色《あおいろ》は錬金術《れんきんじゅつ》の賜物《たまもの》なんです。どうにかして青色《あおいろ》を作《つく》りたかった中世《ちゅうせい》の人々《ひとびと》の努力《どりょく》の結晶《けっしょう》ですね」

と言《い》った。

「じゃあさ、オレたちで名前《なまえ》をつけようよ、蒼太郎《そうたろう》！」

「そうね、いい機会《きかい》だから、ふたりにこの青色《あおいろ》の名前《なまえ》をつけてもらいましょう。コシミズさん、いいわよね」

「はい、ぜひお願《ねが》いします」

作《つく》られなくなった青《あお》、名前《なまえ》のない青《あお》、使《つか》われなかった青《あお》……など、ぼくたちは、あれこれ意見《いけん》を出《だ》し合《あ》った。そして、ふたりの意見《いけん》が一致《いっち》した。

「『忘《わす》れられた青《あお》』っていうのはどうですか？」

「いいわね！」

「その名前《なまえ》、私《わたし》も好《す》きです。ちょっと哀愁《あいしゅう》があって、でもロマンチックな名前《なまえ》ですね」

ぼくたち、魔女《まじょ》にお墨《すみ》つきをもらったぞ！　思《おも》わず、律《りつ》とハイタッチした。

そのあと、ぼくたちは美術館《びじゅつかん》の休憩室《きゅうけいしつ》で魔女《まじょ》がいれてくれたお茶《ちゃ》を飲《の》んだ。そこでぼくは、ちょっと気《き》になっていたことを聞《き》いてみた。

「コシミズさんは、なんで錬金術《れんきんじゅつ》を研究《けんきゅう》しようと思《おも》ったんですか？」

コシミズさんは、少《すこ》し照《て》れくさそうにうつむきながら話《はな》しはじめた。

「実《じつ》は、中学生《ちゅうがくせい》のころ錬金術《れんきんじゅつ》のアニメにハマってしまって。アニメの舞台《ぶたい》のヨーロッパの街並《まちな》みや衣装《いしょう》に憧《あこが》れていたから、高校生《こうこうせい》のときは世界史《せかいし》が得意《とくい》でした。高校《こうこう》の世界史《せかいし》の先生《せんせい》が、教科書《きょうかしょ》には書《か》いていないようなマニアックな話《はなし》をするのが大好《だいす》きな人《ひと》で、先生《せんせい》の話《はなし》を全部《ぜんぶ》ノートに取《と》っていたんですよ。先生《せんせい》の話《はなし》のなかでも、とくに錬金術師《れんきんじゅつし》とか騎士《きし》とかが出《で》てくるヨーロッパ中世《ちゅうせい》の歴史《れきし》が好《す》きでした」

あーわかる！　教科書《きょうかしょ》に書《か》いていないことのほうがおもしろいんだよね。ぼくも、ノートを文字《もじ》や図解《ずかい》でぎっしり埋《う》めるのが好《す》きだな。

それを聞《き》いていた律《りつ》がいたずらっぽく言《い》った。

「コシミズさんって実《じつ》はオタク？」

「ふふふ、そうかもしれません」

でも、すごいオタクだよな。あこがれちゃう!

「さきほどの本《ほん》ってラテン語《ご》で書《か》かれているんですよね。難《むずか》しそうですけど、いつ勉強《べんきょう》したんですか?」

ぼくも、いつかラテン語《ご》を読《よ》めるようになるのかな。

「アニメのなかに出《で》てきた魔導書《まどうしょ》を読《よ》んでみたいと思《おも》って、大学《だいがく》でラテン語《ご》を勉《べん》強《きょう》しました。ラテン語《ご》は、英語《えいご》やフランス語《ご》よりずっと古《ふる》い言葉《ことば》で、いまはもう使《つか》われてないんです。けれどもね、私《わたし》、英語《えいご》は苦手《にがて》だったし、人前《ひとまえ》で英語《えいご》を喋《しゃべ》るのが恥《は》ずかしくて好《す》きじゃなかったけれど、ラテン語《ご》を勉強《べんきょう》するのはすごくおもしろかったんです。

だれも読《よ》めない本《ほん》が読《よ》めるようになったら、錬金術師《れんきんじゅつし》みたいでかっこいいでしょう? それからね、ラテン語《ご》はもう使《つか》われていないから、人前《ひとまえ》で喋《しゃべ》らなくっていいので、私《わたし》の性格《せいかく》に合《あ》っていると思《おも》います」

大学《だいがく》でラテン語《ご》か……ぼくたち、いまは英語《えいご》しか勉強《べんきょう》していない。それにぼくも英語《えいご》は苦手《にがて》だ。だけど、いつかほかの言葉《ことば》も勉強《べんきょう》してみようかな。もしかしたら、英語《えいご》よりも得意《とくい》な言葉《ことば》が見《み》つかるかもしれない。

律《りつ》が急《きゅう》に思《おも》いついたように言《い》った。

「蒼太郎《そうたろう》もいつかコシミズさんみたいに美術館《びじゅつかん》で働《はたら》けるんじゃない？」

「いや、そんな、ぼくには無理《むり》だよ」

「そうかな？　蒼太郎《そうたろう》もいろんなこと知《し》ってるじゃん。理科《りか》も社会《しゃかい》も両方《りょうほう》得意《とくい》だし。そういうところ、かっこいいよ」

さらっと、そういうことが言《い》える律《りつ》もいいと思《おも》うって言《い》いたいんだけど、小《こ》っ恥《ぱ》ずかしくて言《い》えない性格《せいかく》なんだよね、ぼくは。

「……ありがとう。考《かんが》えてみる」

それだけをやっと言《い》えた。

第10章

旅《たび》立《だ》ち

Esque quemadmodum Rubrica, vna natiua, altera artificiosa: item vnu gentuu, alterum faetitium vt in Aegypto. Genera porro Caerulei tria, Aegyptium Scythicum, terriumque Cyprium: optimu Aegyptiu ad meraciora faturatioraq; trita, vel lomenta: Scythicum ad dilutiora. Cęterum Aegyptium faetitium est: quique regum la literis mandarunt, hoc quoque memorię produnt, ecquis regum primus Ceruleum arte adulterarit fimulatione natiui: muncra quoque cum ab aliis misfitata fuiffe, tum vero e Phoenice tributum Caerulci partim viui, partim ignem experti. Tradunt qui pigmenta terunt Caeruleum ex se

サイコーだった青《あお》の実験《じっけん》

もうすぐ夏休《なつやす》みが終《お》わる。

宿題《しゅくだい》は、まあ、最終日《さいしゅうび》に徹夜《てつや》になるかな。昨日《きのう》の夜《よる》も律《りつ》とオンラインゲームをして現実逃避《げんじつとうひ》してしまった。

ここ最近《さいきん》、律《りつ》はあんまり元気《げんき》がない気《き》がする。だからといって、ゲームしているときは普通《ふつう》に元気《げんき》だから、まだ直接《ちょくせつ》突《つ》っ込《こ》んでどうしたのかは聞《き》いてない。

森井老人《もりいろうじん》の青《あお》の実験《じっけん》は、このあいだの「あおに」のような石《いし》を採《と》るので一区切《ひとくぎ》りだったみたい。いろいろ作《つく》ったけれど、コシミズさんから聞《き》いた「名前《なまえ》のない青《あお》」「使《つか》われたかどうかさえわからない青《あお》」「忘《わす》られた青《あお》」の話《はなし》はおもしろかった。

ふりかえってみると、この夏《なつ》の青《あお》の実験《じっけん》は、まるで錬金術師《れんきんじゅつし》か魔法使《まほうつか》いになったみたいだったな。

実験中《じっけんちゅう》に森井老人《もりいろうじん》は、「いいぞ」「よくやった」とぼくたちをほめてくれたし、近藤《こんどう》さんからも、「ふたりはいいコンビね」と言《い》ってもらえたのも、照《て》れくさいけど、律《りつ》といっしょにいろんな体験《たいけん》ができて、ぼくは楽《たの》しかったんだ。

でも、律《りつ》はどうだったんだろう？　サッカーができなくなって、元気《げんき》がなかったから科学倶楽部《かがくくらぶ》に誘《さそ》ってみたけど……。ぼくみたいに楽《たの》しんでくれたかな？　そうだといいな。

最初《さいしょ》、律《りつ》は実験《じっけん》に慣《な》れてなくて、なんとなく遠慮《えんりょ》がちにしてたけど、最近《さいきん》は、いろんなことを率先《そっせん》してやっていたし、もとから器用《きよう》なやつだから、なんでも上手《じょうず》にこなせるようになっていた。なんだかんだ言《い》っても、やっぱり律《りつ》は頼《たよ》りになる。ぼくにとってこの夏《なつ》の経験《けいけん》は、忘《わす》れられないものになったと思《おも》う。

企画展《きかくてん》に展示《てんじ》される!?

今日《きょう》、ぼくたちはお昼過《ひるす》ぎに森井老人《もりいろうじん》の科学倶楽部《かがくくらぶ》に集《あつ》まった。

ぼくたちのほかに、近藤《こんどう》さんとコシミズさんも来《き》ていた。ここでこのふたりに会《あ》ったのははじめてだ。

黒《くろ》い実験台《じっけんだい》の上《うえ》には、この夏《なつ》、ぼくたちが作《つく》ったいろんな青色《あおいろ》の顔料《がんりょう》が入《はい》った小瓶《こびん》が並《なら》べられていた。こうやって見《み》ると、ぼくたちいろいろ作《つく》ったんだな。深《ふか》いスマルトの青《あお》や、プルシアンブルーの青《あお》……、どれもけっこうかわいい。

「こんにちは、蒼太郎《そうたろう》くん、律《りつ》くん。もう夏休《なつやす》み終《お》わっちゃうわね。宿題《しゅくだい》は終《お》わってる？」

一番《いちばん》聞《き》かれたくないことを、近藤《こんどう》さんがズバズバ聞《き》いてきた。

「……まだです」

「宿題《しゅくだい》なんて、ちゃちゃってやっちゃえばいいのよ」

「そりゃ近藤《こんどう》さんは簡単《かんたん》にできたかもしれないですけど、ぼく、読書感想文《どくしょかんそうぶん》が苦手《にがて》で……」

「あれ？　蒼太郎《そうたろう》くん、国語苦手《こくごにがて》なんだっけ」

「はい、律《りつ》は国語得意《こくごとくい》なんですけど、ぼくはダメ。理科《りか》のほうが得意《とくい》です。作文《さくぶん》はとくに苦手《にがて》なんですよね……。そもそも本《ほん》を選《えら》ぶところですごく悩《なや》んじゃって。それにおもしろく書《か》かなきゃってプレッシャーが……」

「何《なに》それ？　そんなこと気《き》にして、へんなの。なんで自分《じぶん》からハードル上《あ》げるかなあ？」

近藤《こんどう》さん、その通《とお》りなんですけど……。何《なに》も言《い》えず黙《だま》っているぼくに、

「それなら、色《いろ》の歴史《れきし》に関《かん》する本《ほん》を読《よ》んだらどうですか？　わかりやすい本《ほん》を後《あと》でいくつか貸《か》してあげますよ」

と、いままで黙《だま》っていたコシミズさんが、横《よこ》から助《たす》け舟《ぶね》を出《だ》してくれた。

律《りつ》が会話《かいわ》に入《はい》ってこないので、ちらっと見《み》たら、ほかのことを考《かんが》えているようで、なんか暗《くら》い顔《かお》をしている。今日《きょう》もあんまり元気《げんき》がない。

さすがにぼくは気《き》になった。

「どうかした？」

「なんでもないよ」

律《りつ》も宿題《しゅくだい》が終《お》わってないのかな。もう本《ほん》を選《えら》んだって言《い》ってたのに……。

「さてそろそろいいかな。今日《きょう》みんなに集《あつ》まってもらったのは、ほかでもない」

森井老人《もりいろうじん》が何《なに》かのドラマのセリフみたいなことを、もったいぶったまじめな顔《かお》で言《い》いだした。

「この夏《なつ》に、蒼太郎《そうたろう》と律《りつ》に作《つく》ってもらったのは、歴史的《れきしてき》に世界《せかい》のいろんなところで使《つか》われてきた青色《あおいろ》じゃ。人類《じんるい》が創意工夫《そういくふう》して作《つく》り出《だ》したいろいろな青色《あおいろ》を作《つく》ってみてどうじゃったかな」

「はい、すごく難《むずか》しかったけど、おもしかったです。いろんな薬品《やくひん》を使《つか》ったり、熱《ねっ》したり、放置《ほうち》したり、むちゃくちゃ手間《てま》がかかりましたけど。すごくくさいのもあったし！　青緑色《あおみどりいろ》の石採《いしと》りは暑《あつ》かったですし」

「律《りつ》、そうじゃな。簡単《かんたん》なものではなかったな。天然界《てんねんかい》に青色《あおいろ》の石《いし》なんて、そうそう転《ころ》がっておらんし、鮮《あざ》やかな青《あお》にするためにはいろんな知恵《ちえ》と工夫《くふう》が必要《ひつよう》じゃった。それがわかったな、ふたりとも」

ぼくたちは顔《かお》を見合《みあ》わせてうなずいた。

作業台《さぎょうだい》の上《うえ》のいろんな青色《あおいろ》が入《はい》った小瓶《こびん》をいじりながら、ぼくたちの話《はなし》を聞《き》いていた近藤《こんどう》さんが、話《はな》しだした。

「それでね、いまからちょうど2年後《ねんご》に、うちの中央美術館《ちゅうおうびじゅつかん》のギャラリーの一部《ひとへ》屋《や》を使《つか》って、『青《あお》の歴史《れきし》』の小《ちい》さい企画展《きかくてん》をやるのよ。そこに、ふたりが作《つく》ってくれた顔料《がんりょう》とレシピ、それから、その絵具《えのぐ》を使《つか》って描《か》かれた絵画《かいが》を並《なら》べて展示《てんじ》してみようと思《おも》ってるの。

メインの企画展《きかくてん》は『北方《ほっぽう》ルネサンスの美術《びじゅつ》』なんだけれど、ちょっとそれだけだと物足《ものた》りないかもしれないのでね」

「えー、そんなの聞《き》いてないですよ！　ぼくたちの顔料《がんりょう》を展示《てんじ》するなんて！」

思《おも》わずぼくは大《おお》きな声《こえ》をあげた。

近藤《こんどう》さんは笑《わら》って、

「もともとはそういうことが得意《とくい》な森井先生《もりいせんせい》にお願《ねが》いしたんだけど、森井先生《もりいせんせい》が、どうしてもいっしょに手伝《てつだ》ってもらいたい子《こ》どもたちがいるからって」

と言《い》った。

「わしがやるより、きみたちが苦労《くろう》しながら青《あお》を作《つく》るほうが、よっぽどいい展示《てんじ》になるじゃろうし、夏休《なつやす》みのいい経験《けいけん》にもなったじゃろ」

「それはそうですね。知《し》らないことばっかりで勉強《べんきょう》になりました」

「そういうの、さらっと言《い》っちゃうところが、蒼太郎《そうたろう》くんはまじめよね」

近藤《こんどう》さんが、茶化《ちゃか》すように言《い》う。

「オレ、ぜんぜん科学《かがく》とかに興味《きょうみ》がなかったけど、蒼太郎《そうたろう》に誘《さそ》われてやってみてよかったです」

と律《りつ》もまじめに答《こた》えた。もしかしてぼくと張《は》り合《あ》ってる？　どうしちゃったの？

「蒼太郎《そうたろう》くんと律《りつ》くんががんばって作《つく》ってくれた青《あお》のレシピの歴史的《れきしてき》な説明《せつめい》とか、細《こま》かい材料《ざいりょう》の説明《せつめい》とか、これから近藤《こんどう》さんと私《わたし》でパネルを作《つく》ります。差《さ》し支《つか》えなければ、作業《さぎょう》してるときのふたりの写真《しゃしん》など使《つか》わせていただくかもしれません。

それから、いろんな美術館《びじゅつかん》から作品《さくひん》をお借《か》りする手配《てはい》をして、展示《てんじ》を作《つく》っていきます。なんだかんだ準備《じゅんび》があるので、実際《じっさい》の展示《てんじ》までに2年《ねん》くらいかかるんですよ。

森井先生《もりいせんせい》には、会期中《かいきちゅう》に講演会《こうえんかい》もやっていただくことになりますので、そちらもよろしくお願《ねが》いします」

と、コシミズさんがまじめな顔《かお》をして説明《せつめい》してくれた。

森井老人《もりいろうじん》は、「講演会《こうえんかい》」と聞《き》いて、うへえという顔《かお》をした。

「そういうことでな、ふたりともお疲《つか》れさん。今日《きょう》は、近藤《こんどう》から、東京《とうきょう》で一番《いちばん》おいしいと評判《ひょうばん》のチーズケーキを差《さ》し入《い》れてもらったからの、みんなでいただこうじゃないか」

チーズケーキ！　やったー！

律《りつ》も「オッシ！」とガッツポーズをしている。あー、元気《げんき》が戻《もど》ったみたいでよかった。

森井老人《もりいろうじん》が紅茶《こうちゃ》をいれてくれて、作業台《さぎょうだい》を囲《かこ》んでみんなでケーキを食《た》べた。

今日《きょう》の紅茶《こうちゃ》はビーカーじゃないんだ。

「今日《きょう》はせっかくの〈青《あお》の打《う》ち合《あ》わせ〉の日《ひ》じゃからな、ティーカップは、銅板《どうばん》転写《てんしゃ》を使《つか》っているバーレイのブルーアーデンにしたんじゃ」

とかなんとか森井老人《もりいろうじん》はぶつぶつ言《い》っていたけど、相変《あいか》わらずよくわからない。

そんなことよりこのチーズケーキ、かあさんが誕生日《たんじょうび》やクリスマスに買《か》ってくれるケーキとはぜんぜん違《ちが》う、ふわふわしてるのに、しっとりもしてて、ガッツリチーズの味《あじ》もする！

「うわー、すっごいおいしい！」

律《りつ》はニコニコしてケーキをほおばっている。やっぱり律《りつ》はわかりやすい。

「でしょ、朝《あさ》から並《なら》んだんだから！」

近藤《こんどう》さんが得意《とくい》げに教《おし》えてくれた。

「ここのはすぐ売《う》り切《き》れちゃいますよね。私《わたし》もここのケーキ大好《だいす》きです」

へえ、コシミズさんも好《す》きなんだ。

律《りつ》がいなくなる

森井老人《もりいろうじん》と近藤《こんどう》さんたちは、展覧会《てんらんかい》と講演会《こうえんかい》の打《う》ち合《あ》わせがあるというので、チーズケーキをごちそうになって大満足《だいまんぞく》のぼくたちは、３人《にん》にあいさつをして科《か》学倶楽部《がくくらぶ》をあとにした。

「暑《あつ》いなあ」と言《い》いながら、ふたりで不忍池《しのばずのいけ》の脇《わき》を歩《ある》いていたら、律《りつ》が不意《ふい》に立《た》ち止《ど》まった。

「なあ、蒼太郎《そうたろう》」

「なに？」

「あのさ、オレさ……、10月《がつ》に岩手《いわて》に引《ひ》っ越《こ》すんだ」

「え！」

律《りつ》は池《いけ》のなかの見《み》ごろをすぎた巨大《きょだい》なハスを見《み》ていて、ぼくのほうには背《せ》を向《む》けている。

「なんだよ、それ」

あまりに急《きゅう》なことすぎて、ぼくの頭《あたま》のなかは真《ま》っ白《しろ》になってしまった。

律《りつ》が、いなくなってしまう!?

「おとうさんの仕事《しごと》の関係《かんけい》で、みんなで引《ひ》っ越《こ》すことになったんだ。急《きゅう》に決《き》まっ

たんだ……」

律《りつ》はぼくに背中《せなか》を向《む》けたまま、そう言《い》った。だから、どんな顔《かお》をしているのかわからなかった。

「そっか……。何《なん》て言《い》っていいかわかんないよ。ごめん」

気持《きも》ちがごちゃごちゃしてしまって、ぼくはほんとに何《なん》て言《い》ったらいいのかわからなかった。

「だよな、おとうさんとおかあさんに引《ひ》っ越《こ》すって言《い》われたとき、オレも何《なん》て言《い》えばいいのか、わかんなかったもん。でもさ、青《あお》の実験《じっけん》だけは最《さい》後《ご》までいっしょにやりたくてさ」

「そっか……」

「オレさ、けがしてサッカーができなくな

って、マジできついんだ。サッカークラブのやつらにも会《あ》いたくないんだけど、いまの学校《がっこう》にいたら、これからも顔合《かおあ》わせるしさ。やつらが近《ちか》くにいたら、いつまでもサッカーのこと引《ひ》きずりそうじゃん？　だから、もしかしたら、新《あたら》しい学《がっ》校《こう》に行《い》ったほうがいろいろ吹《ふ》っ切《き》れるのかもって」

サッカーができなくなったこと、まだそんなにつらかったのか。

前《まえ》にかあさんが律《りつ》のこと気《き》にしていたけど、ぼくはそこまでとは思《おも》わなかった。ちょっと無理《むり》して明《あか》るいキャラをやってるのは、なんとなくわかっていたけど。

たしかに、このあいだ、サッカークラブのやつらとすれ違《ちが》ったあと、律《りつ》は黙《だま》っちゃったな……。

この夏《なつ》は律《りつ》といっしょに実験《じっけん》ができて、ぼくは、ただ純粋《じゅんすい》にうれしかったけど、律《りつ》はそうじゃなかったのかな……。

それに、いまの律《りつ》のことばは、まるで自分《じぶん》に言《い》い聞《き》かせてるみたいに聞《き》こえた。

でもぼくは、気《き》のきいたことばなんて少《すこ》しも思《おも》いつかなくて、

「まずは夏休《なつやす》みの宿題《しゅくだい》終《お》わらせちゃおうぜ」

としか言《い》えなかった。

2年《ねん》後《ご》に届《とど》いた招待状《しょうたいじょう》

「蒼太郎《そうたろう》あてに手紙《てがみ》が来《き》てたわよ」

かあさんが、晩《ばん》ご飯《はん》を食《た》べているぼくに、一枚《いちまい》の分厚《ぶあつ》い封筒《ふうとう》を差《さ》し出《だ》した。なかに入《はい》っていたのは、「内覧会招待状《ないらんかいしょうたいじょう》」と印刷《いんさつ》されたふたつ折《お》りの白《しろ》い厚紙《あつがみ》と「歴史的《れきしてき》な方法《ほうほう》で青《あお》を再現《さいげん》した、子《こ》どもたちの青《あお》をめぐる冒険《ぼうけん》」展覧会《てんらんかい》のチラシ、そして展覧会《てんらんかい》のチケットだった。チラシの裏側《うらがわ》には、青《あお》いマントを着《き》た聖母《せいぼ》マリアの絵《え》とラピスラズリを精錬《せいれん》して作《つく》ったウルトラマリンの顔料粒子《がんりょうりゅうし》の顕微鏡《けんびきょう》写真《しゃしん》が印刷《いんさつ》されている。

招待状《しょうたいじょう》には手書《てが》きで、「ようやく蒼太郎《そうたろう》くんと律《りつ》くんが手伝《てつだ》ってくれた青《あお》の展《てん》覧会《らんかい》を開《ひら》けることになりました。『北方《ほっぽう》ルネサンスの美術展《びじゅってん》』のおまけなんだけどね。もうあれから2年《ねん》ですね。レセプションをやりますので（ごちそうも用意《ようい》していますﾞ)、おかあさんといっしょに来《き》てね。近藤《こんどう》・輿水《こしみず》」と書《か》かれていた。

コシミズ、ってこんな漢字《かんじ》なんだ。てっきり「小清水《こしみず》」さんかと思《おも》っていた。

「近藤《こんどう》さんたちから、青《あお》の展覧会《てんらんかい》のレセプションをやるから、おかあさんといっしょに来《き》てねって書《か》いてある」

ぼくは興奮《こうふん》してかあさんに手紙《てがみ》を見《み》せた。

かあさんは、

「すごいじゃない、蒼太郎《そうたろう》と律《りつ》くんが中《ちゅう》1の夏《なつ》にがんばったやつが展示《てんじ》されるなんて、絶対観《ぜったいみ》に行《い》かないとね」

とうれしそうに言《い》ってくれた。

あ！　この招待状《しょうたいじょう》って律《りつ》にも届《とど》いているよね。じゃあ、レセプションで律《りつ》に会《あ》えるってことだ！

ぼくはまだ森井老人《もりいろうじん》の科学倶楽部《かがくくらぶ》に通《かよ》っていて、いまでも変《へん》な実験《じっけん》のお手伝《てつだ》いをさせられている。相変《あいか》わらず森井老人《もりいろうじん》はマイペースで、蛾《が》の幼虫《ようちゅう》の内臓《ないぞう》を使《つか》ってテグス糸《いと》を作《つく》ったり、とんぼ玉《だま》を作《つく》ったり、好《す》き勝手《かって》なことをしている。楽《たの》しいからいいけど、森井老人《もりいろうじん》はあの夏以来《なついらい》、実験《じっけん》をするときは、ぼくのことを助手《じょしゅ》みたいに使《つか》ってる気《き》がする。

そのせいか、ぼくは科学倶楽部《かがくくらぶ》で一目置《いちもくお》かれる存在《そんざい》になったみたいだ。おかげでちょっと自信《じしん》がついて、科学倶楽部《かがくくらぶ》の仲間《なかま》とは普通《ふつう》に話《はなし》ができるようになった。

ぼくはこの春《はる》、中《ちゅう》3になった。受験勉強《じゅけんべんきょう》もはじまって、苦手《にがて》な国語《こくご》もがんばっている。

いまでも、律《りつ》とはチャットしたり、オンラインゲームをしたりする。だけど、前《まえ》みたいな親友《しんゆう》って感《かん》じの近《ちか》さじゃなくなってしまった気《き》がする。毎日顔《まいにちかお》を合《あ》わせていないから、なんだか距離《きょり》ができてしまって、やっぱりさみしい。お互《たが》いに言《い》ってないことも、増《ふ》えたと思《おも》う。

その日《ひ》の夜《よる》、ぼくはさっそく律《りつ》に「招待状《しょうたいじょう》、届《とど》いた？　レセプション、もちろん来《く》るよね」とチャットした。しばらくして、「まだわからない。ひとりじゃ行《い》けないから」と律《りつ》から返事《へんじ》が届《とど》いた。

そうだよな、岩手《いわて》から来《く》るんだもん、ぼくみたいに気軽《きがる》に参加《さんか》できないよな。

久《ひさ》しぶりに律《りつ》に会《あ》えると思《おも》って、テンションが上《あ》がっていたぼくは、一気《いっき》に現実《げんじつ》に引《ひ》き戻《もど》された。

律《りつ》に会《あ》えるといいんだけどな。

はじめてのレセプション参加《さんか》

今日《きょう》はレセプションの日《ひ》だ。

あれから律《りつ》とはチャットをしていない。律《りつ》も受験勉強《じゅけんべんきょう》で忙《いそが》しいみたいで、「行《い》く」という返信《へんしん》は来《こ》なかった。

律《りつ》のおかあさんも仕事《しごと》があるみたいだし、やっぱり無理《むり》だったのかな。ぼくからチャットすればよかったんだけど、やっぱり前《まえ》みたいな関係《かんけい》じゃなくなってしまって、連絡《れんらく》しにくい。でもぼくは、きっと会《あ》えると思《おも》ってる。

「蒼太郎《そうたろう》くん、よく来《き》てくれたね！　ひさしぶり」

黒《くろ》のスーツをパリッと着《き》た近藤《こんどう》さんが、中央美術館《ちゅうおうびじゅつかん》の展示室前《てんじしつまえ》のロビーで、ぼくとかあさんを出迎《でむか》えてくれた。

隣《となり》には相変《あいか》わらず魔女《まじょ》みたいな黒《くろ》いワンピースを着《き》たコシミズさんがいた。

かあさんが、「今日《きょう》はちょっといい格好《かっこう》したら」と言うので、ぼくも今日《きょう》のために買《か》ってもらったジャケットを着《き》てきた。着慣《きな》れなくて、なんだかくすぐったい感《かん》じがする。

「コンドウ、蒼太郎《そうたろう》たちにいろいろ教《おし》えてくれてありがとう」

かあさんが、近藤《こんどう》さんに声《こえ》をかけた。

近藤《こんどう》さんは、

「蒼太郎《そうたろう》くんや律《りつ》くんのほうが、あんたよりよっぽど素直《すなお》でのみ込《こ》みがよかったよ！」と言《い》って、ぼくの頭《あたま》をぐりぐりした。

コシミズさんは隣《となり》でほほえんでいる。

「お、おそろいで、よく来《き》たな」

いつもの肘《ひじ》あてつきの茶色《ちゃいろ》のツイードのジャケットを着《き》た森井老人《もりいろうじん》が、ぼくたちのそばにやってきた。すでに手《て》には白《しろ》ワインのグラスを持《も》っている。

「美術館《びじゅつかん》ではな、色《いろ》のついた飲《の》み物《もの》は禁忌《きんき》でな。万一《まんいち》、事故《じこ》があって作品《さくひん》を汚《よご》したりしないように、白《しろ》ワインなんじゃよ。わしの好《す》きな赤《あか》ワインは置《お》いてないんじゃ」

いつものうんちくを語《かた》りながらも、なんだか森井老人《もりいろうじん》、うれしそうだ。

「森井先生《もりいせんせい》、酔《よ》っぱらうのは早《はや》いですよ。まだはじまってないのに」

近藤《こんどう》さんがそう言《い》ってたしなめるように森井老人《もりいろうじん》の腕《うで》を取《と》って、ギャラリーに向《む》かう。

ぼくとかあさんとコシミズさんも、ギャラリーに向《む》かった。

展示室《てんじしつ》の入《い》り口《ぐち》のところに、背《せ》の高《たか》いイケメンと女性《じょせい》が立《た》っていた。

「あ、蒼太郎《そうたろう》！」

律《りつ》だ！

隣《となり》の女性《じょせい》がかあさんに向《む》かっておじぎをする。

「律《りつ》くん、見《み》ないあいだにすごく背《せ》が伸《の》びたじゃない？　大人《おとな》っぽくなったね！」

かあさんがそう声《こえ》をかけると律《りつ》は恥《は》ずかしそうに下《した》を向《む》いて、「おひさしぶりです」と言《い》った。

ぼくは、律《りつ》に会《あ》えたのがうれしくて、律《りつ》のおかあさんにろくにあいさつもせずに、律《りつ》に近《ちか》づいて脇腹《わきばら》をつついた。

「律《りつ》、何《なん》センチになった？」

「175、おまえは？」

「165だよ、まだ」

「はは、オレの勝《か》ちだな」

よかった、見《み》かけはすっかり変《か》わって大人《おとな》っぽくなっちゃったけど、律《りつ》のこういうところ、そのままだ。2年間《ねんかん》のふたりの距離《きょり》が、あっという間《ま》に縮《ちぢ》まって、むかしの関係《かんけい》に戻《もど》った気《き》がした。

「チャットの返信《へんしん》がなかったから、今日《きょう》は来《こ》れないと思《おも》ってた」

「わるい、うちのおかあさんの予定《よてい》が最後《さいご》まではっきりしなくて、蒼太郎《そうたろう》に返事《へんじ》できなかったんだ。オレさ、蒼太郎《そうたろう》に会《あ》いたいからどうしても出席《しゅっせき》したくって、おかあさんにお願《ねが》いしまくって、東京《とうきょう》のおじいちゃんにも応援《おうえん》を頼《たの》んだんだよ」

律《りつ》は、むかしからそうだ。こういう恥《は》ずかしいことをサラッと言《い》える。律《りつ》のこういうところ、ぼくは本当《ほんとう》に大好《だいす》きなんだ。

かあさんと、律《りつ》のおかあさんが近況報告《きんきょうほうこく》をしているあいだに、ぼくは律《りつ》といっしょに展示室《てんじしつ》を見《み》てまわることにした。

展示《てんじ》されたぼくたちの青《あお》の実験《じっけん》　その1

コシミズさんがさりげなく隣《となり》に来《き》て、ぼくたちをエスコートしてくれる。ありがとう、コシミズさん。

「展示《てんじ》のスタートは、オドントライトの青色《あおいろ》です。シリアで発掘《はっくつ》された青《あお》いビーズを展示《てんじ》しています。それからマストドンの青《あお》くなった歯《は》の化石《かせき》も。見《み》てください、13世紀《せいき》のフランスで作《つく》られた十字架《じゅうじか》にも、このオドントライトの青色《あおいろ》の宝石《ほうせき》がはめられているってパネルで説明《せつめい》しています」

ガラスケースのなかで、小《ちい》さなトルコ石色《いしいろ》の破片《はへん》がライトをあびている。

「あそこの角《かど》には、中国《ちゅうごく》のキジル千仏洞《せんぶつどう》という遺跡《いせき》の壁画断片《へきがだんぺん》を展示《てんじ》しています。ここに使《つか》われたウルトラマリンは、最上級《さいじょうきゅう》の青色《あおいろ》の品質《ひんしつ》なんですよ。いろいろなクオリティの青色《あおいろ》を塗《ぬ》り分《わ》けているんですけれど、ほら、ふたりが作《つく》ってくれた3種類《しゅるい》の色味《いろみ》のウルトラマリンブルーの小瓶《こびん》と並《なら》んでいるので、比較《ひかく》しやすいでしょう」

展示台《てんじだい》の上《うえ》には、製作者《せいさくしゃ》としてぼくたちの名前《なまえ》が書《か》かれたラベルが貼《は》られたウルトラマリンの小瓶《こびん》があった。

ぼくと律《りつ》は照《て》れくさいような誇《ほこ》らしいような気持《きも》ちで、顔《かお》を見合《みあ》わせてちょっと笑《わら》ってしまった。ウルトラマリンの小瓶《こびん》以外《いがい》にも、こぶしくらいの大《おお》きさの真《ま》っ青《さお》なラピスラズリの石《いし》の塊《かたまり》がいくつも飾《かざ》ってある。

「それから、カルロ・ドルチの描《か》いた《悲《かな》しみの聖母《せいぼ》》も展示《てんじ》しました。165

5年《ねん》ごろ、イタリアのフィレンツェで描《えが》かれたと言《い》われている油絵《あぶらえ》なんですよ」

コシミズさんはさらに説明《せつめい》を続《つづ》けた。

「こういった宗教画《しゅうきょうが》は、特定《とくてい》の聖人《せいじん》や人物《じんぶつ》に関連《かんれん》した持《も》ちもの、色《いろ》、背景《はいけい》など、決《き》まった様式《ようしき》で描《えが》く決《き》まりごとがあったんです。だから、聖母《せいぼ》マリアの衣装《いしょう》は、天《てん》の真実《しんじつ》を意味《いみ》する青色《あおいろ》や神《かみ》の愛《あい》を示《しめ》す赤《あか》がよく使《つか》われ、純潔《じゅんけつ》の象徴《しょうちょう》として白《しろ》い百合《ゆり》などがよく描《えが》かれています。

もともとは、アズライトという銅《どう》の鉱物《こうぶつ》から作《つく》った顔料《がんりょう》を使《つか》って、聖母《せいぼ》マリアのマントは描《えが》かれてきたのです。ところがイタリアでは、ラピスラズリから青《あお》いウルトラマリンの顔料《がんりょう》を作《つく》れるようになって、状況《じょうきょう》が一変《いっぺん》しました。緑《みどり》がかったアズライトとは異《こと》なり、ウルトラマリンは紫《むらさき》がかった青色《あおいろ》であったことも好《この》まれたのでしょう、14~16世紀《せいき》のイタリアでは、とくにこの青色《あおいろ》を使《つか》ったマリア像《ぞう》が人気《にんき》になったんです」

「ウルトラマリンの青色《あおいろ》を作《つく》るとき、石《いし》を砕《くだ》くのがとっても大変《たいへん》だったよな」

律《りつ》が、あのときのことを思《おも》い出《だ》したらしく、肩《かた》をすくめた。

「あんなに大変《たいへん》だったんだから、そりゃ、値段《ねだん》も高《たか》かったろうね」

「でしょうね、そもそもラピスラズリの原石《げんせき》を遠《とお》いアフガニスタンから手《て》に入《い》れてくるのも大変《たいへん》だったでしょうしね」とコシミズさん。

「でも、このマントの青色《あおいろ》、ぼくたちが作《つく》ったのよりずっと深《ふか》い青色《あおいろ》ですね」

ぼくが素朴《そぼく》に思《おも》ったことを聞《き》いてみると、コシミズさんが笑《わら》って、

「蒼太郎《そうたろう》くんたちが作《つく》ったウルトラマリンと同《おな》じくらいですよ。ただ、このマントの青色《あおいろ》は、油《あぶら》で練《ね》って作《つく》った絵具《えのぐ》なので、青色《あおいろ》が濃《こ》くなったように見《み》えているだけです。ふたりが作《つく》ってくれたウルトラマリンブルーは、かなり上質《じょうしつ》な顔料《がんりょう》ですから」

と言《い》ってくれた。

次《つぎ》に、ぼくたちはエジプトの壁画《へきが》のパネルが飾《かざ》ってあるところに来《き》た。

「これは、いまから4200年《ねん》くらい前《まえ》、エジプト古王国第六王朝《こおうこくだいろくおうちょう》のものです。ほら、このナイル川《がわ》の水色《みずいろ》のところ、ふたりが作《つく》ってくれたエジプシャンブルーとそっくりでしょう？

前《まえ》に森井先生《もりいせんせい》から聞《き》いたかもしれませんが、エジプシャンブルーは世界《せかい》で一番《いちばん》古《ふる》い、人造《じんぞう》の青色《あおいろ》の顔料《がんりょう》と言《い》われてるんですよ。中世《ちゅうせい》のヨーロッパでさえ、アフガニスタンのラピスラズリから作《つく》ったウルトラマリンブルーは、金《きん》と同《おな》じ値段《ねだん》でした。ですから古代《こだい》エジプトでも、そんな高《たか》い青色《あおいろ》は簡単《かんたん》には手《て》に入《はい》らなかった

ので、それに代《か》わる青色顔料《あおいろがんりょう》が必要《ひつよう》だったんでしょうね」

「あ、エジプシャンブルーってカエルレウム、って呼《よ》ばれてたんですよね？」

ぼくは、前《まえ》に森井老人《もりいろうじん》に教《おし》えてもらった言葉《ことば》を思《おも》い出《だ》した。

コシミズさんは、めずらしくちょっとびっくりしたように目《め》を大《おお》きくして答《こた》えた。

「よく知《し》ってますね？　そうなんですよ。エジプシャンブルーは〈カエルレウム〉として文献《ぶんけん》に登場《とうじょう》するんですが、それは、ラテン語《ご》で〈青《あお》〉って意味《いみ》の言葉《ことば》です」

「へえ、ラテン語《ご》なんですね。知《し》りませんでした」

ぼくは、コシミズさんにほめられてちょっとうれしかった。

コシミズさんは続《つづ》けた。

「古代《こだい》エジプト人《じん》たちは、壁画《へきが》だけじゃなくて、土器《どき》や木棺《もっかん》や石《いし》やパピルスなどにも色《いろ》を塗《ぬ》っていたので、たくさん絵具《えのぐ》が必要《ひつよう》だったのかもしれませんね。

参考《さんこう》までに、エジプシャンブルーと似《に》たような仕組《しく》みで青色《あおいろ》にしたファイアンスのウシャブティも展示《てんじ》しておきました。ウシャブティって、お墓《はか》に埋葬《まいそう》された人《ひと》に代《か》わって、農耕《のうこう》など、あの世《よ》で労役《ろうえき》を請《う》け負《お》ってくれる身代《みが》わりの人形《にんぎょう》のことなんですよ。お墓《はか》の主《あるじ》、たとえばファラオが亡《な》くなったときに、たくさんの身《み》代《が》わり人形《にんぎょう》をいっしょに副葬《ふくそう》していたみたいです」

続《つづ》いてコシミズさんはその脇《わき》に展示《てんじ》してある壁画《へきが》のパネルを指《ゆび》さした。

「これは、13世紀《せいき》の壁画《へきが》で、キリスト教《きょう》の聖人《せいじん》たちを描《えが》いたものです。地中海周《ちちゅうかいしゅう》辺《へん》の典型的《てんけいてき》なビザンツ様式《ようしき》の壁画《へきが》です。見《み》てください。ここの背景《はいけい》、青色《あおいろ》というか紺色《こんいろ》に見《み》えませんか？　これが、ふたりも作《つく》ってくれたフォルスブルーなんですよ」

「え？　黒《くろ》い絵具《えのぐ》でこんなに青《あお》いのが描《か》けるんですか？」

「そうですよ、蒼太郎《そうたろう》くん。ここら辺《へん》は同《おな》じフォルスブルーですけど、ちょっとしか使《つか》ってないので、紺色《こんいろ》じゃなくて水色《みずいろ》っぽく見《み》えるんです」

「とってもお安《やす》くて劣化《れっか》しにくい顔料《がんりょう》って、お得《とく》な絵具《えのぐ》だったのかしらね」

突然《とつぜん》、かあさんが会話《かいわ》に加《くわ》わってきた。

「そうよ、このころって教会《きょうかい》とか地下《ちか》の共同墓地《きょうどうぼち》であるカタコンベの壁《かべ》に、キリスト教《きょう》の絵画《かいが》をバンバン描《か》かなきゃならなかった時代《じだい》だったからね。きっと、お手軽《てがる》でお安《やす》い材料《ざいりょう》が好《この》まれてたのかもしれないね」

近藤《こんどう》さんが、コシミズさんに代《か》わって説明《せつめい》してくれる。

かあさん、絵具《えのぐ》のことも何《なに》か知《し》ってるのかな？　いままで何《なん》にも言《い》わなかったのに、突然《とつぜん》どうしたの？

「あら、蒼太郎《そうたろう》くん、驚《おどろ》いてるわね。おかあさんが絵具《えのぐ》の話《はなし》なんてするから。むかし、私《わたし》といっしょに森井先生《もりいせんせい》の授業《じゅぎょう》を受《う》けてたんだから、絵具《えのぐ》のことを知《し》ってて当然《とうぜん》なのよ」

「はい。ちらっと聞《き》いたことはあったんですけど、ぼくにはあんまり詳《くわ》しく教《おし》えてくれなかったから……」

近藤《こんどう》さんは、いたずらっ子《こ》みたいに片目《かため》を閉《と》じて笑《わら》ってみせた。

展示《てんじ》されたぼくたちの青《あお》の実験《じっけん》　その2

「ほら、見《み》て。ここは考古学《こうこがく》コーナーにしたの。マヤ時代《じだい》の土器《どき》と古墳時代《こふんじだい》の埴輪《はにわ》を並《なら》べてみたのよ」

近藤《こんどう》さんのこだわりのコーナーなんだな。

「あ！　全然違《ぜんぜんちが》いますね！　マヤブルーってすごく鮮《あざ》やかです。トルコ石《いし》みたいな色《いろ》に見《み》えます」

「いいね、そうそう、似《に》てるよね。マヤブルー作《つく》ってどうだった？」

「すっげえくさかったです！」

間髪入《かんはつい》れずに律《りつ》が答《こた》える。

「そうよね、インディゴって、発酵《はっこう》するときにとっても強《つよ》いにおいが出《で》る染料《せんりょう》なのよ。だけど、そのくさいインディゴで作《つく》った顔料《がんりょう》は、とても丈夫《じょうぶ》でね。酸《さん》やアルカリでも変色《へんしょく》しにくいって言《い》われてるし、いい材料《ざいりょう》なんじゃないかな。アステカやマヤの古代人《こだいじん》たちが、ヨーロッパやアジアの青色《あおいろ》とはぜんぜん別《べつ》の方法《ほうほう》で、それも中南米《ちゅうなんべい》で手《て》に入《はい》る材料《ざいりょう》で、なんとかして自力《じりき》で青色《あおいろ》を作《つく》ったってすてきじゃない？」

「それを言《い》ったら、この埴輪《はにわ》についてる青《あお》っぽいのだってすてきじゃないですか？」

コシミズさんが横《よこ》から口《くち》を挟《はさ》んだ。

「たしかにこの埴輪《はにわ》に塗《ぬ》ってある青《あお》は、紺色《こんいろ》に近《ちか》くて素敵《すてき》だね。だけど、自分《じぶん》たちで化学的《かがくてき》になにか合成《ごうせい》しようとしたり、火《ひ》を使《つか》ったり、化学反応《かがくはんのう》させたりしたわけじゃないかもしれないから、はっきり言《い》って、物足《ものた》りないなあ」

かあさんが、余計《よけい》なことを言《い》ってきた。

「ははは、蒼太郎《そうたろう》や律《りつ》が掘《ほ》ってくれた青緑色《あおみどりいろ》の石《いし》は、残念《ざんねん》ながらこの埴輪《はにわ》の紺色《こんいろ》の顔料《がんりょう》ではなかったが……、もしかしたら、この紺色《こんいろ》だって、錬金術《れんきんじゅつ》の世界《せかい》で生《う》み出《だ》された、中世《ちゅうせい》ヨーロッパのいろいろな青色《あおいろ》と同《おな》じように、人間《にんげん》の知恵《ちえ》と英知《えいち》で生《う》み出《だ》したすごい発明品《はつめいひん》なのかもしらんよ？　それをまだ確《たし》かめられていないという意味《いみ》では、古代人《こだいじん》の知恵《ちえ》にわしたちはまだかなわないってことでもあるな。まあ言《い》えることは、この久慈型埴輪《くじがたはにわ》ってやつの紺色《こんいろ》は、日本《にほん》のなかではすごく特別《とくべつ》だ、ということじゃ。
たしかに、古墳時代《こふんじだい》の色《いろ》は化学的《かがくてき》には物足《ものた》りないかもしらん。しかし、熊本《くまもと》の王塚古墳《おうづかこふん》の壁画《へきが》は灰色《はいいろ》っぽい顔料《がんりょう》で塗《ぬ》ってあるが、薄暗《うすぐら》いなかでは青《あお》やら緑《みどり》のように見《み》えんこともないじゃろう？　光学的《こうがくてき》には努力賞《どりょくしょう》って言《い》えるんじゃないか？」

いつの間《ま》にか話《はなし》に加《くわ》わってきた森井老人《もりいろうじん》が、王塚古墳《おうづかこふん》の壁画《へきが》の写真《しゃしん》パネルを指《ゆび》さして言《い》った。

「ふーん、古代《こだい》の日本《にほん》だと、銅《どう》とかコバルトの金属資源《きんぞくしげん》がなかなか手《て》に入《はい》らなかったから、こうやって鉄分《てつぶん》の多《おお》い粘土《ねんど》や炭素《たんそ》で、なんとなく青《あお》や緑《みどり》を作《つく》ってたってことか……。一方《いっぽう》で、中南米《ちゅうなんべい》では、インディゴ染料《せんりょう》を採用《さいよう》していたってことなのね」

かあさんがなんだか日本《にほん》に対《たい》して失礼《しつれい》なことをぶつぶつ言《い》っている。

「ほら、そしてこれが、ふたりが命名《めいめい》してくれた〈忘《わす》れられた青《あお》〉の展示《てんじ》よ」

近藤《こんどう》さんがパネルとその脇《わき》の展示《てんじ》ケースを指《ゆび》さして言《い》った。

ここには、なんの絵《え》も飾《かざ》っていなくて、代《か》わりに、なんだか古《ふる》めかしいよくわからない文字《もじ》で書《か》かれた書物《しょもつ》が何冊《なんさつ》か展示《てんじ》してあった。

その脇《わき》に、コシミズさんが作《つく》った〈忘《わす》れられた青《あお》〉の明《あか》るい青《あお》い顔料《がんりょう》の粉《こな》が、ガラスの時計皿《とけいざら》の上《うえ》にのせられて四方《しほう》からライトの光《ひかり》を受《う》けて展示《てんじ》されていた。まるで特別《とくべつ》な魔法《まほう》の粉《こな》のように見《み》えた。

「以前話《いぜんはな》したけれど、中世《ちゅうせい》ヨーロッパには、『処方《しょほう》』って言《い》われる、いろんな顔《がん》料《りょう》の作《つく》り方《かた》を書《か》いた本《ほん》が残《のこ》っていてね。つまり絵具《えのぐ》の『レシピ』よね。ここには、レシピが書《か》かれたラテン語《ご》の本《ほん》を展示《てんじ》しているの。本物《ほんもの》の本《ほん》はアメリカの美術館《びじゅつかん》に保管《ほかん》されているから、これは複製品《ふくせいひん》なんだけど。9世紀《せいき》から長《なが》い年月《ねんげつ》をかけて、いろんな国《くに》のいろんな人《ひと》が少《すこ》しずつレシピを書《か》き足《た》していって、本《ほん》としてまとまったのが12世紀《せいき》だって言《い》われている。ちなみに、この青《あお》のレシピの部分《ぶぶん》が書《か》かれたのは12世紀よ。

いまのところ、どこの国《くに》で書《か》かれたのかもわかっていないんだけど、言語学者《げんごがくしゃ》によると中世《ちゅうせい》フランスで使《つか》われたラテン語《ご》に近《ちか》いみたい。だから、フランスあたりの処方《しょほう》なのかもしれないわね。ついでに言《い》うと、この本《ほん》は羊皮紙《ようひし》っていうヒツジ、ヤギやウシなど動物《どうぶつ》の皮《かわ》を薄《うす》くのばしたもので作《つく》った紙《かみ》なのよ。

石灰《せっかい》とお酢《す》を銅《どう》の容器《ようき》に入《い》れて馬《ば》フンのなかに埋《う》めよ、と書《か》いてあるところのページを展示《てんじ》してるの」

「発酵《はっこう》して温《あたた》かくなるから、馬《ば》フンをカイロ代《が》わりに使《つか》ってたんですよね」

律《りつ》はそう言《い》って、なんだか懐《なつ》かしそうな顔《かお》をした。

「そうそう、胃《い》が4つもあるウシと違《ちが》って、ウマは食《た》べた草《くさ》をあんまり消化《しょうか》せずに排出《はいしゅつ》するから、フンのなかにたくさん草《くさ》の繊維《せんい》が残《のこ》ったままなの。それを微生《びせい》物《ぶつ》が分解《ぶんかい》するときに発酵熱《はっこうねつ》を出《だ》すから、とってもあったかくなるのよね」

近藤《こんどう》さんが、馬《ば》フンのうんちくを語《かた》りはじめた。

「ええ、だからこういう顔料《がんりょう》を作《つく》るレシピには、よく馬《ば》フンでおおって温《あたた》めよ、と出《で》てくることが多《おお》いですね」

コシミズさんもつけ加《くわ》えた。なんとなくうれしそうだ。やっぱり、コシミズさんはオタクっぽい。

「中世《ちゅうせい》ではいろいろな方法で青色が合成《ごうせい》されていたけれども、いつか、この〈忘《わす》れられた青《あお》〉だけじゃなくて、その後《ご》、忘《わす》れられて現代《げんだい》には伝《つた》わらなかった顔料《がんりょう》で描《えが》かれたそんな絵画《かいが》にであえたらいいんですけど」

そうか、それがコシミズさんの夢《ゆめ》なのか。いつかそういう絵画《かいが》が見《み》つかって、コシミズさんや近藤《こんどう》さんの大発見《だいはっけん》になるといいな。

コシミズさんの案内《あんない》はさらに続《つづ》いた。

「次《つぎ》は、ラピスラズリと並《なら》んで大事《だいじ》な青色《あおいろ》であるコバルトガラスです。すでに4000年《ねん》くらい前《まえ》には、メソポタミアでコバルトガラスが使《つか》われたという報告《ほうこく》がありますけれど、古代《こだい》エジプトや地中海《ちちゅうかい》でもコバルト鉱石《こうせき》から作《つく》られたコバルト顔料《がんりょう》が使《つか》われていたようです。一方《いっぽう》、コバルトガラスから作《つく》られた、スマルトという青《あお》の絵具《えのぐ》がもっと広《ひろ》く使《つか》われるようになるのは、16、17世紀《せいき》のヨーロッパからだと思《おも》います。この17世紀《せいき》の絵《え》がそうですね。

マントのところは、スマルトで描《えが》いたものですよ。ご存《ぞん》じのように、スマルトはコバルトガラスの一種《いっしゅ》で、油絵《あぶらえ》のなかで使《つか》うと変色《へんしょく》してこんな茶色《ちゃいろ》になってしまうんですけどね」

コシミズさんが隣《となり》の油絵《あぶらえ》に描《えが》かれた女性《じょせい》の、茶色《ちゃいろ》のマントのところを指《ゆび》さしながら言《い》った。

「同《おな》じようなコバルトの青色《あおいろ》ですけど、こっちは変色《へんしょく》していないオランダのデルフトタイルです。これも17世紀《せいき》、400年近《ねんちか》く前《まえ》のものですね。オランダのデルフトという街《まち》でたくさん作《つく》られた焼《や》き物《もの》なんだけれど、中国《ちゅうごく》の陶磁器《とうじき》や日本《にほん》の有《あり》田焼《たやき》をまねしたくて、それっぽく作《つく》ったものなんです」

「前《まえ》に森井先生《もりいせんせい》から、江戸時代《えどじだい》の『伊勢物語《いせものがたり》』の挿絵《さしえ》に使《つか》われているスマルトを見《み》せてもらいました」

ぼくがそう言《い》うと、

「そうなのよ。江戸時代《えどじだい》のなかでも、中期以降《ちゅうきいこう》には、肉筆浮世絵《にくひつうきよえ》とかお寺《てら》や神社《じんじゃ》の天井画《てんじょうが》とかいろんな絵画《かいが》にスマルトの青《あお》は使《つか》われていたのよ。そのあとは、ほら、本式《ほんしき》の版画《はんが》になってプルシアンブルーに替《か》わるわけだけどね。

この絵《え》は、江戸時代後期《えどじだいこうき》、安政《あんせい》の大地震《おおじしん》のあとにたくさん描《か》かれたと言《い》われる鯰絵《なまずえ》の一枚《いちまい》。ほら、ここの青《あお》にプルシアンブルーが使《つか》われているの。

このころは、地下《ちか》に住《す》んでいる鯰《なまず》が身体《からだ》をゆすることで地震《じしん》を引《ひ》き起《お》こしたという伝説《でんせつ》をもとにした絵《え》が流行《はや》ったのよ」

と近藤《こんどう》さんがその隣《となり》の鯰《なまず》がたくさん並《なら》んだ錦絵《にしきえ》を指《ゆび》さしながら説明《せつめい》してくれた。

「これ、ベロリンの青《あお》ですよね！　蒼太郎《そうたろう》、牛《うし》の血《ち》を煮《に》て作《つく》ったよな！　けっこう、グロかった！」

ぼくも、うんうんとうなずいた。

「鉄《てつ》のシアノ錯体《さくたい》でしょ」

そんなぼくたちの反応《はんのう》を見《み》て、また、かあさんが余計《よけい》なコメントを言《い》う。

「それです、プルシアンブルー。黒魔術《くろまじゅつ》みたいな作《つく》り方《かた》ですよね」

ぼくたちの反応《はんのう》を見《み》て、コシミズさんがまるで魔女《まじょ》みたいに笑《わら》った。

「これは本当《ほんとう》に画期的《かっきてき》な青色顔料《あおいろがんりょう》なんじゃよ。たいそうお安《やす》く、鮮《あざ》やかな深《ふか》い青《あお》色《いろ》が手《て》に入《はい》るようになったわけだからな。それも、動物《どうぶつ》の血液《けつえき》とか皮《かわ》とか内臓《ないぞう》とか、いわば、ゴミみたいに捨《す》てられていたものから、青色《あおいろ》が作《つく》れるようになったわけじゃ。高価《こうか》なラピスラズリやコバルト鉱石《こうせき》から苦労《くろう》して作《つく》り出《だ》さなくても青《あお》が使《つか》えるようになったんだから、これは青色世界《あおいろせかい》の革命《かくめい》だったと言《い》えるじゃろ」

森井老人《もりいろうじん》は、手《て》にしていた白《しろ》ワインのグラスを空《から》にして、機嫌《きげん》よさそうにつけ加《くわ》えた。

レセプションで注目《ちゅうもく》をあびる

「ほらほら、そろそろレセプションはじまるから、みんな、前《まえ》のほうに来《き》て」

近藤《こんどう》さんがぼくたちを手招《てまね》きした。

ロビーには、大勢《おおぜい》の招待客《しょうたいきゃく》がいて、みんなお皿《さら》やグラスを持《も》って談笑《だんしょう》している。

こんな場《ば》に中学生《ちゅうがくせい》のぼくたちがいるなんて、かなり場違《ばちが》いだな。

「はい、このキッシュ、おいしいですよ」

コシミズさんが、ぼくと律《りつ》にお皿《さら》を手渡《てわた》してくれた。かあさんと律《りつ》のおかあさんは、だれか知《し》り合《あ》いと話《はな》しながら、ワインを飲《の》んでいる。

ぼくはリンゴジュースを飲《の》みつつ、あんまりガツガツしてるように見《み》えないように気《き》をつけた。

「おい、蒼太郎《そうたろう》、あそこにお寿司《すし》があるぞ！」

「そんなに山盛《やまも》り取《と》ったら恥《は》ずかしいじゃん、3個《こ》ずつにしようよ」

「これさ、ワサビ入《い》りかな？　オレ、ワサビだめなんだ」

そんなことを言《い》いながら、律《りつ》はお稲荷《いなり》さんをお皿《さら》に山盛《やまも》りにのせている。よかった、こんなに背《せ》が伸《の》びて大人《おとな》っぽくなったと思《おも》ったけど、律《りつ》はぜんぜん変《か》わっていない。

レセプションでは、中央美術館《ちゅうおうびじゅつかん》の館長《かんちょう》があいさつのスピーチをした。絵画作品《かいがさくひん》を貸《か》してくれたイタリアやメキシコ、いろいろな美術館《びじゅつかん》への感謝《かんしゃ》を述《の》べたあと、いきなり彼女《かのじょ》は、ぼくと律《りつ》と森井老人《もりいろうじん》の名前《なまえ》を出《だ》して、感謝《かんしゃ》を述《の》べた。そしてぼくたちに向《む》かって拍手《はくしゅ》をした。するとお客《きゃく》さんたちも一斉《いっせい》にぼくたちのほうを見《み》て拍手《はくしゅ》した。

お寿司《すし》を口《くち》いっぱいに入《い》れていたぼくと律《りつ》は、突然《とつぜん》のことに目《め》を白黒《しろくろ》させてしまった。あわててぼくたちがおじぎすると、司会《しかい》をしていた近藤《こんどう》さんも笑《わら》って拍手《はくしゅ》してくれた。

かあさんも、律《りつ》のおかあさんも、森井老人《もりいろうじん》も、うれしそうに拍手《はくしゅ》してくれた。

＊

「急《きゅう》に名前《なまえ》呼《よ》ばれて、びっくりしたよなー」

第10章
旅立ち

レセプションからの帰《かえ》り道《みち》、律《りつ》がつぶやいた。

律《りつ》のおかあさんは先《さき》に帰《かえ》っていき、かあさんはぼくを置《お》いて、近藤《こんどう》さんたちと飲《の》みに行《い》くと言《い》って、さっさと出《で》かけてしまった。

律《りつ》といっしょに帰《かえ》るのは2年《ねん》ぶりだ。

「な、恥《は》ずかしかったよな」

「あんなふうに青《あお》の顔料《がんりょう》の瓶《びん》を展示《てんじ》されるとさ、オレたちよくがんばったなあって思《おも》うよ」

律《りつ》がしみじみと言《い》いながら、背負《せお》っていたバックパックからノートくらいの大《おお》きさの箱《はこ》を取《と》

り出《だ》した。

「これ、蒼太郎《そうたろう》に。恥《は》ずかしいけど、もらってくれない？」

「何《なに》これ」

「オレさ、岩手《いわて》ではすっぱりサッカーも運動《うんどう》もやめたんだ。それでさ、実《じつ》は、転《てん》校《こう》してすぐ美術部《びじゅつぶ》に入《はい》ったんだよね」

「え？　そんなこと何《なに》も言《い》ってなかったじゃん」

「恥《は》ずかしいから内緒《ないしょ》にしてたんだよ」

律《りつ》にもらった箱《はこ》を開《あ》けたら、なかには小《ちい》さなキャンバスに描《か》かれた律《りつ》とぼくの姿《すがた》を描《か》いた油絵《あぶらえ》が入《はい》っていた。

絵《え》のなかのぼくたちは、まだちょっと幼《おさな》い笑顔《えがお》で、こちらをまっすぐ見《み》ていて、青緑色《あおみどりいろ》の石《いし》を採《と》りに行《い》ったあの夏《なつ》の日《ひ》と同《おな》じ、Ｔシャツを着《き》ていた。

「なんだよ、これ。ちゃんとぼくと律《りつ》じゃないかよ」

なんだか胸《むね》にいろいろつかえたような感《かん》じがしてうまく言葉《ことば》が出《で》てこない。

「蒼太郎《そうたろう》、相変《あいか》わらず、ほめ方《かた》がひどすぎだよ。あんとき森井老人《もりいろうじん》にもらったインスタント写真《しゃしん》を見《み》て描《か》いたんだ。うまいとか、似《に》てるとか、ちゃんと言《い》えよ。これでもけっこう練習《れんしゅう》したんだから」

律《りつ》が照《て》れくさそうに言《い》う。

「もしかして、クラスメイトの女《おんな》の子《こ》たちに律《りつ》の自画像《じがぞう》を描《か》いてバンバンプレゼントしてるんじゃないの？」

「そんなわけないだろう！　美術部《びじゅつぶ》の女《おんな》の子《こ》たちにはモデルになってもらったことあるけど、別《べつ》に下心《したごころ》ないって！」

律《りつ》は慌《あわ》てて言《い》い訳《わけ》してるけど、どうなんだろう。律《りつ》のそういうケイハクなところ、すぐには変《か》わらないんじゃないかな。

「オレさ、近藤《こんどう》さんたちに『岩手《いわて》に引《ひ》っ越《こ》します』ってあいさつにいったらさ、ふたりが木箱《きばこ》に入《はい》った油絵《あぶらえ》のセットをプレゼントしてくれたんだよ。だからさ、新《あたら》しい中学《ちゅうがく》で、美術《びじゅつ》をはじめてみようかなって」

え？　そんなぼくの知《し》らないところで。ずるいぞ、律《りつ》！

「さっきさ、森井老人《もりいろうじん》がくれたのって何《なん》だろうな」

律《りつ》は話《はなし》を変《か》えた。

レセプションが終《お》わったときに、森井老人《もりいろうじん》がぼくと律《りつ》を呼《よ》び止《と》めて、ゲンコツくらいの大《おお》きさのおしゃれにラッピングしたものを、ひとつずつくれたんだった。

あの夏《なつ》の、実験《じっけん》を手伝《てつだ》ってくれたことへのお礼《れい》なんだそうだ。今日《きょう》の、展示《てんじ》のお披露目《ひろめ》の機会《きかい》に、ぼくたちにプレゼントしたかったらしい。

「見《み》てみようよ」

そう言《い》って、ぼくはカバンから包《つつ》みを取《と》り出《だ》した。

律《りつ》と競《きそ》うように包《つつ》みを開《あ》けたら、なかから濃紺色《のうこんいろ》のフンコロガシの彫刻《ちょうこく》が出《で》てきた。

「ラピスラズリのスカラベじゃん、これ！」

「これ、ぼくがずっと欲《ほ》しかったやつだよ。森井老人《もりいろうじん》のお店《みせ》にあったよね」

「森井老人《もりいろうじん》、このスカラベ大事《だいじ》にしてるって言《い》ってなかったっけ？」

「言《い》ってた、言《い》ってた。アフガニスタンで採《と》れたラピスラズリをエジプトで彫刻《ちょうこく》した、とってもレアなスカラベだって自慢《じまん》してたし」

「そんな大事《だいじ》なもの、なんでオレたちにくれたんだろうね」

「うーん……、なんでだろ？」

「オレたちがよっぽど好《す》きなのかな？」

「……そうなのかも……。ぼくたちが青《あお》の実験手伝《じっけんてつだ》ってあげたの、よっぽどうれしかったのかもね」

ぼくの手《て》のなかで、ラピスラズリのスカラベはなんだかあったかく感《かん》じた。

「あとさ、律《りつ》、絵《え》、ありがとな。部屋《へや》に飾《かざ》るよ」

ようやく素直《すなお》に言《い》えた気《き》がする。

「おお、毎日《まいにち》オレの顔見《かおみ》てさ、思《おも》い出《だ》せよな」

「そういうの、うぜえんだよ」

ぼくは、律《りつ》の脇腹《わきばら》にパンチを入《い》れた。

「じゃあさ、おまえは代《か》わりにこれをカバンにつけとけよ。森井老人《もりいろうじん》のとこで、このあいだ作《つく》ったんだ」

ぼくは、ポケットから青《あお》いとんぼ玉《だま》のキーホルダーを取《と》り出《だ》して律《りつ》に手渡《てわた》した。

ちょっと見《み》ると、まるで地球儀《ちきゅうぎ》みたいに見《み》える、青《あお》のなかに緑《みどり》の斑点《はんてん》の入《はい》ったとんぼ玉《だま》だ。

科学倶楽部《かがくくらぶ》でけっこう綺麗《きれい》にできたから、律《りつ》にあげたいって思《おも》って持《も》ってきたんだ。

「おお、これいいじゃん。ありがと」

そう言《い》うと、律《りつ》はさっそく背負《せお》っていたバックパックにつけた。

律《りつ》は、おじいちゃんの家《いえ》に泊《と》まるからと、まっすぐ駅《えき》に向《む》かう。ぼくは歩《ある》いて帰《かえ》るので、ここで右《みぎ》に曲《ま》がる。

「またな」

別《わか》れ際《ぎわ》、ぼくはわざと元気《げんき》な声《こえ》で律《りつ》に言《い》った。

律《りつ》は振《ふ》り返《かえ》ると、ちょっとあらたまった顔《かお》で、

「なあ、蒼太郎《そうたろう》。大学生《だいがくせい》になったらさ、いっしょにエジプトに、本物《ほんもの》のエジプシャンブルーで描《か》いた青《あお》の絵《え》を見《み》に行《い》こうよ」

と言《い》った。

そのとき、ぼくはどんな大学生《だいがくせい》になってるんだろう？

「おお！ でもさ、エジプト行《い》くならさ、アラビア語《ご》とか英語《えいご》とか、勉強《べんきょう》しとかねえとやばいよな」

「そうだな。そんときにはオレ、ペラペラだよ！ 期待《きたい》しとけよ」

律《りつ》はそう言《い》うと、駅《えき》のほうに顔《かお》を向《む》けたまま、ひらひら右手《みぎて》を振《ふ》って別《わか》れを告《つ》げた。

ぼくはラピスラズリのスカラベを右手《みぎて》に持《も》ったまま、律《りつ》の背中《せなか》を見送《みおく》った。

エピローグ

ぼくは、いま、「理数科《りすうか》」っていうクラスがある高校《こうこう》を目指《めざ》して勉強《べんきょう》している。理数科《りすうか》は、いわゆる「理系《りけい》」の大学《だいがく》を目指《めざ》すクラスだ。

まだ何《なに》になりたいか、はっきりわからないけど、コシミズさんや近藤《こんどう》さんみたいな仕事《しごと》ができたら楽《たの》しそうだなと思《おも》っている。それで、いつか、コシミズさんの弟子《でし》として使《つか》ってもらえないかな。だって、あんなオタクマインド全開《ぜんかい》で仕事《しごと》ができるなんて、本当《ほんとう》にうらやましい。

かあさんや近藤《こんどう》さんみたいに、材料《ざいりょう》を分析《ぶんせき》するのも楽《たの》しそうだし、コシミズさんみたいに昔《むかし》の本《ほん》をたくさん読《よ》んで歴史《れきし》に詳《くわ》しい人《ひと》にもあこがれる。森井老人《もりいろうじん》もかあさんも、やっていることが仕事《しごと》なのか趣味《しゅみ》なのかよくわからない。いつかぼくも楽《たの》しく仕事《しごと》がしてみたい。

中《ちゅう》1の夏《なつ》に、律《りつ》といっしょにひたすら青《あお》の実験《じっけん》をしてみて、かれらみたいになるには、科学《かがく》の知識《ちしき》も必要《ひつよう》だし、外国語《がいこくご》のような文系《ぶんけい》の知識《ちしき》も必要《ひつよう》だってことがわかった。オドントライトのことだって、まだあれは昔《むかし》の作《つく》り方《かた》じゃないって、森井老人《もりいろうじん》が言《い》っていたし、結局《けっきょく》〈あおに〉が何《なん》なのかもわからなかったし、埴輪《はにわ》の紺色《こんいろ》の謎《なぞ》も、まだはっきりわかってない。いろいろ明《あき》らかになってないことがあるって、わくわくする。

ぼくは理系科目《りけいかもく》のほうが得意《とくい》だから、とりあえず高校《こうこう》の理数科《りすうか》を受験《じゅけん》するつもりだけど、大学《だいがく》に入《はい》ったら、ラテン語《ご》とかアラビア語《ご》とかいろいろな外国語《がいこくご》も学《まな》んでみたい。

理系《りけい》・文系《ぶんけい》って決《き》めなくても、何《なに》かひとつの興味《きょうみ》にしぼらなくても、そのうち道《みち》は拓《ひら》けるんじゃないかな。

机《つくえ》の上《うえ》に置《お》いた青《あお》いスカラベを持《も》ち上《あ》げてみた。

森井老人《もりいろうじん》にもらったラピスラズリのスカラベは、ぼくのお守《まも》りみたいになっている。科学倶楽部《かがくくらぶ》は受験《じゅけん》が終《お》わるまでしばらくお休《やす》みをするけど、受験《じゅけん》が終《お》わったら再開《さいかい》するつもりだ。

「かあさん、いつかさ、ぼく、近藤《こんどう》さんとかコシミズさんの弟子《でし》になれるかな?」

一瞬《いっしゅん》、思案顔《しあんがお》をしてかあさんが言《い》った。

「そうねぇ。その道《みち》はとても険《けわ》しいよ。もし本当《ほんとう》に弟子《でし》にしてほしいのなら、たくさん本《ほん》を読《よ》みなさい。歴史《れきし》の本《ほん》もたくさん。もちろん、化学《かがく》も語学《ごがく》も。いろんな国《くに》の文化《ぶんか》や歴史《れきし》をよく知《し》らないといけないんだよ。ほら、コシミズさんも近藤《こんどう》も、森井先生《もりいせんせい》も、みんなオタクっぽい変《か》わりものでしょ? あんな変《か》わりものの弟子《でし》になりたいなんて。そんなことを聞《き》いたら、森井先生《もりいせんせい》、すごく喜《よろこ》ぶんじゃない?」

「別《べつ》にさ、森井老人《もりいろうじん》みたいになりたいかって言《い》われたら、どうかなぁ……。コシミズさんは魔女《まじょ》っていうか、錬金術師《れんきんじゅつし》みたいでかっこいいなって思《おも》うけど。近藤《こんどう》さんも白衣《はくい》が似合《にあ》っててかっこいい」

「そうね、コシミズさんってオタクっぽいよね。近藤《こんどう》もね、ああ見《み》えて、大学《だいがく》は美術史専攻《びじゅつしせんこう》だったんだよ。大学生《だいがくせい》のときに絵画《かいが》がどんな材料《ざいりょう》で、どうやって描《か》かれたかが気《き》になって、そのあと化学《かがく》のおもしろさに目覚《めざ》めて、化学科《かがくか》に入《はい》り直《なお》したんだよ。そこで私《わたし》の同級生《どうきゅうせい》になったってわけ」

「え? そうなの!?」

「だから、別《べつ》に、いつどこで何《なに》に目覚《めざ》めるかなんてわからないってことよ。世《よ》の中《なか》にはおもしろいことがたくさんあるんだから、高校《こうこう》や大学《だいがく》で、もちろんそのあとででも、いろんなものを見《み》つけに行《い》ったらいいよ」

げ、そんなまじめにかあさんが将来《しょうらい》のことを話《はな》すの、はじめて聞《き》いた。

「大学生《だいがくせい》になったらさ、律《りつ》とエジプトに本物《ほんもの》のエジプシャンブルーとかファイアンス、見《み》に行《い》こうって約束《やくそく》したんだ。だから、アラビア語《ご》とか英語《えいご》もがんばるよ」

かあさんは、にやっと笑《わら》って言《い》った。

「その心意気《こころいき》、いいんじゃない？　でもさぁ……蒼太郎《そうたろう》の場合《ばあい》、アラビア語《ご》や英《えい》語《ご》もいいんだけど……まずは、国語《こくご》じゃないかな？」

うげえ、一番難《いちばんむずか》しいやつじゃん……。

「はあ、勉強《べんきょう》するか」、とぼくは大《おお》きくため息《いき》をついて立《た》ち上《あ》がった。

あとがき

私《わたし》にとっての「人間《にんげん》が作《つく》り出《だ》した青色《あおいろ》」との最初《さいしょ》の出会《であ》いは、アメリカのゲティ保存研究所《ほぞんけんきゅうじょ》でインターンをしていたときに顕微鏡《けんびきょう》で見《み》せられたエジプシャンブルー粒子《りゅうし》でした。八角形《はっかくけい》の粒子《りゅうし》は、いままで見《み》たことがない、初《はじ》めての青色《あおいろ》。上《じょう》司《し》だったデイヴィッド・スコットが、もじゃもじゃのひげをかきながら「この顔《がん》料《りょう》は何《なに》かわかるかね」と聞《き》いてきたのですが、恥《は》ずかしながら見《み》たことがなかった私《わたし》は答《こた》えられませんでした。隣《となり》にいたアメリカ人《じん》のインターンの高校生《こうこうせい》の女《おんな》の子《こ》があっさりと「エジプシャンブルーです」と答《こた》えたことに、その年《とし》に大学院《だいがくいん》を卒業《そつぎょう》していた私《わたし》は衝撃《しょうげき》を受《う》けました（その子《こ》はそれからプリンストン大学《だいがく》へ進学《しんがく》しました）。

その後《ご》、研究室《けんきゅうしつ》で、中世《ちゅうせい》ヨーロッパの「処方《しょほう》」に基《もと》づいてヴェルディグリの合《ごう》成《せい》をさせてもらい、ギリシアのアッティカ黒像式陶器《こくぞうしきとうき》の彩色《さいしき》や、ドイツの中世《ちゅうせい》の写本《しゃほん》の青《あお》や緑《みどり》の分析《ぶんせき》をする機会《きかい》をいただいたこと、同僚《どうりょう》だったキプロス人《じん》イオアナ・カクウリが同《おな》じ研究室《けんきゅうしつ》でエジプシャンブルーを合成実験《ごうせいじっけん》していたのも、現在《げんざい》の地中海世界《ちちゅうかいせかい》や中央《ちゅうおう》アジアの壁画材料《へきがざいりょう》や技法研究《ぎほうけんきゅう》へのきっかけになっていると思《おも》います。ビーカーにいれた砂糖《さとう》たっぷりのミルクティーを飲《の》みつつ、銅《どう》の顔料《がんりょう》、緑《みどり》や青《あお》の世界《せかい》にいざなってくれたデイヴィッドに感謝《かんしゃ》しています。

アフガニスタンのバーミヤーン遺跡《いせき》N（a）窟《くつ》で壁画《へきが》の修復《しゅうふく》をしているときに、黒《くろ》く煤《すす》で汚《よご》れた層《そう》の下《した》に鮮《あざ》やかなラピスラズリの青色《あおいろ》を見《み》つけたことも大《おお》きな経験《けいけん》でした。世界最古《せかいさいこ》の油絵《あぶらえ》であったその仏教壁画《ぶっきょうへきが》に使《つか》われていた天然《てんねん》ウルトラマリンブルーはとてもとても深《ふか》い青色《あおいろ》をしていました。中国《ちゅうごく》・新疆《しんきょう》のキジル千仏洞《せんぶつどう》224窟《くつ》のラピスラズリの鮮《あざ》やかな青色《あおいろ》は、いままで見《み》たなかで一番《いちばん》きれいな（きっと一番高額《いちばんこうがく》な）青色《あおいろ》でした。人骨《じんこつ》だらけのマルタの地下《ちか》のカタコンベの壁《かべ》に描《か》かれていたフォルスブルーの聖人《せいじん》の壁画《へきが》、ルーマニアのホレズ修道院《しゅうどういん》の壁画《へきが》に使《つか》われているスマルトの水色《みずいろ》、エジプト古王国時代《こおうこくじだい》のイニ・スネフェル・イシエテフの壁画《へきが》に使《つか》われているエジプシャンブルーの青色《あおいろ》、アメリカの博物館《はくぶつかん》で目《め》にしたマヤ土器《どき》に塗《ぬ》られているマヤブルーの青色《あおいろ》も忘《わす》れられません。

それから、現在《げんざい》、東京藝術大学博士課程《とうきょうげいじゅつだいがくはくしかてい》でスマルトの研究《けんきゅう》を続《つづ》けている寺島海《てらしまかい》さんは、東京理科大学《とうきょうりかだいがく》の学部生時代《がくぶせいじだい》、筑波大学《つくばだいがく》の実験室《じっけんしつ》でスマルト作《づく》りに励《はげ》んでいました。いまの研究室《けんきゅうしつ》にも、ファイアンスやエジプシャンブルー作《づく》りをしている人文学類生《じんぶんがくるいせい》たちがいます。ほかにも、学類生《がくるいせい》や院生《いんせい》たちと一緒《いっしょ》にパイプ状《じょう》ベンガラを焼《や》いたこと、牛《うし》の血液《けつえき》からプルシアンブルーを作《つく》ったことなど、すべてこの本《ほん》の大事《だいじ》なインスピレーションのもとになっています。

そして、エジプトで一緒《いっしょ》に仕事《しごと》をしている保存修復専門家《ほぞんしゅうふくせんもんか》、増田久美《ますだくみ》さんからいただいたラピスラズリでできたフンコロガシは、いまでも私《わたし》の宝物《たからもの》です。

この物語《ものがたり》づくりは、フィクションを一度《いちど》も書《か》いたことのない私《わたし》たちにとって、とても難《むずか》しいものでした。そのため、実在《じつざい》のいろいろな人物《じんぶつ》や機関《きかん》をとりまぜてお話《はなし》にしていますので、どこかで見覚《みおぼ》えのある人《ひと》が出《で》てくるかもしれませんが、基本的《きほんてき》にはフィクションのつもりなのであまり詮索《せんさく》しないでください。文化財保存《ぶんかざいほぞん》の分野《ぶんや》には、青《あお》に限《かぎ》らず、さまざまな「色《いろ》」を専門《せんもん》とする研究者《けんきゅうしゃ》たちがいます。一緒《いっしょ》に本《ほん》を書《か》いてくれた髙橋香里《たかはしかおり》さんも、そのうちのひとり、中世《ちゅうせい》の「忘《わす》れられた」青色《あおいろ》のことで博士論文《はくしろんぶん》を書《か》いた専門家《せんもんか》です。ほかにも、いろいろな人《ひと》たちの経験《けいけん》、知恵《ちえ》、情熱《じょうねつ》のおかげでこの本《ほん》を完成《かんせい》することができました。

私《わたし》の息子《むすこ》もちょうど13歳《さい》ですが、反抗期《はんこうき》に突入《とつにゅう》しています。蒼太郎《そうたろう》が実験三昧《じっけんざんまい》の夏《なつ》を通《つう》じて成長《せいちょう》していったように、息子《むすこ》もいつか好《す》きなことをする旅《たび》のなかで大人《おとな》になっていくといいなと希望《きぼう》を込《こ》めて書《か》きました。ちなみに、息子《むすこ》の一番《いちばん》の得意科目《とくいかもく》は国語《こくご》だそうです。

物語《ものがたり》として事例《じれい》をまとめるにあたり、思《おも》いもかけない問題《もんだい》にいくつもぶつかりました。〇〇だ、といわれていたものが、実際《じっさい》はちゃんと分析報告《ぶんせきほうこく》がなかったり、根拠《こんきょ》が不足《ふそく》していたりしたために、改《あらた》めて自分《じぶん》たちで分析《ぶんせき》からしなければならなかったケースもありました。わかっているようでわかっていなかった、ということがいくつもあったのです。常陸《ひたち》の埴輪《まにわ》に塗《ぬ》られている紺色《こんいろ》など、この本《ほん》をきっかけにした調査《ちょうさ》で明《あき》らかになったこともたくさんありましたし、これから分析《ぶんせき》を進《すす》めないとならないものもまだまだあることがわかりました。いまの段階《だんかい》で、できるかぎり事実《じじつ》に誠実《せいじつ》に向《む》き合《あ》ったつもりです。謎《なぞ》が残《のこ》っている、つまり、これからも旅《たび》を続《つづ》ける必要《ひつよう》があるということ、楽《たの》しみです。

もし、みなさんが、この本《ほん》をきっかけに、色《いろ》の世界《せかい》、人類《じんるい》の色《いろ》への探究心《たんきゅうしん》や情熱《ねつ》に少《すこ》しでも関心《かんしん》を持《も》ってくださるのであればとてもうれしいです。(谷口《たにぐち》)

谷口《たにぐち》先生《せんせい》を一言《ひとこと》で表《あらわ》すと「好奇心《こうきしん》と正義感《せいぎかん》のブルドーザー」。興味《きょうみ》を持《も》ったことに一直線《いっちょくせん》、そして間違《まちが》ったことには正面《しょうめん》から立《た》ち向《む》かう人《ひと》です。問題《もんだい》は、パワフルすぎてブルドーザー並《な》みに周囲《しゅうい》をなぎ倒《たお》していくこと、そのため、谷口先生《たにぐちせんせい》と私《わたし》は、何《なに》かいっしょに仕事《しごと》をすると、必《かなら》ずと言《い》っていいほど喧嘩《けんか》になります。喧嘩《けんか》はするものの、自分《じぶん》の信念《しんねん》をこれほど有言実行《ゆうげんじっこう》できる人《ひと》は、谷口先生《たにぐちせんせい》のほかにいないと私《わたし》は思《おも》っています。興味《きょうみ》があれば世界中《せかいじゅう》のどこまでも追《お》いかけていく、そこから得《え》た知識《ちしき》と経験《けいけん》を未来《みらい》の研究者《けんきゅうしゃ》に伝《つた》えたい、この本《ほん》には、谷口先生《たにぐちせんせい》のそういう気持《きも》ちが表《あらわ》れています。谷口先生《たにぐちせんせい》は愛情表現《あいじょうひょうげん》が不器用《ぶきよう》なことを私《わたし》はいつも心配《しんぱい》しているのですが、13歳《さい》の息子《むすこ》さん、筑波大学《つくばだいがく》の学生《がくせい》さん、みなさんに対《たい》する将来《しょうらい》への期待《きたい》と深《ふか》い愛情《あいじょう》を、この本《ほん》から受《う》け取《と》っていただければと願《ねが》っています。

さて、「コシミズ」は私《わたし》の旧姓《きゅうせい》です。古《ふる》めかしい技法書《ぎほうしょ》に惹《ひ》かれ、「忘《わす》れられた青《あお》」作《づく》りに没頭《ぼっとう》していた経験《けいけん》から、第《だい》9章《しょう》「中世《ちゅうせい》の青色《あおいろ》の話《はなし》」の執筆《しっぴつ》をさせていただきました。

ですが、中学生《ちゅうがくせい》からオタクを貫《つらぬ》いてきたコシミズさんは、私《わたし》の学生時代《がくせいじだい》とは真《ま》逆《ぎゃく》の設定《せってい》です。私《わたし》は進路《しんろ》を決《き》めなければならない高校生《こうこうせい》のときに、数学《すうがく》が得意《とくい》で、でも歴史《れきし》が好《す》きだったので、理系《りけい》とも文系《ぶんけい》とも決《き》めきれず、数学《すうがく》と歴史《れきし》の配点《はいてん》が高《たか》かったという簡単《かんたん》な理由《りゆう》で、経済学部《けいざいがくぶ》に進学《しんがく》しました。その後《ご》、一般企業《いっぱんきぎょう》に就職《しゅうしょく》したのですが、ベルギー旅行《りょこう》をしたとき、美術館《びじゅつかん》で目《め》にした祭壇画《さいだんが》の修復作業《しゅうふくさぎょう》に衝撃《しょうげき》を受《う》け、現在《げんざい》は絵画《かいが》の保存修復《ほぞんしゅうふく》に関《かか》わる仕事《しごと》をしています。ずいぶん大人《おとな》になりましたが、私《わたし》の「青色《あおいろ》の歴史《れきし》を探《さぐ》る旅《たび》」は、まだ終《お》わらせるつもりはありません。13歳《さい》のみなさんもいつか、自分《じぶん》だけの旅《たび》を見《み》つけてください。（髙橋《たかはし》）

最後《さいご》になりますが、初《はじ》めての物語《ものがたり》づくりというとても難《むずか》しい旅《たび》を、手《て》を放《はな》さず伴走《ばんそう》してくださいました新泉社《しんせんしゃ》の内田朋恵《うちだともえ》さんと、もう13歳《さい》ではないにもかかわらず博物館《はくぶつかん》におつき合《あ》いくださいました内田《うちだ》さんのご令息《れいそく》、和惟君《かいくん》、この本《ほん》の世界観《せかいかん》を私《わたし》たちの想像《そうぞう》をはるかに超《こ》えたすてきな絵《え》で表現《ひょうげん》してくださったメッツラーさんに感謝申《かんしゃもう》し上《あ》げます。

２０２４年《ねん》11月《がつ》

谷口陽子《たにぐちようこ》・髙橋香里《たかはしかおり》

おもな参考文献

天野一男（編）『日曜の地学８　茨城の自然をたずねて』築地書館、１９９４年

稲村繁「「紺」色考」『風土記の考古学１　常陸国風土記の巻』茂木雅博編　同成社、２４５〜２６７頁、１９９４年

大槻真一郎（責任編集）『プリニウス博物誌　植物篇』〈新装版〉八坂書房、２００９年

大槻真一郎（責任編集）『プリニウス博物誌　植物薬剤篇』〈新装版〉八坂書房、２００９年

紀井利臣『黄金テンペラ技法　イタリア古典絵画の研究と制作』誠文堂新光社、２００６年

ゲッテンス、ラザフォード・J、スタウト、ジョージ・L（森田恒之訳）『絵画材料事典』美術出版社、１９７３年

田中陵二『月刊たくさんのふしぎ（いろいろ色のはじまり）』２０２３年10月号（第４６３号）、福音館書店

チェンニーノ・チェンニーニ（辻茂編訳、石原靖夫・望月一史訳）『絵画術の書』岩波書店、２００４年

テオフィルス（森洋訳編）『さまざまの技能について』中央公論美術出版、１９９６年

テオフラストス（大槻真一郎・月川和雄訳）『テオフラストス植物誌』八坂書房、１９８８年

成瀬正和「正倉院宝物に用いられた無機顔料」『正倉院紀要』26、13-60、２００４年

パストゥロー、ミシェル（松村恵理・松村剛訳）『青の歴史』筑摩書房、２００５年

プリンチーペ、ローレンス・M（ヒロ・ヒライ訳）『錬金術の秘密：再現実験と歴史学から解きあかされる「高貴なる技」』勁草書房、２０１８年

目黒区美術館（編）『画材と素材の引き出し博物館』中央公論美術出版、１９９５年

Berrie, B. H. (ed.), *Artists' Pigments: A Handbook of Their History and Characteristics*, Volume 4, Archetype Publications, 2007

Caley, E. R., Richards, J. F. C., 1956. *Theophrastus on Stones: A Modern Edition with Greek Text, Translation, Introduction* and commentary. The Ohio State University.,

Dioscorides, 2000. *De materia medica*, Ibidis press.

Estaugh, N., Walsh, V., Chaplin, T., Siddall, R., 2004. *Pigment Compendium: A Dictionary of Historical Pigments*,

Elsevier, Butterworth-Heinemann.

FitzHugh, E. W. (ed.) *Artists' Pigments: A Handbook of Their History and Characteristics*, Volume 3, National Gallery of Art, 1997

Gettens, R. J., Stout, G. L., 1966. *Painting Materials: A Short Encyclopaedia*, Dover Publications.

Kakoulli, I., *Greek painting techniques and materials: From the fourth to the first century BC*, Archetype Publications, 2009.

Laufer, B., 1967. *Sino-Iranica: Chinese Contributions to the History of Civilization in Ancient Iran: with Special Reference to the History of Cultivated Plants and Products.* Ch'eng-wen Publishing company.

Laurie, A. P., 1910. *Materials of the Painter's Craft*, Edinburgh.

Medina, E. A., Li, J., Stalick, J. K., Subramanian, M. A., 2016. Intense turquoise colors of apatite-type compounds with Mn^{5+} in tetrahedral coordination, *Solid State Sciences*, 52, 97-105.

Merrifield, M. P. 1967. *Medieval and Renaissance Treatises on the Arts of Painting: Original Texts with English Translations.* Dover Publications.

Morgan, M. H. (tr), 1960. *Vitruvius: the Ten Books on Architecture*, Dover Publications.

Scott, D. A., 2002. *Copper and Bronze in Art: Corrosion, colorants, conservation*, Getty Publications.

Smith, C. S., Hawthorne, J. G. 1974. *Mappae Clavicula: A Little Key to the World of Medieval Techniques*, American Philosophical Society.

Thompson, D. V., 1956. *The Materials and Techniques of Medieval Painting*, Dover Publications.

Reiche, I., Vignaud, C., Menu, M., 2000. Heat induced transformation of fossil mastodon ivory into turquoise 'odontolite'. Structural and elemental characterisation, *Solid State Sciences*, 2, 625-636.

Roy, A. (ed.) *Artists' Pigments: A Handbook of Their History and Characteristics*, Volume 2, National Gallery of Art, 1993

このほか、本文を書くにあたっては、多くの欧文・和文献を参考にしました。

謝辞

この「青色の歴史を探る旅」を波乱万丈なものに導いてくださいました先生方はじめ、いつもいっしょに旅をしてくれている（巻き込まれている）皆さんにこころより感謝申し上げます（敬称略）。「13歳からの考古学」シリーズということで、13歳の皆さんにもたくさんご協力いただきました。ありがとうございました。

高嶋美穂／籾井基充／成瀬正和／森田恒之／小谷野匡子／木島隆康／佐藤一郎／折原映好／谷口丈大良／伊禮優希／大野ひなた／河口嘉士朗／寺島海／貴田啓子／犬塚将英／西田典由／仏山明彦／紀芝蓮／日比谷孟俊／島津美子／山田綾乃／西坂朗子／檜山智美／沈霊／田中友香里／David Scott／Ioanna Kakoulli／Roberta De Angelis／Francesca Muscat／Cindy Lau Shin Yee／朱独伊／鎌田涼／山根萌々花／村串まどか／長谷川向日葵／西勇樹／原田心晴／田沼喜玖子／相澤伶弥／松村駿輝／松本琉那／二神葉子／鳥海秀実／増田久美／坂野靖行／黒澤正紀／鈴木素行／矢野徳也／さかいひろこ／中神敬子／岡田文男／小島かおり／沼子千弥／常木晃／ジロー／シャイン／谷口昭三（元化学の先生、父）／明治大学博物館（忽那敬三）／ひたちなか市埋蔵文化財調査センター（稲田健一・佐々木義則）／東海村教育委員会生涯学習課（中泉雄太・林恵子）／筑波大学附属図書館（大久保明美）／ジャスコインタナショナル株式会社／St. Agatha's historical complex (Br. Dominic Borg)

谷口陽子《たにぐちようこ》

筑波大学人文社会系歴史・人類学教授。保存科学・考古科学を専門としている。

１９７４年東京生まれ茨城育ち。筑波大学人文学類卒業後、東京藝術大学大学院で保存科学を学ぶ（文化財修士）。２０１０年筑波大学にて博士（文学）。１９９８–９９年にゲティ保存研究所（米国）でグラデュエートインターン、東京藝術大学で助手をつとめたのち、２００１–４年にマルタ国立修復センター調査科学部（マルタ）で助手、その後、２００４–８年に（独）東京文化財研究所文化遺産国際協力センターにおいて特別研究員を務め、アフガニスタン、インド、中国などの文化遺産の保存修復を行う。

２００８年より筑波大学大学院人文社会科学研究科歴史・人類学専攻助教、２０１３年より准教授、２０２４年から現職。ユーラシア大陸におけるさまざまな彩色文化財の材料研究や、トルコやエジプトでの壁画の保存を行っている。

著書にThe Wall Paintings of Bamiyan, Afghanistan: Technology and Materials, Archetype Publications Ltd., 2022など。

髙橋香里《たかはしかおり》

SOMPO美術財団・保存修復準備室リーダー。油彩画の保存修復を専門としている。１９８１年山梨県甲府市生まれ。一橋大学経済学部卒業後、アパレル会社勤務を経て東京藝術大学美術学部芸術学科にて西洋美術史、東京藝術大学大学院美術研究科文化財保存学専攻にて油彩画の保存修復を学ぶ。２０２１年同大学院にて博士号（文化財）を取得。２０２１–22年文化庁新進芸術家海外研修制度にて西アッティカ大学（ギリシャ）に留学、２０２３–24年東京藝術大学保存修復彫刻研究室にて助手を務める。２０２４年から現職。

（画）クレメンス・メッツラー Clemens Metzler

国立芸術デザイン大学、ブルグギービッシェンシュタイン、ハレ（ドイツ）卒業、プロのイラストレーターとして活動中。１９９８年来日、現在、名古屋在住。日本デザイナー芸術学院、愛知県立芸術大学、愛知県立大学の非常勤講師。おもな仕事に、『地中海都市　人と都市のコミュニケーション』（東京大学出版会）の装画＆挿絵、水の歴史資料館（名古屋）エントランスホール壁画、明治村の広告や犬山城のホームページほか、雑誌・広告など。

13歳からの考古学

なんで人は青を作ったの？
青色の歴史を探る旅

２０２５年１月17日　第１版第１刷発行
２０２５年７月18日　第１版第５刷発行

著者
谷口陽子・髙橋香里

発行者
株式会社　新泉社
東京都文京区湯島１-２-５
聖堂前ビル
ＴＥＬ０３-５２９６-９６２０
ＦＡＸ０３-５２９６-９６２１

印刷・製本
萩原印刷株式会社

ISBN978-4-7877-2417-5　C0021